구봉집

한국고전번역원 한국문집번역총서

구봉집 2

龜峯集

송익필 지음
宋翼弼

정선용 옮김

일러두기

1. 이 책의 번역 대본은 한국고전번역원에서 간행한 한국문집총간 42집 소재《구봉집(龜峯集)》으로 하였다. 번역 대본의 원문 텍스트와 원문 이미지는 한국고전종합DB(http://db.itkc.or.kr)에서 확인할 수 있다. 각주에 사용한 초간본(初刊本)은 국립중앙도서관 소장본《비선구봉선생시집(批選龜峯先生詩集)》(古3644-498)이다.
2. 역주는 내용이 간단하면 간주(間註)로, 길면 각주(脚註)로 처리하였다.
3. 한자는 필요한 경우 이해를 돕기 위하여 넣었으며, 운문(韻文)은 원문을 병기하였다.
4. 맞춤법과 띄어쓰기는 '한글 맞춤법'을 따르고, 한글 어휘는 '표준어 규정'을 따르는 것을 원칙으로 하였다.
5. 문장 부호는 '한글 맞춤법'에 규정된 용법을 따라서 사용했으며, 그 밖에 새로 만들거나 용법을 달리하여 사용한 부호는 다음과 같다.

《 》: 책명 및 각주의 전거(典據)를 나타낼 때 사용한다.

〈 〉: 편명, 작품명, 논문 제목을 나타낼 때 사용한다.

…… : 번역문에서 원문의 '云云'을 처리할 때, 각주에서 긴 인용문을 처리할 때, 각주의 표제어가 네 어절 이상일 경우 생략되는 말을 처리할 때 사용한다.

- - : 본문에서 소자(小字) 원문 주(註)의 처음과 끝에 사용한다.

차례

구봉집 제3권

구봉집 제4권

현승편 상 玄繩編上

구봉집 제5권

현승편 하 玄繩編下

구봉집

제3권

잡저
雜著

태극문[1]

太極問

○ 내가 굴원(屈原)이 지은 〈천문(天問)〉[2]을 모방하여 태극(太極)에 대한 물음을 만들어 놓고는 후학들이 어떻게 답하는가를 보았다. 그 뒤에 답하는 자들이 대부분 이치에 맞지 않는 말을 하는 것을 보고는 걱정하여 대략 답설(答說)을 만들어서 보기에 편하게 하였다.

○ 이치(理致)는 하나일 뿐이다. 태극에 대한 문답은 변전(變轉)하는 것이 비록 다르기는 하지만 결국 한 이치로 귀결된다. 또한 내가 사사로이 논한 것이 아니라 모두 주자(朱子)가 한 말뜻이다.

1 태극문(太極問) : 구봉의 저술 가운데 중요하게 손꼽히는 것이다. 성리학(性理學)의 근본이 되는 이기(理氣)에 관한 문제를 주희(朱熹)의 어의(語意) 범주 내에서 일문일답식으로 꾸민 것으로, 노장(老莊)과 불가(佛家)의 설을 등장시켜 유가(儒家)에서 말하는 이기와 비교함으로써 태극(太極), 음양(陰陽), 길흉(吉凶), 동정(動靜), 오행(五行), 사시(四時) 등 다방면의 문제를 이기와 결부하여 설명하고 있다. 모두 81개의 문답으로 이루어져 있는데, 독자의 편의를 위하여 각 조목에 번호를 부여하였다. 이 〈태극문〉에 대하여 송시열(宋時烈)은 "이것은 형이상적인 것을 탐구해 가는 큰 근원으로 공자부터 주자에 이르기까지 논설이 매우 잘 갖추어져 있어 부족함이 없다. 더구나 이 편에서 말한 것은 처음에는 비록 발명(發明)한 것이 없었으나 그런대로 틀린 것도 없었다. 그러나 중반 이후의 부분은 이치에 어긋날 뿐만 아니라 그 문리(文理)가 역시 막히고 불분명하여 차마 입에 올릴 수조차 없는 곳이 있다. 그러니 정밀하게 살피고 잘 선택해야 한다."라고 하였다. 《宋子大全 卷130 栗谷別集訂誤》

2 천문(天問) : 굴원이 지은 《초사(楚辭)》의 편명이다. 굴원이 초(楚)나라 조정에서 쫓겨난 뒤 근심 걱정 속에 산택(山澤)을 방황하면서 하늘을 쳐다보고 탄식하며, 우주의 모든 사실에 관해 의문을 제기하여 하늘에 묻는 형식으로 지은 글이다. 《楚辭 卷3 天問》

다만 일문일답하여 쉽게 깨우쳐서 쉽게 알게 하였다. 이에 감히 기록해 두고서 스스로 살핀다.

01. 〔문〕 노자(老子)의 없는 데서 나와 있는 데로 들어감과 장자(莊子)의 없는 데로부터 있는 데로 나아감과 불씨(佛氏)의 공(空)에 대한 설은 각각 같지 않다. 그런데도 선유(先儒)들이 똑같이 옳지 않다고 하였다. 이것은 어째서인가? 유자(柳子)의 무극지극(無極之極)[3]과 소 선생(邵先生)의 무극지전(無極之前)[4]과 주 부자(周夫子)의 무극이태극(無極而太極)[5]은 서로 다른 바가 없는 것 같은데도 또 같지 않다고 하였다. 이것은 어째서인가?

〔답〕 소자(邵子)는 기(氣)를 말하고, 주자(周子)는 이(理)를 말하고, 노자와 장자와 불씨와 유자도 기를 말하였다. 다만 소자는 이를 알고서 기를 말하였다.

3 유자(柳子)의 무극지극(無極之極) : 유종원(柳宗元)의 〈천대(天對)〉에 "무극의 극은 넓고 넓어서 끝이 없다.〔無極之極, 漭瀰非垠.〕"라고 하였는데, 여기에서 말한 무극의 극은 궁극(窮極)을 의미한다. 《柳河東集 卷40》

4 소 선생(邵先生)의 무극지전(無極之前) : 소옹(邵雍)의 〈선천도설(先天圖說)〉에 "무극의 전에는 음이 양을 포함한다. 유극의 후에는 양이 음과 나눠진다.〔無極之前, 陰含陽也; 有極之後, 陽分陰也.〕"라고 하였다. 이에 대해 주희는 "복괘(復卦)와 곤괘(坤卦) 사이가 무극이고, 곤괘로부터 거꾸로 구괘(姤卦)까지가 무극의 전이다."라고 하였으며, 이이(李珥)는 "소옹이 '무극의 전에는 음이 양을 포함하였다.'라고 한 말은, 일양(一陽)이 동하기 이전을 끊어서 말한 것이다."라고 하였다.

5 주 부자(周夫子)의 무극이태극(無極而太極) : 염계(濂溪) 주돈이(周敦頤)가 지은 《태극도설(太極圖說)》에서 태극권(太極圈)을 설명한 말로, 무극이면서 태극이라는 뜻이다.

02. 〔문〕 노자가 유무(有無)를 말한 것은 유(有)와 무(無)를 둘로 나누어 본 것이다. 주자(周子)가 유무를 말한 것은 유와 무를 하나로 본 것이다. 그런데 주자(朱子)는 말하기를 "무극이태극은 단지 형체가 없으면서 이치는 있는 것을 말한 것이다.〔無極而太極 只是說無形而有理〕"라고 하였다.[6] 주자가 또 유와 무로 나누어서 말한 것은 어째서인가? 또 주자(朱子)가 이미 "유 자를 태(太) 자로 해석할 수 없다.〔將有字訓太字不得〕"라고 하였다.[7] 그런데 이제 도리어 유리(有理)로써 태극을 해석한 것은 무엇 때문인가?

〔답〕 형체가 없으면서 이치는 있는 것이라고 말한 것이 이른바 유와 무를 하나로 본 것이다. 또 유리(有理)의 유(有)는 태극을 뜻하는 것이 아니다. 이(理)가 태극인 것이다.

03. 〔문〕 공자(孔子)는 말하기를 "역에 태극이 있다.〔易有太極〕"라고 하고,[8] 주자(周子)는 말하기를 "무극이태극(無極而太極)이다."라고 하였으니, 이(理)는 하나일 뿐이다. 그런데 역에서는 유(有)라 하고, 태

6 주자(朱子)는……하였다 : 주희가 이르기를 "무극이태극은 단지 형체가 없으면서 이치는 있는 것이다. 주자(周子)가, 사람들이 태극의 밖에서 다시 태극을 찾을까 걱정되었으므로 무극으로 말한 것이다. 이미 무극이라고 하였으니 유(有)의 도리를 억지로 찾아서는 안 된다."라고 하였다. 《朱子語類 卷94 太極圖》

7 주자(朱子)가……하였다 : 주희가 말하기를 "유(有) 자를 태(太) 자로 해석할 수 없다. 태극은 단지 이(理)이다."라고 하였다. 《朱子語類 卷94 太極圖》

8 공자(孔子)는……하고 : 《주역》 〈계사전 상(繫辭傳上)〉에 "역에 태극이 있으니 이것이 양의를 낳고, 양의가 사상을 낳고, 사상이 팔괘를 낳는다.〔易有太極, 是生兩儀, 兩儀生四象, 四象生八卦.〕"라고 하였다.

극에서는 무(無)라 하였다. 공자와 주자의 설이 서로 다른 것은 무엇 때문인가?

〔답〕 태극을 위주로 말한다면 유(有)라고 할 수가 없고, 역을 위주로 말한다면 무(無)라고 할 수가 없다. 이것이 바로 주자(朱子)가 "이로써 말하면 유라고 할 수가 없고, 물로써 말하면 무라고 할 수가 없다.〔以理言之 則不可謂之有 以物言之 則不可謂之無〕"라고 한 것이다.

04. 〔문〕 도와 태극이 이름이 둘인 것은 무엇 때문인가? 풀 하나 나무 하나가 나누어져서 가지가 되고 줄기가 되며 또 나누어져서 꽃을 생(生)하고 잎을 생하여, 생하고 생함이 끝이 없어서 각자가 모두 열매를 이루고 천 열매 만 열매가 또 스스로 생(生)하고 생하는 것이 이른바 무한태극(無限太極)이다. 이것은 유행(流行)하는 곳을 가리켜서 말한 것인데 도리어 그것을 태극이라고 하는 것은 무엇 때문인가?

공자가 말하기를 "나의 도(道)는 하나로써 꿰뚫는다."라고 하고,[9] 맹자는 말하기를 "도는 대로(大路)와 같다."라고 하였다.[10] 모두 지극한 곳을 가리켜서 말한 것이다. 그런데 또 그것을 도라고 하는 것은 무엇 때문인가? 주자(朱子)가 "도체(道體)의 지극한 것으로 말하면 태극이

9 공자가……하고 : 공자가 일찍이 증자(曾子)를 불러 이르기를 "삼(參)아, 내 도는 한 가지 이치가 수많은 일을 꿰뚫고 있다."라고 하니, 증자가 즉시 "예, 옳습니다."라고 대답하였다. 《論語 里仁》

10 맹자는……하였다 : 맹자가 이르기를 "무릇 도는 큰길과 같으니 어찌 알기 어렵겠는가. 사람이 구하지 않음을 병통으로 여기나니, 그대가 돌아가서 구하면 스승이 있을 것이다.〔夫道, 若大路然, 豈難知哉! 人病不求耳. 子歸而求之, 有餘師.〕"라고 하였다. 《孟子 告子上》

라고 하고, 태극이 유행하는 것으로 말하면 도라고 한다.〔語至極 則謂之太極 語流行 則謂之道〕"라고 한 것은 이 설이 옳은가, 그른가? 어찌하여 이와 같이 서로 상반되는가?

〔답〕 유행하는 곳이 참으로 도(道)이긴 하나 태극이라고 할 수가 없다고 한다면 이 태극은 살아 있는 물건이 아니며, 지극한 곳이 참으로 태극이긴 하나 도라고 할 수가 없다고 한다면 이 도는 한쪽으로 치우친 물건이다. 더구나 입언(立言)한 것이 각각 가리키는 바가 있는 경우이겠는가.

05. 〔문〕 '무극이태극(無極而太極)'의 이 이(而) 자가 중요한가, 사소한가? 아니면 점층 뜻인가? 이미 '무(無)'라고 했는데 또 '태(太)'라고 한 것은 어째서인가? 무극과 태극은 어느 것이 먼저이고 어느 것이 나중인가? 또한 방위(方位)가 있는가?

〔답〕 무(無)와 태(太)는 더하거나 덜 수 없다. 이(而) 자는 사소하며, 점층의 뜻이 없다. 그리고 선후(先後)도 방위(方位)도 없다. 이(而) 자가 사소한 것임을 알지 못했기 때문에 육씨(陸氏)의 의론이 생겨난 것이다.[11]

11 무(無)와……것이다 : 육씨는 송나라의 학자 육구소(陸九韶)와 육구연(陸九淵) 형제를 가리킨다. 주돈이가 《태극도설》을 지어 태극의 원리를 설명하였는데, 그 첫 도입부가 '무극이태극'이라는 말로 시작한다. 여기에 대해 육씨 형제와 주희가 서로 편지를 주고받으면서 이에 대한 논의를 펼쳤는데, 육구연은 "태극 앞에 무극이란 말을 붙이는 것은 도가(道家) 내지는 불가(佛家)의 논리이다."라고 비판하고 "무극이란 말은 필요 없다."라는 논리를 제기하였다. 이에 반해 주희는 "무극이면서 동시에 태극이다." 라고 해석하였는데, 그러면서도 "태극 외에 무극이 따로 있는 것이 아니라 하여 무극을

06. 〔문〕 극(極)은 무엇을 이르는가? 다른 것을 취하여 비유한 것인가, 아니면 이(理)를 일명 극이라고 한 것인가? 남극, 북극, 옥극(屋極), 민극(民極), 이극(爾極),[12] 황극(皇極), 상읍사방지극(商邑四方之極)[13]에서의 극이 태극이라고 할 때의 극과 동일한 물(物)인가?

〔답〕 물(物)이 궁극에까지 이르러 능히 더함이 있을 수 없는 것을 이름하여 극(極)이라 한다. 옛날에 극이라고 칭한 것은 각각 가리키는 바가 있다.

07. 〔문〕 한 사물의 이치를 가리켜 태극이라 하는가, 천지만물의 이치를 가리켜 태극이라고 하는가?

〔답〕 천지만물의 이치를 총괄하여 태극이라고 한다. 그러나 한 사물 가운데에도 역시 하나의 태극이 있다. 그러므로 천하가 함께 공유하는 이치가 있고, 하나의 사물에 갖추어진 바의 이치가 있다. 이것은 동일한 이치이다.

08. 〔문〕 무릇 사물은 그 형체가 있으면 그 이름이 있다. 높고 푸른

빼놓고 태극만을 논한다면, 태극이 마치 하나의 물체처럼 되어서 조화의 근원이 될 수 없다. 반대로 태극을 빼놓고 무극만을 논한다면 공허(空虛)가 되어 역시 조화의 근원이 될 수 없다."라고 하였다. 그러고는 이를 바탕으로 "천지도 하나의 태극이요, 만물 하나하나가 모두 태극이다."라는 주장을 펼쳤다.

12 이극(爾極) : 《시경》 〈주송(周頌) 사문(思文)〉에 "우리 백성을 먹여 살리시니, 당신의 지극한 덕 아님이 없다.〔立我烝民, 莫匪爾極.〕"라고 하였다.

13 상읍사방지극(商邑四方之極) : 《시경》 〈상송(商頌) 은무(殷武)〉에 "상나라 도읍이 잘 정돈되어 있으니, 사방의 표준이로다.〔商邑翼翼, 四方之極.〕"라고 하였다.

것은 하늘이 되고 넓고 두꺼운 것은 땅이 되며, 높은 것은 산이 되고 깊은 것은 바다가 된다. 태극은 그 형체가 어떠하기에 이런 이름이 있는가? 둥근가, 네모난가? 높은가, 낮은가? 큰가, 작은가? 기울었는가, 똑바른가?

〔답〕 사물이 그 형체가 있고 그 이름이 있는 것은 기(氣)가 그 형체를 이루어서이다. 사물이 그 형체가 없이 그 이름만 있는 것은 이(理)이다. 태극은 이를 높여서 부르는 호칭이다. 형체가 없으니 어찌 네모지고 둥글고 크고 작음이 있겠는가.

09. 〔문〕 상천(上天)의 일〔載〕은 소리도 없고 냄새도 없다.[14] 그런데도 태극이라고 말하는 것은 어째서인가? 이른바 상천이 태극인가? 아니면 일이 태극인가? 소리도 없고 냄새도 없는 것을 일러 태극이라고 할 수가 있으며, 또한 그것을 일러 무극(無極)이라고 할 수 있는가? 무성(無聲)과 무취(無臭)의 무(無) 자와 무극의 무 자는 같은가, 다른가?

〔답〕 태극은 소리도 없고 냄새도 없으며 무극은 소리도 없고 냄새도 없음의 오묘함이다. 소리도 없고 냄새도 없다는 것은 그중에서 없음을 말한 것이고, 무극이태극(無極而太極)이라는 것은 그중에서 있음을 말한 것으로, 있음을 말하고 없음을 말하는 것은 양쪽 다 구애되는 바가 없다. 높고 푸른 것은 상천이며 '일'이 바로 태극이다.

○ 이상은 다 주자(朱子)의 말뜻이다. 북계 진씨(北溪陳氏)가 오

14 상천(上天)의……없다 : 《시경》 〈대아(大雅) 문왕(文王)〉에 "상천의 일은 소리도 없고 냄새도 없다. 문왕을 본받으면 만방이 진작하여 믿으리라.〔上天之載, 無聲無臭. 儀刑文王, 萬邦作孚.〕"라고 하였다.

로지 무성무취(無聲無臭)로써 무극을 해석하고자 한 것[15]은 아마도 옳지 않은 듯하다.

10. 〔문〕 하늘과 땅 사이에는 동(動)과 정(靜) 양단(兩端)이 있을 뿐이다. 태극은 동인가, 정인가? 아니면 동과 정의 사이에 있는가, 아니면 동과 정의 밖에 있는가? 아니면 동과 정이 태극(太極)인가, 동과 정이 있게 하는 것이 태극인가?

〔답〕 동하지도 않고 정하지도 않으면서 동과 정을 포함하고 있는 것이 태극이다. 동과 정의 양단이 순환하여 그치지 않는 것은 기(氣)이다. 대개 동하고 정하는 것은 기이고, 동하게 하고 정하게 하는 것은 태극이다.

11. 〔문〕 동과 정이 있기 이전에 먼저 태극이 있는 것인가, 이미 동과 정이 있은 이후에 이어서 태극이 있는 것인가? 동할 때에는 태극이 어느 곳에 붙어 있으며, 정할 때에는 태극이 어느 곳에 붙어 있는가? 동과 정은 음(陰)과 양(陽)이다. 그런데 음양과 태극은 그 이름이 두 가지로 서로 다르다. 이것은 두 가지 물건인가, 아니면 한 가지 물건이

15 북계……것 : 북계 진씨는 송(宋)나라 학자인 진순(陳淳)으로, 호는 북계이다. 주희의 문인이다. 그가 말하기를 "태극은 글자의 뜻이 분명치가 않은데, 주돈이가 만든 〈태극도(太極圖)〉에 이르러서야 비로소 말이 명백해졌다. 이른바 '무극이태극(無極而太極)'이라고 한 곳에서의 이(而) 자는 가벼이 이어 주는 것이다. 그러니 이 구절에 대해서 중간을 나누어 두 가지로 보아서는 안 된다. 무극은 바로 무궁한 극이다. 이것은 단지 이(理)가 형상(形狀)이나 방체(方體)가 없음을 말한 것으로, 바로 무성(無聲)과 무취(無臭)를 말하는 것과 같은 것이다."라고 하였다. 《北溪字義 卷下 太極》

면서 그 이름을 두 가지로 달리한 것인가?

〔답〕 이(理)와 기(氣)는 상대가 아니면 내가 없고, 내가 아니면 상대가 취할 바가 없다. 그러니 이른바 둘이면서 하나이고 하나이면서 둘이다. 상대의 동정(動靜)은 나의 동정이다. 어느 한쪽이 동하면 상대 쪽도 동하고, 어느 한쪽이 정하면 상대 쪽도 정하다. 어찌 조금이라도 떨어진 적이 있겠는가.

12. 〔문〕 태극은 형이상자(形而上者)이고, 음양(陰陽)은 형이하자(形而下者)이다. 형이하도 태극이 있다고 말할 수 있다면 형이상도 음양이 있다고 말할 수 있는가? 음양과 태극은 마침내 선후(先後)로 말할 만한 것이 없는가?

〔답〕 이(理)와 기(氣)는 이미 서로 떨어질 수 없으니 참으로 선후를 나눌 수가 없다. 그러나 주자(朱子)가 말하기를 "형이상과 형이하로 말한다면 어찌 선후가 없겠는가.〔自形而上下者言 豈無先後〕"라고 하였다.[16] 그러니 반드시 선후에 대해 말하고자 한다면 그 선후를 또한 상상해 알 수가 있다. 태극은 이(理)이며 음양은 기(氣)이다. 형이상(形而上)에 어찌 기가 있겠는가. 기에는 이가 있지 않은 적이 없었으나, 이에는 혹 기가 일찍이 작용하지 않은 곳이 있다.

13. 〔문〕 태극과 음양에 대해 한 몸에서 비유를 취해 보면 성(性)과

16 주자(朱子)가……하였다 : 어떤 사람이 "먼저 이(理)가 있는 것인가, 아니면 먼저 기(氣)가 있는 것인가?"라고 묻자, 주자가 답하기를 "이는 일찍이 기에서 떨어진 적이 없다. 그러나 이는 형이상자이고 기는 형이하자이다. 형이상과 형이하로 말을 한다면 어찌 선후가 없겠는가."라고 하였다. 《朱子語類 卷1 理氣上 太極天地上》

심(心)이다. 그렇다면 심이 태극인가, 성이 태극인가? 아니면 어떤 것이 음이 되고 양이 되는가? 성과 심의 관계에서 성이 하나의 물건이고 심도 하나의 물건이어서 서로 간에 간섭하지 않는 것인가? 아니면 한 가지 물건이면서 그 이름이 두 가지로 된 것인가? 맹자는 하나의 성만을 말한 데 반해 이천(伊川)은 본연지성(本然之性)과 기질지성(氣質之性)으로 나누어서 두 가지 성을 말하였다.[17] 이것은 어째서인가? 위로는 성현(聖賢)에서부터 아래로는 토석이나 곤충에 이르기까지가 모두 하나의 성을 얻었다. 그런데 지금 사람이 품부받은 것에 대해 말하면서는 별도로 두 가지 성으로 만들었다. 이것은 어째서인가?

〔답〕 주자(朱子)가 말하기를 "성은 태극과 같고 심은 음양과 같다. 음양과 태극은 다른 물건이 아니다.〔性猶太極也 心猶陰陽也 陰陽之與太極 非二物也〕"라고 하였다.[18] 모두 하나의 성(性)을 얻은 것은 이(理)로써 말한 것이고, 기질(氣質)이 천만(千萬)인 것은 기(氣)로써 말한 것이다. 기질지성과 본연지성은 하나의 성이다. 물(物)은 기가 막힌 것을 품부받았으므로 변화하는 이가 없다. 사람은 기가 통한 것을 품부받았으므로 탁한 것이 맑은 것으로 될 수 있고, 어리

17 맹자는……말하였다 : 맹자는 본연지성에 대해 말하면서 성선설(性善說)을 주장하였고, 정이(程頤)는 인간의 본성을 순선무악(純善無惡)의 본연지성과 유선유악(有善有惡)의 기질지성으로 나누어 말하였다.

18 주자(朱子)가……하였다 : 주희가 말하기를 "성(性)은 태극과 같고, 심(心)은 음양과 같다. 태극은 단지 음양의 속에 있어서 능히 음양을 떠날 수 있는 것이 아니다. 그러나 지극하게 논해 본다면 태극은 절로 태극이고, 음양은 절로 음양이다. 성과 심도 그렇다.〔性猶太極也, 心猶陰陽也. 太極只在陰陽之中, 非能離陰陽也. 然至論太極自是太極, 陰陽自是陰陽. 惟性與心亦然.〕"라고 하였다. 이른바 하나이면서 둘이고, 둘이면서 하나라고 하는 것이다. 《朱子語類 卷5 性理2 性情心意等名義》

석은 것이 지혜로운 것으로 될 수 있다. 이것이 《대학》과 《소학》의 가르침을 베푼 까닭이다. 맹자와 정자가 어찌 그 설을 달리하였겠는가. 주자가 말하기를 "맹자는 추려 내어 성의 본연을 말하였고, 정이천은 기질을 겸하여 말하였다. 요체는 서로 떨어질 수 없는 것이다. 〔孟子剔出言性之本 伊川兼氣質而言 要之 不可離也〕"라고 하였다.[19]

14. 〔문〕 남헌 장씨(南軒張氏)가 말하기를 "태극의 본체는 지극히 정하다.〔太極之體至靜〕"라고 하였는데, 과연 정(靜)한가? 지극히 정하다고 한 것을 이발(已發)의 용(用)을 가리켜서 말한다면 어떠하며, 미발(未發)의 체(體)를 가리켜서 말한다면 어떠하며, 미발과 이발을 통틀어서 말한다면 또한 어떠한가?[20]

〔답〕 태극은 동정(動靜)의 이(理)이다. "지극히 정하다."라고 말하는 것은 체(體)에 대해서나 용(用)에 대해서나 미발과 이발을 통틀

19 주자가……하였다 : 어떤 사람이 주희에게 "맹자가 말한 성(性)과 이천이 말한 성은 어떻습니까?"라고 물으니, 주희가 말하기를 "같지 않다. 맹자는 추려 내서 성의 본연에 대해서 말하였고, 이천은 기질을 겸하여서 말하였는데, 요체는 떨어질 수 없는 것이다. 이 때문에 정자는 '성을 논하면서 기를 논하지 않으면 갖추어지지 않고, 기를 논하면서 성을 논하지 않으면 분명치가 않게 된다.'라고 하였다. 그리고 내가 〈태극해(太極解)〉에서 '이른바 태극이라는 것은 음양에서 떨어뜨려서 말한 것이 아니고, 역시 음양에 뒤섞어서 말한 것도 아니다.'라고 하였다." 하였다. 《朱子語類 卷4 性理1 人物之性氣質之性》

20 남헌……어떠한가 : 남헌 장씨는 남송 때의 학자 장식(張栻)을 말한다. 남헌은 그의 호이다. 장식의 이 물음에 대해서 송시열(宋時烈)은 "이 물음은 매우 의심스럽다. 이것은 소자(邵子)의 말과 같이 마음을 태극이라고 한 연후에 이발과 미발을 논한다면 옳지만, 이제 태극을 가지고 곧장 이발과 미발을 논하는 것은 말이 되지 않는다."라고 하였다. 《宋子大全 卷130 栗谷別集訂誤》

어서나 모두 옳지 않다. 주자(朱子)가 말하기를 "이와 같다면 정당하지 않아 뾰족하고 기울어진 태극이 될 것이다.〔如此 却成一不正當尖斜太極〕"라고 하였다. 그러니 태극의 체는 동(動)과 정(靜)을 포함한다고 하면 주자의 뜻에 합치될 듯하다.

15. 〔문〕 태극이 동(動)하여 양(陽)을 낳고 정(靜)하여 음(陰)을 낳으니, 태극이 스스로 능히 동하고 정하는가? 태극은 이(理)이며 이는 형체가 없다. 형체가 있는 것은 능히 동하고 정하지만, 형체가 없는 것도 능히 동하고 정할 수 있는 것은 어째서인가?

〔답〕 먼저 태극이 있은 후에야 능히 동하고 정할 수 있는 것은 아니다. 동하고 정하는 것에 나아가서야 태극을 알게 되는 것이다.

16. 〔문〕 이미 "한 번 음이 되고 한 번 양이 된다.〔一陰一陽〕"라고 말하였으니,[21] 마치 두 가지의 기(氣)가 있는 듯하다. 그리고 또 "음은 양을 뿌리로 하고 양은 음을 뿌리로 한다.〔陰根陽 陽根陰〕"[22]라고 하였으니, 마치 하나의 기인 듯하다. 어찌하여 이처럼 입론(立論)이 일정하지

21 이미……말하였으니 : 《주역》〈계사전 상〉에 "한 번 음이 되고 한 번 양이 되는 것을 도라 한다. 이를 이어 가는 것은 선이고 이루는 것은 성이다.〔一陰一陽之爲道. 繼之者, 善也; 成之者, 性也.〕"라고 하였다.

22 음은……한다 : 주희가 말하기를 "양이 음에 근원하고 음이 양에 근원하여 서로 내재되어 있다.〔陽根陰, 陰根陽, 互藏其宅.〕"라고 하였으며, 왕수인(王守仁)은 "진음의 정은 진양의 기의 어머니이고, 진양의 기는 진음의 정의 아버지이다. 음은 양을 뿌리로 하고 양은 음을 뿌리로 하니, 역시 두 가지가 있는 것이 아니다.〔眞陰之精, 卽眞陽之氣之母; 眞陽之氣, 卽眞陰之精之父. 陰根陽, 陽根陰, 亦非有二也.〕"라고 하였다. 《性理群書句解 卷12 正蒙 參兩篇2》《傳習錄 卷中 答陸原靜書》

않은가? 이른바 음과 양이라고 하는 것은 하나로 보아서 말한 것인가, 두 개로 보아서 말한 것인가?

〔답〕 주자가 "음(陰)이 흘러 행하는 것이 양(陽)이 되고, 양이 엉겨 모이는 것이 음이다."라고 설명한 것은, 참으로 두 가지 물체를 서로 대립시켜 말한 것이 아니다. 단지 입론할 적에 각각 주(主)가 되는 바가 있어서 상대하여 말하거나 합하여서 말한 것이다. 그러므로 주자가 말하기를 "음과 양은 한 개로 보아도 괜찮고 두 개로 보아도 괜찮다."라고 하였다.[23]

17. 〔문〕 진(眞)은 이(理)이고 정(精)은 기(氣)이다.[24] 그런데 이와 기가 합쳐 뭉친 곳에서는 무극(無極)만을 말하고 태극은 말하지 않았다. 어째서인가?

〔답〕 이른바 무극의 진(眞)이 바로 태극이다.

18. 〔문〕 땅에 있으면 형체(形體)를 이룬다.[25] 그렇다면 물〔水〕과 불

23 주자가 말하기를……하였다 : 주희가 말하기를 "음과 양은 한 개로 보아도 괜찮고 두 개로 보아도 괜찮다. 두 개로 보는 것은 '음이 나누어지고 양이 나누어져서 양의(兩儀)가 선다.'라는 것이며, 한 개로 보는 것은 단지 한 개가 소장(消長)하는 것이다."라고 하였다. 《朱子語類 卷65 易1 綱領上 陰陽》

24 진(眞)은……기(氣)이다 : 진은 무극(無極)의 참된 이치를 말하고, 정(精)은 음양오행(陰陽五行)의 깨끗한 기운을 말한다. 주돈이의 《태극도설》에 "무극의 진과 이오의 정이 묘하게 합하고 엉겨서, 건도는 남자를 이루고 곤도는 여자를 이룬다.〔無極之眞, 二五之精, 妙合而凝, 乾道成男, 坤道成女.〕"라고 하였다.

25 땅에……이룬다 : 《주역》 〈계사전 상〉에 "하늘은 높고 땅은 낮으니 건(乾)과 곤(坤)이 정해지고, 낮은 것과 높은 것이 진열되니 귀(貴)와 천(賤)이 자리를 잡고, 동

〔火〕은 땅에 있는데도 흘러 움직이고 번쩍이면서 타서 형체를 이루지 못함은 어째서인가? 물은 음물(陰物)인데도 그 가운데에는 도리어 밝음이 있고, 불은 양물(陽物)인데도 그 가운데에는 도리어 어둠이 있다. 이것은 또한 무슨 뜻인가? 물을 가리켜 양(陽)이라고 하고 불을 가리켜 음(陰)이라고 하여, 서로 바꾸어서 말하기도 하여 일정함이 없다. 이것은 또한 뜻이 있는 것인가? 물에는 따뜻한 물이 있으나 불에는 차가운 불이 없다. 이것은 또한 무슨 뜻인가? 오행(五行)으로 시절(時節)이 이루어지는데, 사시(四時)가 넷뿐인 것은 또한 무슨 뜻인가?

〔답〕 하늘과 땅이 만물을 만들어 낼 때는 먼저 가볍고 맑게 하였다. 물과 불은 그 형체가 아직 허(虛)하여 기(氣)에서 떠나지 않은 것이다. 물은 바탕은 음이나 그 성질은 양이며, 불은 바탕은 양이나 그 성질은 음이다. 장횡거(張橫渠)가 말한 "음과 양의 정(精)이 서로 상대방의 안에 내재되어 있다."라고 한 것[26]이 이것이다. 물에는 따뜻한 물이 있어도 불에는 차가운 불이 없는 것은, 음은 변할 수 있으나 양은 변할 수 없기 때문이다. 토(土)는 수(水)와 화(火)와 목(木)과 금(金)을 포함하고 있다. 이 때문에 목과 화와 금과 수가 각각

(動)과 정(靜)이 일정함이 있으니 강(剛)과 유(柔)가 판별되고, 방(方)은 유(類)로써 모이고 물건은 무리로써 나누어지니 길(吉)과 흉(凶)이 생기고, 하늘에 있으면 상(象)을 이루고 땅에 있으면 형(形)을 이루니 변(變)과 화(化)가 나타난다."라고 하였다.

26 장횡거(張橫渠)가……것 : 장횡거는 송나라 신종(神宗), 철종(哲宗) 때의 학자 장재(張載)를 말한다. 횡거는 그의 호이다. 장재가 말하기를 "음과 양의 정(精)이 서로 상대방의 안에 내재되어 있으면 각각 그 편안한 바를 얻는다. 그러므로 해와 달의 형체는 만고토록 변하지 않는다.〔陰陽之精, 互藏其宅, 則各得其所安. 故日月之形, 萬古不變.〕"라고 하였다.《張子全書 正蒙1 參兩篇 第2》

한 계절을 이루고, 토가 사시에 붙여져 왕성하게 되는 것이다.[27]

19. 〔문〕 오행(五行) 가운데 오직 수(水)와 화(火)만이 동(動)할 줄 알고 목(木)과 금(金)과 토(土)는 동할 줄 모르는 것은 또한 무슨 뜻인가? 천지(天地)와 인물(人物)을 합쳐서 동(動)과 정(靜)의 입장에서 총론하면, 동하기만 하고 정이 없고 정하기만 하고 동이 없는 것은 어떤 사물이며, 무슨 기(氣)를 타고났기에 그런 것인가? 동하면서도 동이 없고 정하면서도 정이 없는 것은 또한 어떤 사물인가? 동하면서 그 동하는 이(理)를 얻지 못하고 정하면서도 그 정하는 이를 얻지 못하며, 정해야 되는데도 동하고 동해야 되는데도 정하는 것은 또한 어떤 사물인가? 동해야 할 때에 동하고 정해야 할 때에 정하며, 정하여서 그 정함을 잃지 않고 동하여서 그 동함을 잃지 않아서, 한 번 동하고 한 번 정하는 것이 저절로 그 중도에 맞는 것은 또한 누구를 이르는가?

〔답〕 물(物)로서 하늘에 속하는 것은 동(動)하고, 땅에 속하는 것은 정(靜)한다. 수(水)와 화(火)와 목(木)과 금(金)은 땅에 속한 것이다. 이것은 마땅히 정해야 할 것이다. 그런데도 수와 화가 혹 동할 수가 있는 것은 기(氣)에서 분리되지 않았기 때문이다. 무릇 동하기만 하고 정함이 없는 것은 하늘이며, 정하기만 하고 동함이 없는 것은 땅이다. 동하기도 하고 정하기도 하는 것은 기이며, 동하기도

27 토가……것이다 : 오행의 토기(土氣)가 목(木)과 화(火)와 금(金)과 수(水)의 사행(四行)처럼 계속해서 72일간 왕성하지 못하고, 봄에는 목왕(木旺)의 뒤에 붙어서 18일 동안 왕성하고, 여름에는 화왕(火旺)의 뒤에서 18일, 가을에는 금왕(金旺)의 뒤에서 18일, 겨울에는 수왕(水旺)의 뒤에 붙어서 18일간 왕성한 것을 말한다.

하고 정하기도 하면서 동하고 정함이 없는 것은 이(理)이다. 동하고 정함이 그 이를 위반한 자는 걸왕(桀王)과 도척(盜蹠)이고, 동하고 정함이 그 중도에 맞게 한 자는 요(堯) 임금과 순(舜) 임금이다.

20. 〔문〕 예쁘고 추하며 아름답고 미우며 높고 낮으며 깊고 얕은 것을 능히 다르게 할 수 있는 것은 어떤 사물인가? 천 가지 모습과 백 가지 형태를 하나로 꿰뚫는 것은 또한 어떤 사물인가? 이미 예쁘고 미우며 귀하고 천함의 차이가 없을 수 없으니, 이것이 사물의 정(情)이다. 그런데 성인(聖人)이 반드시 어리석고 불초한 자도 다 같이 마음을 바르게 하고 뜻을 성실하게 하는 경지에 이르게 하여 그 덕을 똑같게 하려고 한 것은 또한 무슨 뜻인가?

〔답〕 그 모습이 천 가지 백 가지로 서로 다른 것은 기(氣)이고, 하나로 꿰뚫는 것은 이(理)이다. 치우치고 막힌 기를 타고난 것은 사물이고, 바르고 통한 기를 타고난 것은 사람이다. 그 통하고 바른 중에도 또 맑고 탁한 차이가 없을 수 없으나, 인의예지의 이를 다 같이 타고났다. 그러므로 성인이 가르침을 베풀어서 그 이를 돌아오게 하고자 한 것이다.

21. 〔문〕 사람은 오행(五行)을 갖추고 있다. 그런데 사물은 한 가지만을 타고 났는가? 사물도 오행을 갖추고 있는가? 사물이 사람과 다른 것은 어째서인가? 이미 말하기를 "사람은 오행의 바른 기(氣)를 타고났다."라고 하였는데 사람 가운데에도 성인과 광인의 차이가 있는 것은 어째서인가? 이른바 명덕(明德)은 성인과 광인의 구분이 없이 다 같이 타고났다. 그렇다면 명덕은 인의예지(仁義禮智)와 같은 것인가, 다른

것인가? 인의예지는 사람과 사물에 고루 부여되었다. 그런데도 명덕이 사물에 없는 것은 또한 무슨 뜻인가?

〔답〕 사물 또한 오행을 갖추었으나 치우치게 타고난 것이 사물이다. 사람 가운데 바른 것을 받고 맑은 것을 타고난 자는 성인이다. 명덕이 성인과 광인을 구분하지 않는 것은, 다 같이 바름을 타고난 것이다. 인의예지가 사람과 사물에 고루 부여된 것은, 다 같이 이(理)를 얻은 것이다. 그런데 인의예지는 전적으로 이만을 가리켜 말한 것이고, 명덕은 이와 기(氣)를 아울러 말한 것이다.

22. 〔문〕 무릇 사람이 생길 때에는 먼저 양(陽)이 있은 다음에 음(陰)이 있게 되며, 양은 안에 있고 음은 밖을 싸고 있다. 그런데 이제 말하기를 "형체가 생겨나니 정신이 지각을 발한다.〔形旣生矣 神發知矣〕"라고 하였다.[28] 형체는 음이 모인 것이고 정신은 양이 열린 것이다. 그렇다면 음이 양보다 먼저인가? 어찌하여 선후의 순서가 없는가?

〔답〕 형체가 이루어지는 것과 형체가 생기는 것에는 음과 양의 선후가 참으로 각각 다르다.

23. 〔문〕 길흉은 선악이며 음양이다. 음과 양은 어느 한쪽만을 치우치

28 말하기를……하였다 : 주돈이의 《태극도설》에 "오직 사람은 그 빼어난 기운을 얻어 가장 영특하니, 형체가 생겨나니 정신이 지각을 발한다. 그리하여 오성이 감응해 동하여서 선과 악이 나뉘고 만사가 나온다.〔惟人也, 得其秀而最靈. 形旣生矣, 神發知矣. 五性感動, 而善惡分, 萬事出矣.〕"라고 하였는데, 이에 대해 주자(朱子)는 "형체는 음에서 나오고, 정신은 양에서 나온다.〔形生於陰, 神發於陽.〕"라고 하였다. 《周子全書 卷1 太極圖說》

게 없앨 수는 없는 것이다. 그런데도 성인이 길흉과 선악에 대하여 항상 악을 변화시켜 선으로 만들고, 흉함은 버리고 길함을 따르고자 하였다. 이것은 어째서인가? 요순 시대에는 사람들이 모두 착해서 집집마다 표창할 만했다고 하였다. 이것은 오직 양만 있고 음은 없었다고 할 수 있다. 오직 양만 있고 음이 없는, 천하에 이런 이치는 없다. 그런데도 우리 유가(儒家)에서는 항상 음을 억제하고 양을 부추기고 있다. 이것은 어째서인가?

〔답〕 주자가 《주역》 〈곤괘(坤卦) 초육(初六)〉의 《본의(本義)》에서 말하기를 "음양은 조화(造化)의 근본으로 소장(消長)할 때 일정한 이치가 있어 사람이 줄이거나 보탤 수가 없다. 그러나 착하고 간특한 구분은 있다. 그러므로 성인이 《주역》을 지으면서 착하고 간특한 성품이 서로 없을 수 없는 것에 대해서는 이미 건순(健順)[29]과 인의(仁義)의 등속으로 이를 밝혀서 양(陽)만 따로 떼어서 주장하지는 않았다. 그리고 소장의 즈음에는 일찍이 양을 부추기고 음을 억제하는 뜻을 지극히 하지 않은 적이 없었다. 대개 천지의 화육을 도움으로써 천지의 조화에 참여하는 것이니, 그 뜻이 깊다."라고 하였다. 이 설을 미루어 나가 보면 알 수 있을 것이다.

24. 〔문〕 태극이 동(動)과 정(靜)을 포함한다고도 하고 태극에 동과 정이 있다고도 하는데, 포함한다고 하는 것과 있다고 하는 것은 그 뜻이 같은가?

29 건순(健順) : 건(健)은 건(乾)의 성(性)으로 양(陽)을, 순(順)은 곤(坤)의 성으로 음(陰)을 말한다. 《周易 說卦傳》

〔답〕 포함한다는 것은 본체로써 말한 것이고, 있다고 하는 것은 유행하는 것으로써 말한 것이다. 포함한다는 것과 있다고 하는 것은 의미를 내포하고 있는 것으로, 주자의 어휘 선택이 정밀한 대목이다.

25. 〔문〕 동(動)이 반드시 정(靜)하게 되는 것은 음(陰)에 근본을 둔 까닭이고, 정이 반드시 동하게 되는 것은 양(陽)에 근본을 둔 까닭이다. 이것이 이른바 "동과 정은 끝이 없고 음과 양은 시초가 없다.〔動靜無端 陰陽無始〕"라는 것이다.[30] 그런데 이제 말하기를 "태극이 동하여 양을 낳는다.〔太極動而生陽〕"라고 하여,[31] 도리어 동하여 양을 낳는 것을 시초로 삼았다. 어째서인가? 동하기 전에는 또 어떠한가?

〔답〕 아직 동하기 전은 바로 음이지만, 동하여 양을 낳는 것을 시초로 삼는다는 것은 아니다. 그러므로 주자가 말하기를 "이제 동하여 양을 낳는다고 한 곳으로부터 살펴본 것이다.〔今且自動而生陽處看去〕"라고 하였고, 또 말하기를 "동하여 양을 낳는다는 것은, 그 처음은 정한데, 정한 위에서 또 동하는 것이다.〔動而生陽 其初是靜 靜之上 又須動〕"라고 하였다.[32] 대개 동과 정이 끝이 없고 음과 양이 시초

30 이른바……것이다 : 정이(程頤)가 음양(陰陽)과 동정(動靜)에 대해 논하면서 "동정은 끝이 없고 음양은 시작이 없나니, 도를 아는 자가 아니라면 누가 이런 이치를 제대로 알겠는가.〔動靜無端, 陰陽無始. 非知道者, 孰能識之?〕"라고 하였다. 《近思錄 卷1 道體》

31 말하기를……하여 : 주돈이의 《태극도설》에 "무극이면서 태극이니, 태극이 동하여 양을 낳고 동이 극에 달하면 정해지며, 정하여 음을 낳고 정이 극에 달하면 다시 동한다.〔無極而太極. 太極動而生陽, 動極而靜, 靜而生陰, 靜極復動.〕"라고 하였다.

32 주자가……하였다 : 주희가 말하기를 "태극이 동하여 양을 낳고 정하여 음을 낳는

가 없는 것은 천도(天道)이다. 양에서 시작하여 음에서 이루어지며 정에 근본을 두고서 동에 유행(流行)함은 인도(人道)이다.

26. 〔문〕 태극은 이미 그 동(動)하고 정(靜)하는 것을 볼 수가 없다. 그런즉 이것은 단지 텅 빈 물체일 것이다. 그런데 도리어 석씨(釋氏)가 말하는 성(性)과 같지 않다고 하였다. 어째서인가? 주자가 말하기를 "석씨가 성을 말한 것은 껍데기만 말한 것으로, 군신(君臣)과 부자(父子)를 허깨비로 만든 것이다."라고 하였다. 그렇다면 이른바 군신과 부자는 이(理)인가, 기(氣)인가?

〔답〕 태극에는 음양(陰陽)과 오행(五行)의 이(理)가 있으니, 이것이 빈 물질이 아니다. 만약 텅 빈 것이라면 석씨가 말한 성(性)과 무엇이 다르겠는가. 석씨는 인사(人事)를 내팽개쳤고 노씨(老氏)는 인사를 싫어하여 청허(淸虛)를 주장하였다. 이는 인사가 곧 천리(天理)임을 알지 못하고 모두 밑바닥의 아주 하찮은 일로 본 것이다. 이것은 정자(程子)가 "기도 도이고 도도 기이다.〔器亦道 道亦器〕"라고 한 것[33]을 모르고 도리를 사물의 꼭대기에 있는 현묘한 물건으로

다는 것은 동한 뒤에야 비로소 양을 낳는 것이 아니다. 이는 동하자마자 양에 속하고 정하자마자 음에 속하는 것이다. 동하여 양을 낳는다는 것은, 그 처음은 본디 정한데, 정한 위에서 또 동하는 것이다. '동하고 정함이 끝이 없다.'라는 것은, 이제 동하여 양을 낳는다고 한 곳으로부터 살펴본 것이다.〔太極動而生陽, 靜而生陰, 不是動後方生陽. 蓋纔動便屬陽, 靜便屬陰. 動而生陽, 其初本是靜, 靜之上, 又須動矣. 所謂動靜無端, 今且自動而生陽處看去.〕"라고 하였다. 《朱子語類 卷94 太極圖》

33 정자(程子)가……것 : 정호(程顥)가 말하기를 "형이상을 도라 하고, 형이하를 기라 한다. 모름지기 이와 같이 말해야 하나, 기 또한 도이고 도 또한 기이다.〔形而上爲道, 形而下爲器. 須著如此說, 器亦道, 道亦器.〕"라고 하였다. 《二程遺書 卷1 端伯傳師說》

삼은 것이다. 이것이 텅 빈 것이 태극과 다른 점이며 마침내 군신과 부자의 이를 기(氣)라고 여긴 것이다. 처음에 이를 알지 못했기 때문에 끝내 기도 알지 못하게 된 것이다.

27. 〔문〕 남헌(南軒) 장식(張栻)이 말하기를 "무극이면서 태극은 하는 것이 없으면서 한다는 말이다.〔無極而太極 言莫之爲而爲之〕"라고 하였다. 과연 믿을 만한 말인가? 아니면 옳지 못한 점이 있는가?

〔답〕 하는 것이 없다는 것으로 무극을 해석하고 한다는 것으로 태극을 해석한다면, 무극과 태극을 두 가지로 보는 것이다. 그런데 더구나 한다는 것은 기(氣)이다. 이(理)는 참으로 하는 것이 없으나 하게 하는 이가 그 속에 있는 것이다. 그러니 이 말은 옳지 않다.

28. 〔문〕 동(動)과 정(靜), 음(陰)과 양(陽)은 모두 형이하(形而下)이다. 이미 발(發)하였을 때에는 물론 태극이라 할 수가 없는데 발하지 않았을 때에도 태극이라 할 수가 없는가? 고요하여 동하지 않는 중(中)은 희로애락의 감정이 통하지 않는 것이다. 이 중(中)과 태극은 같은 것인가, 다른 것인가?

〔답〕 이미 발한 것과 발하지 아니한 것은 하나는 동이며 하나는 정이다. 태극은 동과 정을 포함한 것으로 중과 같지 않다.

이는 정호가 제시한 도기관(道器觀)의 명제이다. 도(道)는 무형의 법칙을 말하고, 기(器)는 유형의 기물(器物)을 말한다. 《주역》 〈계사전 상〉에 "형이상자를 도라고 하고, 형이하자를 기라고 한다.〔形而上者謂之道, 形而下者謂之器.〕"라고 하였는데, 이로 인하여 도는 형체가 없는 것이므로 형이상으로 칭하고, 기는 형체가 있는 것이므로 형이하로 칭하게 되었다. 이후에는 일반적으로 형이상과 형이하를 가지고 도와 기를 구분하였다.

29. 〔문〕 “사람마다 모두 하나의 태극을 지니고 있고 사물마다 모두 하나의 태극을 지니고 있다.〔人人有一太極 物物有一太極〕”라고 하였다.[34] 그렇다면 걸왕(桀王)이나 도척(盜蹠)에게서도 태극을 볼 수가 있고 나무와 돌에서도 태극을 볼 수가 있는가?

〔답〕 걸왕과 도척도 이 성(性)이 있기 때문에 역시 교화할 수 있는 이치가 있다. 주자가 말하기를 “천하에 성(性) 밖의 사물은 없다.”라고 하였으며, 또 “말라 버린 사물에도 성이 있음은 당초에 이 이(理)가 있기 때문이다.”라고 하였으며, 또 “이 사물이 되는 이는 갖추어지지 않은 적이 없다.”라고 하였다.

30. 〔문〕 “이루어지는 데에 이른 것이라야 비로소 성이라고 한다.〔至於成之者 方謂之性〕”라고 하였다. 그런데 주자가 태극을 말하면서는 “이 성이 있으면 음양과 오행이 있다.〔有是性則有陰陽五行〕”라고 하였다.[35] 이곳에서의 성(性) 자와 다른 곳에서 말한 성이 같지 않다. 어째서인가?

〔답〕 태극을 성(性)이라고 말할 수는 없다. 이것은 반드시 주자가 초년에 한 말일 것이다.

34 사람마다……하였다 : 송대(宋代) 성리학의 이일분수(理一分殊) 사상과 직결되는 이른바 일태극설(一太極說)을 말한다. 《朱子語類 卷94 太極圖》

35 이루어지는……하였다 : 어떤 사람이 묻기를 “선생께서 태극을 말하면서는 ‘이 성(性)이 있으면 음양과 오행이 있다.……’라고 하였습니다. 여기에서 성을 말한 것은 어떻습니까?”라고 하자, 주희가 답하기를 “생각건대 이것은 내가 예전에 말한 것이다. 근래에 들어 다시 생각해 보니 그렇지가 않다. 이곳에서의 성(性) 자는 하늘에서 품부받은 것을 가지고 말한 것이다. 만약 태극에 대해 말할 경우에는 이(理)만 말하는 것이 마땅하다.”라고 하였다. 《朱子語類 卷94 太極圖》

31. 〔문〕 한 사물이 생기기 전에 태극이 있었는가, 만물이 생긴 다음에 태극이 있는 것인가?

〔답〕 사물이 생긴 다음에 비로소 태극을 알게 되었다. 그러나 당초에 태극이 없었다면 사물이 사물로 되지 못했을 것이다.

32. 〔문〕 선유(先儒)는 사람의 몸에 대해서 기(氣)는 양(陽)에 속하게 하고 혈(血)은 음(陰)에 속하게 하였다. 그렇다면 혈에는 음만 있고 양은 없으며, 기에는 양만 있고 음은 없는가? 아니면 음과 양이 같이 있는가? 아니면 서로 음도 되고 양도 되는가?

〔답〕 무릇 양 속에도 음과 양이 있고 음 속에도 음과 양이 있다. 기와 혈이 비록 음과 양으로 나누어져 소속되어 있지만, 각각 음과 양이 있고 서로 음도 되고 양도 된다. 마치 혼(魂)은 양이 되고 백(魄)은 음이 되며, 들숨은 음이 되고 날숨은 양이 되며, 혈(血)은 양이 되고 육(肉)은 음이 된다는 따위와 같음을 알 수가 있다.

33. 〔문〕 동정(動靜)은 태극이 동하고 정하는 것인가, 음양이 동하고 정하는 것인가? 동정을 논할 때는 모두 음양을 가리켰는데, 《태극도설》에서는 "태극이 동하여 양을 낳고 정하여 음을 낳는다.〔太極動而生陽靜而生陰〕"라고 하였다. 그렇다면 태극도 동하고 정할 수 있는 것인가?

〔답〕 태극이 동하고 정함이 있는 것은 천명(天命)이 유행(流行)하는 것이다. 대개 태극은 동하고 정하는 이(理)가 있기 때문에 음과 양이 동하고 정할 수 있는 것이다. 동하고 정하는 것은 음양이고, 동하고 정하게 하는 것은 태극이다.

34. 〔문〕 음과 양이 위치를 정하매 등수(等數)가 분명한 것이다. 그런데 이제 이에 갑자기 변화하여 가로로 보면 왼쪽이 양이고 오른쪽이 음이며, 세로로 보면 위가 양이고 아래가 음이다. 손등은 양이고 손바닥은 음이며, 앞면은 양이고 뒷면은 음이며, 북쪽이 양이면 남쪽이 음이고, 동쪽이 아래가 되면 서쪽이 위가 된다. 이와 같이 변하고 바뀌어서 사람으로 하여금 헤아릴 수 없게 한다. 이것은 무슨 뜻인가?

〔답〕 음과 양 두 기운은 서로 당기고 밀며 때와 장소에 따라서 일정할 수가 없다. 이것은 인사(人事)의 가운데에서 일정하게 정해진 체(體)가 없는 것이다. 그러나 음과 양이 위치를 정하면 하나로 정해져서 변화가 없다.

35. 〔문〕 《주역》에 "천지가 있은 연후에 만물이 있고, 만물이 있은 연후에 남녀가 있다.〔有天地 然後有萬物 有萬物 然後有男女〕"라고 하고, 《태극도설》에 "건도는 남자를 이루고 곤도는 여자를 이루며, 두 기운이 서로 교감하여 만물을 화생한다.〔乾道成男 坤道成女 二氣交感 化生萬物〕"라고 하였다. 이 두 설이 같지 않은 것은 어째서인가?

〔답〕 《주역》과 《태극도설》에서는 모두 천지가 있은 연후에 기화(氣化)가 있고, 기화가 있은 연후에 형화(形化)가 있음을 말하였다.[36]

36 주역과……말하였다 : 주희의 설명에 의하면, 기화는 애당초 사람이 아무런 종자 없이 저절로 생겨나는 것이며, 형화는 사람이 있은 뒤에 낳고 낳아 생겨나는 것이다. 주희는 《태극도설》에서 "만물을 변화시켜 생성한다.〔化生萬物〕"라는 구절을 설명하면서 "사람과 사물이 처음에는 기화하여 생겨나며 기가 모여 형체를 이루면 형체가 교접하고 기가 감응하여 마침내 형화하는데, 사람과 사물이 낳고 낳아 변화가 무궁하다."라고 하였다. 《性理大全 卷1 太極圖》

《주역》〈계사전 하(繫辭傳下)〉에 "천지의 기운이 서로 얽히매 만물이 형성된다.〔天地絪縕 萬物化醇〕"라고 한 것은 기화를 말한 것이다. 그리고 "남자와 여자는 정기(精氣)를 합하여 만물을 화생한다.〔男女構精 萬物化生〕"라고 한 것은 형화를 말한 것이다. 《태극도설》의 양의(兩儀)는 천지가 선 것이고, 건도는 남자를 이루고 곤도는 여자를 이룬다고 한 것은 기화를 말한 것이며, 두 기운이 서로 교감하여 만물을 화생한다는 것은 형화를 말한 것이다. 같지 않은 것이 무엇인가?

36. 〔문〕 오성(五性)이 감응해 동하여서 선(善)과 악(惡)이 나누어지고, 오행(五行)이 이르는 곳에 문득 선과 악의 구분이 있게 된다. 그런데 그 이상에서의 동(動)과 정(靜)에는 선과 악이 없는가? 그리고 사람에 이르러서 문득 기질(氣質)의 성(性)을 논하는데, 하늘도 기질의 성이 있는가?

〔답〕 어떤 이가 묻기를 "음양에 문득 선과 악이 있습니까?"라고 묻자, 주자가 말하기를 "음양과 오행은 모두 선하다.〔陰陽五行皆善〕"라고 하였고, 또 말하기를 "음양의 이는 모두 선하다.〔陰陽之理皆善〕"라고 하였다. 이것은 이는 모두 선하나 기(氣)는 선과 악이 있음을 말한 것이다. 기에는 선과 악이 있기 때문에 사람과 사물, 치우침과 바름, 맑음과 탁함의 차이가 있게 된다. 사람에 이르러서도 선과 악이 나누어지는 기미가 있게 된다. 이것은 모두 이가 기 가운데에 있고 난 뒤의 말이다. 그러므로 주자가 말하기를 "이것은 뭇사람이 모두 동하고 정함의 이를 갖추고 있으나, 항상 동하는 데에서 잃어버림을 말한 것이다.〔此言衆人具動靜之理 而常失於動也〕"라고 하였다. 동하고 정함이 선과 악으로 나누어지는 것은 뭇사람이 그렇게 된다.

성인(聖人)은 전체가 태극이어서 하늘과 더불어 덕(德)이 동일하다. 성인은 기질의 성이 순수하며 선하다. 하늘은 기질의 성이 없다. 그러므로 주자가 말하기를 “천지의 성이 이이다. 음양과 오행이 있는 곳에 이르면 기질의 성이 있게 되고, 어둡고 밝으며 두껍고 얇은 차이가 있게 된다.〔天地之性是理也 纔到有陰陽五行處 便有氣質之性便有昏明厚薄之殊〕”라고 하였다.

37. 〔문〕 주자(周子)는 정(靜) 자를 말했고 정자(程子)는 경(敬) 자를 말하였다. 두 사람의 말이 다른 것은 어째서인가? 또 자세하게 말하고 간략하게 말함에 대해 논할 만한 점이 있는가?

〔답〕 정(靜)은 한쪽에 치우치고, 경(敬)은 동과 정을 관통한다. 그러나 반드시 정을 근본으로 삼아야 한다. 그리하여 평소 가만히 있을 때에는 담연(湛然)하고 허정(虛靜)하게 하기를 마치 가을과 겨울이 만물을 갈무리하듯이 하고, 일에 응할 적에는 어긋나지 않게 하기를 마치 봄과 여름이 제때에 맞추어 만물을 자라나게 하는 것처럼 해야 한다. 이렇게 하면 사물마다 제자리를 얻게 된다.

38. 〔문〕 〈태극도(太極圖)〉에서는 하나의 태극으로부터 둘인 음양으로 되고, 둘인 음양으로부터 다섯인 오행(五行)이 되어 만물에 이른다. 《주역》에서는 하나인 태극으로부터 둘인 음양에 이르고, 둘인 음양으로부터 넷인 사상(四象)에 이르고, 넷인 사상으로부터 여덟인 팔괘(八卦)에 이르러서 다시 육십사괘(六十四卦)에 이른다. 〈서명(西銘)〉[37]에

37 서명(西銘) : 송나라 학자 장재(張載)가 〈동명(東銘)〉과 함께 좌우명으로 삼아

서는 음양만을 말했고, 〈홍범(洪範)〉[38]에서는 오행만을 말하였다. 이(理)는 하나일 뿐인데 어찌하여 논한 바가 각각 다른가?

〔답〕 이에 대해서는 주자가 이미 "도리는 애초부터 서로 맞지 않는 것이 없다. 자세하고 간략한 차이가 있을 뿐이다."라고 하였다.[39]

39. 〔문〕 태극에 대하여, 공자(孔子)가 안자(顔子)나 증자(曾子)와 더불어 말하면서 이에 대해 말하지 않은 것은 무슨 뜻인가? 주자는 "정자(程子)가 태극을 문인에게 가르쳐 주지 않은 것은 능히 이를 배울 만한 제자가 없어서일 것이다."라고 말하였다. 그렇다면 안자와 증자가 공자에게도 능히 배울 만한 반열에 있지 않았다는 것인가? 이와 같이 어려운 것인데도 주자가 《근사록(近思錄)》의 첫머리에 〈태극도〉를 편집한 것은 또 무슨 뜻인가?

〔답〕 공자가 안자와 증자에게 "나의 도는 하나로 꿰뚫었다.〔吾道一以貫之〕"라고 한 것과 같은 따위가 이것이다. 주자도 말하기를 "공자

쓴 글이다. 송대 성리학 사상을 심오하게 담고 있어 후대 학자들에게 많은 영향을 주었다. 특히 주희(朱熹)가 별도로 주를 달아 해설하면서부터 세상에 크게 유행되었다.

38 홍범(洪範) : 《서경》의 편명으로, 유가(儒家)의 세계관에 의거한 정치 철학을 말한 글이다. 구주(九疇) 또는 홍범구주(洪範九疇)라고도 한다. 정치는 천(天)의 상도(常道)인 오행(五行), 오사(五事), 팔정(八政), 오기(五紀), 황극(皇極), 삼덕(三德), 계의(稽疑), 서징(庶徵), 오복(五福) 등 구주(九疇)에 의해 인식되고 실현된다는 것이 그 주요 내용이다.

39 주자가……하였다 : 어떤 사람이 이에 대해서 묻자, 주희가 답하기를 "이(理)는 하나일 뿐인데, 사람들이 본 바에 자세하고 간략한 차이가 있을 뿐이다. 그러나 도리는 역시 애초부터 서로 맞지 않는 것이 없다.〔理一也, 人所見有詳略耳. 然道理亦未始不相値也.〕"라고 하였다. 《朱子語類 卷94 太極圖》

가 일찍이 태극에 대해서 말하지 않았다는 것을 어찌 알겠는가."라고 하였다. 공자는 《주역》에 대해서는 언급한 것이 드물다. 정자가 《주역》과 〈태극도〉에 대해서 언급하지 않은 것도 이와 같은 의도이다. 《근사록》의 첫머리에 〈태극도〉를 편집해 놓은 것에 대해서는, 여동래(呂東萊)가 말하기를 "초학자들로 하여금 태극의 명칭과 개념을 알게 하여 우러르는 바가 있게 하였을 따름이다."라고 하였다.

40. 〔문〕 주자가 "산에 가득한 푸르고 노랗고 파랗고 초록인 온갖 것들이 태극이 아닌 것이 없다.〔滿山靑黃碧綠 無非太極〕"라고 하였다. 이것은 기(氣)인데도 주자가 도리어 이(理)라고 하였다. 어째서인가?

〔답〕 기(器) 또한 도(道)이고 도(道) 또한 기(器)이니, 이(理)가 아니면 기(氣)가 없고 기(氣)가 아니면 도(道)가 없게 된다.

41. 〔문〕 정명도(程明道)가 "사람이 나서 정한 것 이상은 말로 설명하지 못한다.〔人生而靜以上 不容說〕"라고 하였다.[40] 이미 말로 설명하지 못한다고 하였는데도 주자(周子)가 무극(無極)을 말한 것은 어째서인

40 정명도(程明道)가……하였다 : 정명도는 정호(程顥)를 가리킨다. 정호가 말하기를 "'인생이정(人生而靜)' 이상(以上)에 대해서는 말로 설명할 수가 없으며, 성(性)을 말하는 순간 이미 성이 아니다. 모든 사람이 성을 말할 때는 〈계사전〉에 나오는 '계지자선야(繼之者善也)'를 말할 뿐이니, 맹자가 성선(性善)이라고 말한 것이 이에 해당된다. 이른바 '계지자선야'는 마치 물이 아래로 흘러가는 것과 같다."라고 하였다. '인생이정(人生而靜)'은 《예기》 〈악기(樂記)〉에 나오는 말로, 〈악기〉에 "사람이 태어나서 정(靜)한 상태는 하늘의 성(性)이요, 사물에 감동되어 동(動)하는 것은 성의 욕(欲)이다.〔人生而靜, 天之性也; 感於物而動, 性之欲也.〕"라고 하였다.

가? 소자(邵子)가 또 무극의 전(前)을 말한 것은 또한 무슨 뜻인가? 선유들의 논설이 이미 세 단계의 차례가 있다면 차츰 더 높은 곳을 말하더라도 옳지 않을 것이 없을 것 같다. 그런데도 장자(莊子)가 무극의 위에서 한 단계를 더 말한 것에 대해서는 선유들이 또한 잘못이라고 하였다. 이것은 또한 무슨 뜻인가?

무릇 복괘(復卦)와 곤괘(坤卦)의 사이가 무극이며, 곤괘로부터 구괘(姤卦)[41]로 돌아가는 것이 무극의 전(前)이라는 것은 소자(邵子)가 논한 것이다.[42] '처음〔始〕'이란 것은 태극을 뜻하고 "처음에는 처음도 있지 않았다.〔未始有始〕"라는 것은 무극을 뜻하는데 "처음에는 '처음에 처음이라는 말이 아직 있지 않았다.'라는 말조차 있지 않았다.〔未始有夫未始有始〕"라는 말은 또 무극의 위에서 한 단계 더 높은 것을 뜻하는데, 이는 장자(莊子)가 말한 것이다.[43] 그렇다면 주자(周子)와 정자(程

41 구괘(姤卦) : 대본에는 '垢'로 되어 있다. 문맥에 근거하여 '姤'로 바로잡아 번역하였다.

42 복괘(復卦)와……것이다 : 소옹(邵雍)이 말하기를 "무극의 전에는 음이 양을 포함하였고, 상(象)이 있은 뒤에는 양이 음을 나누었다. 음은 양의 어머니이고, 양은 음의 아버지이다. 그러므로 어머니가 장남을 잉태하여 복괘가 되었고, 아버지가 장녀를 낳아 구괘가 되었다, 이 때문에 양은 복괘에서 일어나고, 음은 구괘에서 일어나는 것이다.〔無極之前, 陰含陽也; 有象之後, 陽分陰也. 陰爲陽之母, 陽爲陰之父. 故母孕長男而爲復, 父生長女而爲姤. 是以陽起於復而陰起於姤也.〕"라고 하였다. 《周易 卷首 方位》 주희는 소옹의 이 말에 대해 "복괘와 곤괘 사이가 무극이고, 곤괘로부터 거꾸로 구괘까지가 무극의 전이다."라고 하였다. 《朱子語類 卷65 易1 綱領上 陰陽》

43 처음에는……것이다 : 장자가 말하기를 "'처음'이란 말이 있으며 '처음에 처음이라는 말이 아직 있지 않았다.'라는 말이 있으며 '처음에, 처음에 처음이라는 말이 아직 있지 않았다는 말도 아직 있지 않았다.'라는 말이 있다. '유(有)'라는 말이 있으며, '무(無)'라는 말이 있으며 '처음에 무라는 말이 아직 있지 않았다.'라는 말이 있으며 '처음에

子)와 장자와 소자가 말한 것은 같은 것인가, 다른 것인가?

〔답〕 주자(朱子)가 "태극의 위에 또 다른 무극이 있는 것이 아니다.〔非太極之上 別有無極也〕"라고 하였으니,[44] 무극과 태극은 차례가 없는 것이다. 소자가 무극 이전을 말한 것은 단지 기(氣)의 순환을 논한 것이고, 정자가 말한 "설명할 수 없다.〔不容說〕"라는 것은 말하기가 어렵다는 것이지 말로 설명되지 않는다는 것이 아니다. 장자가 한 허황된 얘기는 따지고 말고 할 것도 없는 것으로, 역시 전적으로 기만을 가지고 말한 것이다.

42. 〔문〕 주자가 '태극이 동하여 양을 낳는 것〔太極動而生陽〕'을 가지고 '천지의 희로애락이 발하는 곳〔天地之喜怒哀樂發處〕'이라고 하였는데, 연평(延平)은 "이발(已發)로 볼 수가 없다."라고 하였다.[45] 이것은 어떤

는 처음에 아직 무라는 말이 있지 않았다.'라는 말이 있다. 이처럼 언어가 생기자 이윽고 무가 있게 된 것이다. 그런데 아직도 유와 무 가운데 어떤 것이 과연 있고 어떤 것이 과연 없는지를 모르겠다.〔有始也者, 有未始有始也者, 有未始有夫未始有始也者. 有有也者, 有無也者, 有未始有無也者, 有未始有夫未始有無也者. 俄而有無矣, 而未知有無之果孰有孰無也.〕"라고 하였다. 《莊子 齊物論》

44 주자(朱子)가……하였으니 : 주희가 말하기를 "주자(周子)가 무극이면서 태극이라고 한 것은 태극의 위에 별도로 무극이 있는 것이 아니다. 단지 태극이 어떤 사물에 있는 것이 아님을 말한 것일 뿐이다.〔周子所謂無極而太極, 非謂太極之上別有無極也, 但言太極非有物耳.〕"라고 하였다. 《朱子語類 卷94 太極圖》

45 주자가……하였다 : 연평(延平)은 송나라 학자 이동(李侗)으로, 연평은 호이고 자는 원중(願中), 시호는 문정(文靖)이다. 이정(二程)의 학문이 주희에게 이어지는 교량적 역할을 하였다. 주희가 연평에게 묻기를 "'태극이 동하여서 양을 낳는다.'라고 한 데 대하여 선생께서 일찍이 '이것은 단지 이(理)이니 이발(已發)로 볼 수가 없다.'라고 하셨는데, 저로서는 의심스럽습니다. 이미 '동하여서 양을 낳는다.'라고 하였으니,

소견이 있어서 그렇게 말한 것인가? 또 어느 쪽 설이 옳은가? 지리(至理)의 근원과 대본달도처(大本達道處)에 대해서도 이발(已發)과 미발(未發)로 나누어서 말할 수 있는가?

〔답〕 연평(延平)의 뜻은 "이발과 미발은 사람의 몸의 관점에서 말한 것이며, 태극의 동정(動靜)과 합벽(闔闢)에 미루어 나가 보면 만물을 끝마치고 만물을 시작하는 것은 단지 이 이(理)가 일관(一貫)한 것이니 이발로 볼 수가 없으며, 천지의 대본(大本)과 달도(達道)에 대하여 나누어서 말하기는 곤란하다."라고 여겼기 때문이다. 대개 천지의 사이에는 실재의 이가 가득 차서 한 순간도 망녕됨이 없으니, 위로부터 아래에 이르기까지가 이와 같은 데 불과하다. 동(動)을 이발이라고 한다면 마땅히 정(靜)을 미발이라고 해야 한다. 이것은 필시 주자가 초년에 한 말일 것이다. 주자가 이르기를 "한 번 동하고 한 번 정하는 것이 다 천명이 유행하는 것이다.〔一動一靜 皆命之行〕"

복괘(復卦)의 한 양이 생겨나는 데에서 천지의 마음을 볼 수가 있다는 것과 무엇이 다릅니까? 제 생각으로는 아마도 '동하여서 양을 낳는다.'라고 한 것은 천지의 희로애락이 발하는 곳으로, 여기에서 천지의 마음을 볼 수가 있습니다. 그리고 '두 기운이 서로 교감하여 만물을 화생한다.'라고 한 것은 사람과 사물의 희로애락이 발한 곳으로, 여기에서 사람과 사물의 마음을 볼 수가 있습니다. 이와 같이 두 구절로 나누어서 보는 것이 옳지 않겠습니까?〔太極動而生陽, 先生嘗曰: "此只是理, 做已發看不得." 熹疑旣言"動而生陽", 卽與復卦一陽生而見天地之心何異. 竊恐"動而生陽", 卽天地之喜怒哀樂發處, 于此卽見天地之心. "二氣交感, 化生萬物", 卽人物之喜怒哀樂發處, 于此卽見人物之心. 如此做兩節看, 不知得否?〕"라고 하자, 연평 선생 이동이 말하기를 "'태극이 동하여 양을 낳는다.'라고 한 것은 지극한 이(理)의 근원으로 단지 동정(動靜)이 개합(開闔)하는 것이며, 만물을 끝내고 만물을 시작하는 데에 이르러서도 단지 이 이가 일관한다.〔太極動而生陽, 至理之源, 只是動靜闔闢, 至于終萬物、始萬物, 亦只是此理一貫也.〕"라고 하였다.《宋元學案 卷39 豫章學案 延平答問》

라고 하였고, 또 "정은 동이 쉬는 것일 뿐이다.〔靜亦動之息爾〕"라고 하였으니,[46] 이 설이 옳다.

43. 〔문〕 태극이 동(動)해서 양(陽)을 낳는데 이것을 이어 가는 것은 선(善)이며, 정(靜)하여서 음(陰)을 낳는데 이것을 이루는 것은 성(性)이다.[47] 그런데 주자는 이어 가는 것을 가지고 정의 끝과 동의 시작으로 삼았다. 그런즉 동하지도 않고 정하지도 않은 사이에 있는 듯하

46 주자가 이르기를……하였으니 : 주희가 말하기를 "정은 성이 서게 되는 까닭이며, 동은 천명이 행하게 되는 까닭이다. 그러나 사실 정은 동이 쉬는 것일 뿐이다. 그러므로 한 번 동하고 한 번 정하는 것이 모두 천명이 행하는 것이다. 그리고 동하고 정하는 데에서 행하는 것은 곧 성의 진이다. 그러므로 '하늘이 명하는 것을 성이라 이른다.'라고 하는 것이다. 성이 미발한 것은 성이다. 이것은 이에 이른바 중이며, 천하의 대본이다. 성이 이발한 것은 정이다. 그것이 모두 절도에 맞으면 이른바 화라는 것이며, 천하의 달도이다. 이것은 모두 천리로 볼 때 자연스러운 것이다. 성과 정의 덕을 묘하게 하는 것은 심이다. 중화에 이르게 하고 대본을 세워서 달도를 행하게 하는 것은 천리가 주재하는 것이다.〔靜者, 性之所以立也; 動者, 命之所以行也. 然其實則靜亦動之息爾. 故一動一靜, 皆命之行, 而行乎動靜者, 乃性之眞也. 故曰"天命之謂性". 性之未發者, 性也. 是乃所謂中也, 天下之大本也. 性之已發者, 情也. 其皆中節, 則所謂和也, 天下之達道也. 皆天理之自然也. 妙性情之德者, 心也. 所以致中和、立大本而行達道者也, 天理之主宰也.〕"라고 하였다. 《晦庵集 卷67 太極說》

47 태극이……성(性)이다 : 《주역》〈계사전 상〉에 "한 번 음이 되고 한 번 양이 되는 것을 도라 하니, 이를 이어 가는 것은 선이고 이루는 것은 성이다.〔一陰一陽之爲道. 繼之者, 善也; 成之者, 性也.〕"라고 하였다. 이에 대한 주희의 《본의(本義)》에 "도는 음에 갖추어져 있고 양에 행해진다. 이어 가는 것은 그 발(發)함을 말한 것이요, 선(善)은 화육(化育)의 공(功)을 말하니, 이는 양의 일이다. 이루는 것은 갖춤을 말한 것이요, 성(性)은 물건이 받은 것을 말하니, 물건이 나면 성을 간직하고 있어 각각 이 도를 갖춤을 말한 것이다. 이는 음의 일이다."라고 하였다.

다. 이것은 무슨 뜻인가? 그리고 인(仁)과 지(智)가 교제하는 사이에 이것을 이어 가는 것은 인에 있는 것인가, 지에 있는 것인가?

〔답〕 이미 동(動)의 시작이라고 하였으니, 이것은 곧 동이다. 이것은 소자(邵子)가 말한 '한 양이 처음 동하는 곳이고 만물이 아직 생겨나지 않은 때'이며, 주자가 말한 '정(貞)과 원(元)의 사이'인 것이다. 이것을 이어 가는 것은 곧 인(仁)이다. 인은 원(元)이다. 원이 비록 사덕(四德)의 으뜸이기는 하지만, 원은 원에서 생겨나지 않고 정(貞)에서 생겨난다. 정은 지(智)이다. 지는 능히 끝을 이루고 처음을 이룰 수 있다.

44. 〔문〕 '이어 가는 것이 선(善)'이라는 것은 "성(性)은 선하다."라는 것이다. 그런데 '이루는 것이 성(性)'이라는 데 이른 다음에야 비로소 기질의 선악이 있는 것인가, 아니면 선악으로 나눌 수 없는 것인가?

〔답〕 성(性)이라고 이른다면 선악으로 나눌 수가 없다.[48]

45. 〔문〕 주자가 일찍이 태극을 체(體)로 삼고 동정(動靜)을 용(用)으로 삼아 태극과 음양을 체와 용으로 나누었는데, 무슨 뜻인가? 또 말하기를 "태극은 본연의 신묘함이고, 동정은 올라타는 작용이다.〔太極者

48 성(性)이라고……없다 : 이 답에 대하여 송시열은 "'성(性)이라고 이른다면 선악을 나눌 수가 없다.'라고 한 것은 의심스럽다. 공자가 '성은 서로 가깝다.〔性相近〕'라고 하였고, 정자는 '악한 것도 성이라 말하지 않을 수 없다.'라고 하였으니, 이 말은 다 무엇을 말한 것인가? 맹자는 오로지 선의 일변(一邊)만을 말하였기 때문에 주자가, 그 정밀함이 오히려 정자만 못하다고 한 것이다."라고 하였다. 《宋子大全 卷130 栗谷別集訂誤》

本然之妙 動靜者 所乘之機〕"라고 하였다.[49] 이 두 가지 설은 같은가, 다른가?

〔답〕 뒤에 말한 설이 옳으니, 태극과 음양을 체와 용으로 나눌 수 없다. 앞에 말한 설은 온당치 못하다.

46. 〔문〕 사물은 볼 수가 있으나 이치는 알기가 어렵다. 〈태극도(太極圖)〉는 사람들로 하여금 알기가 어려운 이치를 알게 하고자 한 것이다. 선유가 후학들을 가르친 것은 모두 이치를 밝히는 한 가지 일이다. 그런데 《대학》에서는 격물(格物)하게 하고자 하면서 도리어 궁리(窮理)를 말하지 않은 것은 어째서인가?

〔답〕 형이상(形而上)은 도(道)이고, 형이하(形而下)는 기(器)이다. 기(器) 역시 도(道)이며 도 역시 기로, 도는 일찍이 기에서 떠난 적이 없다. 《대학》에서 궁리를 말하지 않은 데 대해 주자가 말하기를 "이는 단지 사람들로 하여금 실재의 곳에 나아가서 끝까지 궁구하게 한 것이다."라고 하였다.

49 또……하였다 : 주희가 말하기를 "태극은 본연의 신묘함이고 동정은 올라타는 작용이다. 태극은 형이상의 도(道)이고 음양은 형이하의 기(器)이다. 형이하로부터 보면 동정은 때를 같이하지 않고 음양은 자리를 같이하지 않으나 태극은 있지 않은 곳이 없다. 형이상으로부터 보면 충막무짐(沖漠無朕)하지만 동정과 음양의 이치가 그 가운데 이미 다 갖추어져 있다.〔太極者, 本然之妙也; 動靜者, 所乘之機也. 太極, 形而上之道也; 陰陽, 形而下之器也. 自形而下者觀之, 則動靜不同時, 陰陽不同位, 而太極無不在焉. 自形而上者觀之, 則沖漠無朕, 而動靜陰陽之理, 已悉具于其中矣.〕"라고 하였다. 《宋元學案 卷67 九峯學案》

47. 〔문〕 주자가 말하기를 "천지는 형이하이고, 건곤은 형이상이다.〔天地 形而下者 乾坤 形而上者〕"라고 하였다. 《주역》에서 말한 건곤은 곧 기(氣)이다. 주자가 도리어 '이(理)'라고 한 것은 어째서인가?

〔답〕 천지는 형각(形殼)이고, 건곤은 성정(性情)이다. 《주역》에서 말한 건곤은 양의(兩儀)이다. 천지와 건곤은 나누어서 말한 것이고, 양의는 합쳐서 말한 것이다. 이는 단지 하나가 둘을 낳는다는 것을 말한 것이다. 둘은 곧 기(氣)이다.

48. 〔문〕 "건도(乾道)는 남자가 되고 곤도(坤道)는 여자가 되었다."라는 것[50]은 오로지 사람만을 가리켜 말한 것인가, 아니면 만물을 통틀어서 말한 것인가? 동물에는 남과 여가 있으나 식물에는 남과 여가 없는 것은 또한 무슨 뜻인가?

〔답〕 만물을 통틀어서 말한 것이다. 식물에도 남과 여가 있는데 사람이 스스로 살피지 않았을 뿐이다. 주자가 말하기를 "마(麻)에도 암수가 있고 대나무에도 암수가 있다."라고 하였으니, 이것을 미루어 보면 알 수가 있다.

49. 〔문〕 주자가 말하기를 "체가 다른 만물을 살펴보면 기는 서로 비슷하나 이는 전혀 같지 않다.〔觀萬物之異體 則氣猶相近 而理絶不同〕"라고 하였다.[51] 그렇다면 이(理)도 같지 않은 것이 있는가?

50 건도(乾道)는……것 : 주돈이의 《태극도설》에 "무극의 진과 이오의 정이 묘하게 합하고 엉겨서, 건도는 남자를 이루고 곤도는 여자를 이룬다.〔無極之眞, 二五之精, 妙合而凝, 乾道成男, 坤道成女.〕"라고 하였다.

〔답〕 이(理)는 전혀 같지 않다. 사물은 기(氣)의 치우침을 얻었는데, 이가 치우친 속에 있으면서 꽉 막혀 있어서 같지 않은 것이다. 기가 서로 비슷하면 춥고 따뜻한 것을 알며 배고프고 배부른 것을 깨달으며 삶을 좋아하고 죽음을 싫어하며 이로움은 따르고 해로움은 피하는 것 같은 것은 사람과 사물이 서로 비슷하다.

50. 〔문〕 《통서(通書)》[52]에서 말한 기(幾) 자가 《태극도설》에도 있다는데, 어느 구절에 있는가?

〔답〕 《태극도설》에서 "오성이 감응해 동하여서 선과 악이 나누어진다.〔五性感動而善惡分〕"라고 한 것이 바로 기(幾)의 뜻이다.

51. 〔문〕 맹자가 말하기를 "정은 선할 수가 있다.〔其情則可以爲善〕"라고 하였고,[53] 주자(周子)는 말하기를 "오성이 감응해 동하여서 선과

51 주자가……하였다 : 주희가 말하기를 "만물의 근원이 하나라는 점에서 논하면 이(理)는 같고 기(氣)는 다르다. 그러나 체(體)가 다른 만물을 살펴보면 기는 서로 비슷하지만 이는 판연히 다르다.〔萬物之一原, 則理同而氣異. 觀萬物之異體, 則氣猶相近, 而理絶不同.〕"라고 하였다. 《朱子語類 卷4 性理1 人物之性氣質之性》

52 통서(通書) : 주돈이가 지은 책으로, 그의 《태극도설》과 짝이 된다. 《태극도설》이 이론 위주의 글이라면, 《통서》는 응용을 위주로 한 저술이다. 처음에는 《주역》의 도와 통한다고 해서 《역통(易通)》이라고 했다가 나중에 《통서》로 이름을 바꿨다.

53 맹자가……하였고 : 맹자가 말하기를 "정(情)으로 말하면 선할 수 있으니, 바로 이른바 선이다.〔乃若其情, 則可以爲善矣, 乃所謂善也.〕"라고 하였다. 이에 대해 주희는 "정은 성(性)이 동한 것이다. 사람의 정은 본디 선할 수만 있고 악할 수는 없으니, 성이 본디 선함을 알 수 있다.〔情者, 性之動也. 人之情, 本但可以爲善而不可以爲惡, 則性之本善可知矣.〕"라고 하였다. 《孟子集註 告子上》

악이 나누어진다."라고 하였다. 감응하여 동하는 것은 정(情)이다. 그런데 맹자와 주자가 다르게 말한 것은 어째서인가?

〔답〕 주자(朱子)가 말하기를 "맹자는 정(正)만 말했고 주자(周子)는 정(正)과 반(反)을 겸해서 말했다."라고 하였다. 대개 정(情)은 반드시 모두 선한 것은 아니다. 그러나 근본은 선할 수 있다. 오직 그 정(情)에 반하기 때문에 악이 되는 것이다.

52. 〔문〕 사람은 천지의 바른 기(氣)를 받았고 사물은 치우치고 막힌 것을 타고났다. 그런데도 닭은 새벽을 알릴 수가 있고 개는 손님에게 짖을 줄 알며 소는 무거운 짐을 질 수가 있고 말은 먼 길을 갈 수가 있어서 각각 자신의 일을 능히 한다. 그런데 사람은 도리어 사물에도 미치지 못해서 능히 자신의 생김새대로 행하지 못하여 자식은 효자가 드물고 신하는 충신이 적다. 어째서인가? 만물의 영장이라는 사람이 도리어 꽉 막힌 사물만도 못하단 말인가?

〔답〕 사물이 꽉 막혀 있어서 천성대로 하는 것은 마음이 허령(虛靈)하지 못하기 때문이다. 그러므로 장자(莊子)가 말하기를 "오직 벌레만이 천성을 따를 수 있다.〔惟蟲能天〕"라고 하였다. 사람은 능히 기질(氣質)을 변화시켜서 불초(不肖)한 자가 성현이 되기도 하는 것도 통하기 때문이고, 남의 등창을 빨고 치질도 핥던 자가 나중에는 아버지와 임금을 죽여서 짐승도 하지 않는 짓을 행하는 것도 통하기 때문이다. 그러니 두렵지 아니한가.[54]

54 사람은……아니한가 : 이 답에 대하여 송시열은 "이 대답은 더욱 이해할 수 없다. 이런 것들로 본다면 결코 율곡 선생의 저작이 아니라고 여겨진다. 다만 우계(牛溪)

53. 〔문〕 "성인이 중, 정, 인, 의로써 정(定)하였다.〔聖人定之以中正仁義〕"[55]라고 할 때의 정(定) 자는 스스로 정한다는 것인가, 아니면 천하를 정한다는 것인가? 정(定)과 정(靜)과 경(敬)은 같은 뜻인가, 아니면 각각 다른 뜻이 있는가?

〔답〕 정(定)하였다고 함은 인극(人極)[56]을 세우는 것으로, 만사(萬事)를 판정하여 인극을 세우는 것이다. 〈태극도〉에서는 동정(動靜)으로 말했기 때문에 정(靜)이라고 하였는데, 정(靜) 자는 반드시 경(敬) 자로 보아야 한다.[57]

54. 〔문〕 《예기》 〈악기(樂記)〉에 "정으로 성을 말하는 것은 가하지만, 정으로 천지의 묘함을 형용하는 것은 불가하다.〔以靜言性則可 以靜形容天地之妙則不可〕"라고 하였다.[58] 성(性)이 이(理)이거늘 천지의 묘함

성혼(成渾)이 인용한 선생의 〈벌레 소리에 대한 설〔蟲聲說〕〉을 살펴보면 그 쇄락하고 통투한 것이 이것과는 같지 않다."라고 하였다. 《宋子大全 卷130 栗谷別集訂誤》

55 성인이……정(定)하였다 : 《태극도설》에 "성인이 중, 정, 인, 의로써 정하되 정을 주장함으로써 인극을 세운다.〔聖人定之以中正仁義而主靜, 立人極.〕"라고 하였다.

56 인극(人極) : 사람이 행해야 할 지고한 도덕의 표준으로, 중(中), 정(正), 인(仁), 의(義)의 도리를 이른다.

57 정(定)하였다고……한다 : 이 답에 대하여 송시열은 "이것은 주자가 남헌(南軒)에게 보낸 '여러 설에 대하여 으레 허여를 받았다.〔諸說例蒙印可〕'라는 말로 시작된 답서에서 논한 것으로 본다면, 거기에서 논한 경(敬)과 정(靜)의 차이는 대단히 월등하다. 그런데 율곡 노선생이 혹 주자의 그 편지를 보지 못하여 이렇게 말한 것인가?"라고 하였다.

58 예기……하였다 : 《예기》 〈악기〉에는 이 말이 직접 나오지는 않고, 단지 "사람이 나면서 고요한 것은 하늘의 성(性)이다. 사물에 감응하여서 동하는 것은 성의 욕(慾)이다.〔人生而靜, 天之性也; 感於物而動, 性之欲也.〕"라고만 하였다. 이에 대해서 주희는

과는 또 어떻게 다른가?[59]

〔답〕 성(性)과 천지의 묘함은 본디 서로 다른 두 가지의 것이 아니다. 그러나 성은 바로 희로애락(喜怒哀樂)이 미발(未發)함을 일컫는 것으로 정(靜)에 속하고, 천지의 묘함은 바로 태극이 동정(動靜)의 이치를 갖추고 있는 것이니, 동정을 머금고 있으면서도 치우치지 않는 것이다. 이는 중(中)과 태극이 같은 이(理)이면서도 가리키는 뜻이 각각 차이가 있는 것으로, 사실은 성과 중과 태극은 같은 이(理)인 것이다.

55. 〔문〕 정자(程子)가 말하기를 "천지만물의 이는 홀로 있는 경우는 없고 반드시 상대가 있다.〔天地萬物之理無獨 必有對〕"라고 하였고, 또 말하기를 "오직 도는 상대가 없다.〔惟道無對〕"라고 하였다.[60] 도는 곧

"성(性)을 나누어서 정(靜)에 속하게 하더라도 그것이 온축되면 동정(動靜)을 갖추어서 치우치지 않게 된다. 그러므로 〈악기〉에서와 같이 정으로 성을 말하는 것은 가하지만, 광중(廣仲)과 같이 정(靜) 자로 천성의 묘함을 형용하는 것은 불가하다."라고 하였다. 《晦庵集 卷75 記論性答稿後》

59 예기……다른가 : 이 물음에 대하여 송시열은 "〈악기〉에서는 다만 '사람이 나서 정(靜)한 것은 하늘의 성(性)이다.'라고 하였는데, 이제 정으로 성을 말한 것〔以靜言性〕을 가지고 곧장 〈악기〉의 말이라 한 것은 그 실상이 아니다."라고 하였다. 《宋子大全 卷130 栗谷別集訂誤》

60 정자(程子)가……하였다 : 정호(程顥)가 말하기를 "천지만물의 이(理)는 홀로 있는 경우는 없고 반드시 상대가 있다. 이것은 모두 저절로 그러한 것이요, 안배한 것이 아니다.〔天地萬物之理無獨, 必有對. 皆自然而然, 非有安排也.〕"라고 하였는데, 이에 대해서 주희가 말하기를 "음은 양과 상대가 되고 동은 정과 상대가 되니, 굴신과 소장, 좌우와 상하에 이르기까지가 혹 같은 유(類)끼리 상대가 되고 혹은 반대인 것과 상대가 된다. 반복하여 미루어 보면 홀로 있으면서 상대가 없어 외로이 있는 것은 없다. 정자는

이이다. 그런데 입론이 엇갈리는 것은 어째서인가?

〔답〕 상대가 있다는 것은 음양(陰陽)과 동정(動靜)과 굴신(屈伸)과 소장(消長)으로 말하였고, 상대가 없다는 것은 태극으로 말하였다.

56. 〔문〕 공 부자(孔夫子)가 말하기를 "지자는 동하고 인자는 정한다.〔智者動 仁者靜〕"라고 하였는데,[61] 주자(周子)는 도리어 지(智)를 정(靜)이라 하고 인(仁)을 동(動)이라 하였다.[62] 어째서인가?

〔답〕 지(智)는 음(陰)에 속하여 본래 정(靜)하고, 인(仁)은 양(陽)에 속하여 본래 동(動)한다. 이는 주자(周子)가 음양을 위주로 말하였기 때문이다. 인은 안정(安靜)하고, 지는 운용(運用)하는바, 공 부자의 말은 각각 그 가리키는 뜻이 있다. 또 주자(朱子)는 인과 지에 대해서 체(體)는 모두 정하고 용(用)은 모두 동한다고 비유하였는데, 이는 혹 베껴서 전할 때에 제대로 전하지 못한 듯하다. 사덕

'오직 도만은 상대가 없다.'라고 하였으나 형이상과 형이하로 보면 상대가 없었던 적이 없다.〔陰與陽對, 動與靜對. 以至屈信消長、左右上下, 或以類而對, 或以反而對. 反覆推之, 未有兀然無對而孤立者. 程子謂惟道無對. 然以形而上下論之, 亦未嘗不有對也.〕"라고 하였다. 《近思錄 卷1 道體》

61 공……하였는데 : 공자가 말하기를 "지혜로운 자는 물을 좋아하고 어진 자는 산을 좋아한다. 지혜로운 자는 동하고 어진 자는 고요하며, 지혜로운 자는 즐기고 어진 자는 장수한다.〔智者樂水, 仁者樂山. 智者動, 仁者靜; 智者樂, 仁者壽.〕"라고 하였다. 《論語 雍也》

62 주자(周子)는……하였다 : 주돈이가 직접 말한 것은 아니다. 어떤 사람이 주희에게 말하기를 "사덕을 가지고 말해 보면 인은 도리어 동이고, 지는 도리어 정입니다."라고 하자, 주희가 말하기를 "주자(周子)의 《태극도설》에서 그와 같이 말하였다."라고 하였다. 《朱子語類 卷6 性理3 仁義禮智等四名義》

(四德)[63]에서는 체는 정이고 용은 동이 아닌 것이 없다.[64]

57. 〔문〕 만물을 마무리하고 만물을 시작하는 것은 간(艮)보다 성한 것이 없다.[65] 간은 그친다는 뜻이고, 그친다는 것은 생식(生息)한다는 뜻이다. 그런데 선유가 도리어 동(動)을 생식하는 것으로 본 것은 어째서인가?

〔답〕 원(元)은 원에서 나오지 않고 정(貞)에서 나오니, 비유하면 곡식의 종자가 반드시 가을과 겨울을 지나야 싹을 틔울 수 있는 것과 같다. 또 동(動)을 생식으로 본 것은 편벽된 말이니, 위의 한 구절이 통설이다.

58. 〔문〕 "이루는 것이 성이다.〔成之者性〕"라는 데 이른 뒤에 기질(氣質)이 각각 다르다면 선과 악의 나뉨이 마땅히 여기에 있어야 할 것이다. 그런데 주자(周子)가 도리어 "오성이 감응하여 동하는 곳에 이르러서 선과 악으로 나누어진다.〔到五性感動處 分善惡〕"라고 한 것은 어째

63 사덕(四德) : 사람의 본성에 간직되어 있는 네 가지 덕으로 인(仁), 의(義), 예(禮), 지(智)를 가리킨다. 사람은 원래 천도(天道)의 원(元), 형(亨), 이(利), 정(貞)을 받아서 이 네 가지 본성을 갖게 되었다고 한다.

64 지(智)는……없다 : 이 대답에 대하여 송시열은 "사덕을 총괄하여 말한다면 인(仁)과 예(禮)는 양에 속하여 용(用)이 되고, 의(義)와 지(智)는 음에 속하여 체(體)가 되며, 이를 나누어 말한다면 인, 의, 예, 지가 각각 제 스스로 체와 용이 있으니, 상세한 것은 주자의 〈옥산강의(玉山講義)〉에 나타나 있다."라고 하였다. 《宋子大全 卷130 栗谷別集訂誤》

65 만물을 마무리하고……없다 : 《주역》 〈설괘전(說卦傳)〉에 "만물을 마무리하고 만물을 시작하는 것은 간보다 성한 것이 없다.〔終萬物、始萬物者, 莫盛乎艮.〕"라고 하였다.

서인가?

〔답〕 성(性)은 선과 악이 없고 단지 순선(純善)할 따름이다. 정(情)이 동한 곳에 이르면 선과 악으로 나뉘어져 기질의 성이 있음을 곧 알게 된다.[66]

59. 〔문〕 부모의 기(氣)를 받아 태(胎) 속에 있는 것이 "이어 가는 것이 선이다.〔繼之者善〕"라는 것[67]이고, 이미 태어나 스스로 하나의 사물을 이룬 것이 "이루는 것이 성이다.〔成之者性〕"라는 것이다. 이미 그 성(性)을 이루면 또 스스로 선을 이어 가는 것이 순환되어 무궁하게 된다. 그런데도 도리어 불씨(佛氏)가 말한 순환을 이치가 없다고 한 것은 또한 무슨 뜻인가?[68]

66 성(性)은……된다 : 이 대답에 대하여 송시열은 "하늘이 명해서 부여해 준 시초를 논한다면 기질의 선악이 있고, 심성(心性)이 발용(發用)하는 시초를 논한다면 정의(情意)의 선악이 있는 것이다. 그런데 이제 합해서 논한 것은 선유(先儒)의 뜻을 잃은 것이 아닌가 여겨진다."라고 하였다. 《宋子大全 卷130 栗谷別集訂誤》

67 이어……것 : 《주역》 〈계사전 상〉에 "한 번 음이 되고 한 번 양이 되는 것을 도라 하니, 이를 이어 가는 것은 선이고 이를 갖추어 놓은 것은 성이다.〔一陰一陽之爲道. 繼之者, 善也; 成之者, 性也.〕"라고 하였다. 이에 대한 주희의 《본의(本義)》에 "도(道)는 음(陰)에 갖추어져 있고 양(陽)에 행해진다. 계(繼)는 그 발(發)함을 말한 것이요, 선(善)은 화육(化育)의 공(功)을 말하니, 이는 양(陽)의 일이다. 성(成)은 갖춤을 말한 것이요, 성(性)은 물건이 받은 것을 말하니, 물건이 나면 성(性)을 간직하고 있어 각각이 도(道)를 갖춤을 말한 것이다. 이는 음(陰)의 일이다."라고 하였다.

68 부모의……뜻인가 : 이 물음에 대하여 송시열은 "부모의 기운을 받아서 태 속에 있으면 그것은 성(性)을 이루는 곳인데, 어찌해서 '이어 가는 것이 선이다.〔繼之者善〕'라는 말에 해당한다고 이르는가? 이어 간다는 것은 오로지 음양이 묘합(妙合)하여 유행하는 곳을 말한 것이다."라고 하였다. 《宋子大全 卷130 栗谷別集訂誤》

〔답〕 유행(流行)하고 조화(造化)하는 것이 선(善)이고 나에게 응결되어 이루어진 것이 성(性)이다. 이는 정자(程子)가 "생생지리는 절로 그러하여 그치지 않는다.〔生生之理 自然不息〕"라고 한 것[69]이니, 어찌 불씨가 말한 이미 굽은〔屈〕 기(氣)를 가지고 바야흐로 다시 펴지는〔伸〕 기로 삼아 쉼 없이 윤회(輪回)하는 것이겠는가.

60. 〔문〕 주자(朱子)가 말하기를 "태극은 단지 하나의 실재 이이고, 〈태극도〉 한 권은 곧 하나의 그림이다.〔太極只是一箇實理 太極圖一圈便是一畫〕"라고 하였으며, 또 말하기를 "태극은 음양과 오행의 이이다.〔太極 二氣五行之理〕"라고 하여,[70] 하나의 실재 이(理)와 음양과 오행을 서로 더불어서 말한 것은 어째서인가?

〔답〕 실재의 이(理)는 하나일 따름이다. 음양과 오행의 이가 바로 하나의 실재 이이다.

61. 〔문〕 태극은 사물이 숨어 있어서 드러나지 않는 것으로, 이미 방향과 장소가 없고 또 형체와 소리도 없다. 그런데도 선유가 이를 추출하여 〈태극도〉를 만들어 놓고 이름을 붙인 것은 어째서인가?

69 정자(程子)가……것 : 정이(程頤)가 "굴신하고 왕래하는 것은 단지 이(理)일 뿐이니, 이미 굽은〔屈〕 기를 가지고 다시 펴지는 기로 삼을 필요가 없다. 생생지리(生生之理)는 절로 그러하여 그치지 않는다."라고 하였다. 《二程遺書 卷15 入關語錄》

70 또……하여 : 주희가 "무극이면서 태극이라는 것은 단지 형체가 없으면서 이치는 있는 것을 말한 것일 뿐이다. 이른바 태극은 단지 음양과 오행의 이(理)이지 태극이라는 별도의 다른 물건이 있는 것은 아니다.〔無極而太極, 只是說無形而有理. 所謂太極者, 只二氣五行之理, 非別有物爲太極也.〕"라고 하였다. 《朱子語類 卷94 太極圖》

〔답〕 무물(無物)이 전부터 있었으나 사물이 있은 후에 존립하지 않은 적이 없고, 음양의 밖에 있으나 음양의 가운데에 유행하지 않은 적이 없었다. 드러나고 존재하고 밝혀지고 나타남이 이보다 더한 것이 없으니, 어찌 알지 못할 것이 있겠는가.

62. 〔문〕 사물로써 보면 음양 속에 태극이 있다. 그런데 〈태극도〉에서는 도리어 "태극이 음양을 낳는다.〔太極生陰陽〕"라고 한 것은 어째서인가?

〔답〕 그 생기고 나오는 처음을 따져 보면 태극이 음양을 낳고, 그 나타나고 존재하는 끝을 보면 음양이 태극을 포함한다. 〈태극도〉는 생기고 나오는 것을 위주로 한 것이다. 그러므로 태극이 음양을 낳는다고 한 것이다.

63. 〔문〕 어느 한쪽으로 치우치지 않은 중(中)은 태극과 같이 하나의 이(理)이다. 그런데도 선유가 중으로써 극(極)을 훈석함은 그르다고 하였다. 어째서인가?

〔답〕 지칭하는 바가 각각 다르다. 중(中)은 지나치지도 않고 미치지 못하지도 않다는 뜻이고, 극(極)은 더할 것이 없는 것을 일컫는다.[71]

71 지칭하는……일컫는다 : 이 대답에 대하여 송시열은 "이 대답은 전혀 설문(設問)한 뜻을 잃은 것이다. 대개 극(極)을 중(中)이라 한 것은 범범하게 말한 것으로, 극이라는 것은 항상 그 물건 가운데 있는 것이다. 즉 옥극(屋極)의 극은 옥(屋)의 가운데에 있고 북극(北極)의 극은 하늘의 가운데에 있는 것과 같다. 그러므로 그렇게 말한 것이요, 중을 극이라고 읽은 것은 아니다. '선유가 중을 극이라고 읽는 것을 그르다고 했다.'라는 것은 바로 그것을 말하니, 상세한 것은 주자가 육구연에게 답한 편지와 〈황극변(皇

64. 〔문〕《한서(漢書)》〈율력지(律曆志)〉에 이르기를 "태극은 삼재(三才)를 포용하여 하나로 된다.〔太極函三爲一〕"라고 하고, 장자(莊子)가 이르기를 "도는 태극보다 앞에 있다.〔道在太極之先〕"라고 하고,[72] 노자(老子)가 이르기를 "혼성한 물건이 있나니, 천지보다 먼저 생겼다.〔有物混成 先天地生〕"라고 하고,[73]《주역》에 이르기를 "역에 태극이 있다.〔易有太極〕"라고 하였다. 이 네 가지 설은 주자(周子)가 말한 태극이라는 것과 같고 다름을 나눌 수가 있는가?

〔답〕《한서》〈율력지〉에서 말한 삼재는 형기(形氣)가 이미 갖추어진 것이니, 주자(周子)가 말한 태극과는 다르다. 장자가 "도는 태극보다 앞에 있다."라고 한 것은 태극을 도로 삼은 것이 아니고, 도 또한 태극 위의 한 개의 텅 빈 물체일 뿐이니, 주자(周子)가 말한 태극과는 다르다. 노자가 "천지에 앞서 생겨났다."라고 한 것은 이 이(理)를

極辨)〉에 매우 분명하게 나타나 있다."라고 하였다.《宋子大全 卷130 栗谷別集訂誤》

72 장자(莊子)가……하고 :《장자》〈대종사(大宗師)〉에 "대저 도에는 정이 있고 미쁨이 있으나 행위도 없고 형상도 없다. 그래서 마음으로 전할 수는 있으나 받을 수는 없고, 체득할 수는 있으나 볼 수는 없다. 스스로 뿌리를 내려서 천지가 생겨나기 이전의 옛날부터 본래 존재하여 귀신을 신령하게 하고 상제를 신령하게 하며 하늘을 만들어 내고 땅을 만들어 냈다. 태극의 앞에 있어도 높지 않고, 육극의 아래에 있어도 깊지 않으며, 천지보다 앞서 생겨났어도 오래지 않고, 상고 이전부터 존재했어도 늙지 않는다.〔夫道, 有情有信, 無爲無形, 可傳而不可受, 可得而不可見. 自本自根, 未有天地, 自古而固存, 神鬼神帝, 生天生地. 在太極之先而不爲高, 在六極之下而不爲深, 先天地生而不爲久, 長於上古而不爲老.〕"라고 하였다.

73 노자(老子)가……하고 :《도덕경(道德經)》 25장에 "혼성한 물건이 있나니, 천지보다 먼저 생겼다.〔有物混成, 先天地生.〕"라는 말이 나오는데, 이를 왕필(王弼)이 해설하기를 "혼연일체가 되어 알 수가 없지만, 만물이 그로 말미암아 이루어졌기 때문에, 혼성이라고 한 것이다.〔混然不可得而知, 而萬物由之以成, 故曰混成也.〕"라고 하였다.

가리키는 듯하나, 노자는 실재로 이를 알지 못한 자이다. 《주역》에서 "역(易)에 태극이 있다."라고 한 것은 음양이 변화하는 중에 나아가 이 이가 있음을 말한 것으로, 어휘 선택이 또한 주자의 태극과 같지 않으나, 이른바 이는 한가지이다. 주자(周子)가 "무극이면서 태극이다."라고 한 것은 음양을 섞지 않고서 말한 것이다. 대개 한지의 태극과 장자의 태극은 음양을 섞어서 말한 것이다. 노자가 말한 "혼성한 물건이 있다."라는 것도 이를 말하면서 묘함을 얻지 못하였다.

65. 〔문〕《주역》에 "한 번 음이 되고 한 번 양이 되는 것을 도라 한다.〔一陰一陽之謂道〕"라고 하고, 소자(邵子)가 말하기를 "도는 태극이다.〔道爲太極〕"라고 하고,[74] 주자(朱子)가 말하기를 "심은 음양과 같다.〔心猶陰陽也〕"라고 하였다. 그런데 소자는 또 말하기를 "심이 태극이다.〔心爲太極〕"라고 하였다.[75] 소자가 다르게 말한 것은 어째서인가?

〔답〕 도(道)는 유행(流行)하는 것이다. 소자가 도를 태극이라 한 것은 유행하는 것으로 말한 것이다. 심(心)은 통회(統會)하는 것이다. 소자가 심을 태극이라 한 것은 통회하는 것으로 말한 것이다. 《주역》에서 한 번 음이 되고 한 번 양이 되는 것을 도라고 한다고 한 것은, 한 번 음이 되고 한 번 양이 되는 까닭을 도라고 이른 것이

74 소자(邵子)가……하고 : 소옹(邵雍)이 말하기를 "도가 태극이다. 형체는 나눌 수가 있으나 정신은 나눌 수가 없다.〔道爲太極. 形可分, 神不可分.〕"라고 하였다. 《宋元學案 卷9 百源上》

75 소자는……하였다 : 소옹이 말하기를 "심은 성이고 담은 정이며, 성은 신이고 정은 귀이며, 심은 태극이다.〔心性而膽情, 性神而情鬼, 心爲太極.〕"라고 하였다. 《宋元學案 卷9 百源上》

다. 주자가 심은 음양과 같다고 말한 것은 이미 성(性)은 태극과 같다고 하였기 때문이다. 만 가지 이치가 모두 하나의 근원에서 나오는 것을 통회라고 하고, 만 가지 사물이 각기 하나의 이치를 갖추는 것을 유행이라고 한다. 그러니 소 강절(邵康節)의 설이 어찌 일찍이 다름이 있겠는가. 도가 바로 태극이고, 심과 성은 서로 다른 두 개의 사물이 아니다. 그러니 다시 무엇을 의심하겠는가.

66. 〔문〕 주자(朱子)가 말하기를 "정은 성이 서게 되는 까닭이며, 동은 명이 행하게 되는 까닭이다. 그러나 사실은 정 역시 동이 쉬는 것일 뿐이다. 그러므로 한 번 동하고 한 번 정하는 것이 모두 명이 행하는 것이다. 동하고 정하는 데에서 행하는 것은 바로 성의 진이다. 그러므로 '하늘이 명하는 것을 성이라 이른다.'라고 하는 것이다.〔靜者 性之所以立也 動者 命之所以行也 然其實則靜 亦動之息爾 故一動一靜 皆命之行而行乎動靜者 乃性之眞也. 故曰天命之謂性〕"라고 하였다. 동정(動靜)은 천리(天理)이다. 그런데도 주자가 동정을 모두 동(動)에 소속시켜서 도리어 정(靜) 쪽을 부족하게 한 것은 무슨 뜻인가? 정자(程子)가 "동하여도 정하고 정하여도 정하다.〔動亦定 靜亦定〕"라고 한 것[76]과 주자(周子)가 정(靜)을 위주로 한 것도 역시 동(動) 쪽을 부족하게 한 것이다. 이것은 또한 무슨 뜻인가?

〔답〕 태극에 동정이 있음은 천명이 유행하는 것이다. 그러니 그 정

76 정자(程子)가……것 : 정호(程顥)가 정성(定性)에 대한 질문에 대답하기를 "이른바 정은 동하여도 정하고 정하여도 정하여 보내고 맞이함이 없고 내외가 없다.〔所謂定者, 動亦定, 靜亦定, 無將迎, 無內外.〕"라고 하였다. 《近思錄 卷2 爲學》

(靜)도 천명이 유행하는 것이다. 주자(朱子)가 말한 것은 천명을 위주로 하여 말한 것이다. 성인은 동정의 덕(德)에 합하는데, 항상 정(靜)에 근본을 두고서 수도(修道)를 위주로 하여 말한다.[77]

67. 〔문〕 복희(伏羲)가 《역(易)》을 지으면서는 한 획(畫)에서부터 시작하였고, 문왕(文王)이 《역》을 펴면서는 건원(乾元)으로부터 하여 두 사람 다 태극을 말한 적이 없다. 그 뒤에 공자(孔子)가 《역》을 찬(贊)하면서부터 비로소 태극을 말하였고, 주자(周子)가 〈태극도〉를 지으면서는 또 무극(無極)을 말하였다. 말이 치밀해질수록 이치가 드러나지 않는 것은 어째서인가?

〔답〕 사람이 스스로 알지 못해서이다. 이치가 어찌 더 드러나지 않았겠는가. 사람이 알지 못하는 것은 학문이 전수되지 못해서이다.

68. 〔문〕 형이상(形而上)이 도(道)이고, 형이하(形而下)가 기(器)이니, 도는 심히 미묘하고 기는 심히 현저하다. 천지는 형이하이고 건곤(乾坤)은 형이상이다. 일월과 성신과 풍우와 상로(霜露)는 형이하이

77 태극에……말한다 : 이 대답에 대하여 송시열은 "주자(朱子)가 동정(動靜)을 다 동(動)에 소속시켰다는 것을 가리켜서 말한 것인가? 그것은 잘못된 말이다. 정자가 이미 '동하는 것도 정(定)이요, 정한 것도 정(定)이다.'라고 하였다면 어찌해서 동을 뺐다고 말하는가. '주자(周子)가 정(靜)을 주장했다.'라는 것은 말이 안 된다. 그리고 주자(朱子)는 정의(正義)를 정(靜)에 소속시키고 중인(中仁)을 동에 소속시키고서 정을 동의 근본으로 삼았는데, 어찌해서 동을 뺐다고 말하는가. 대강만 문리를 아는 자라도 반드시 그런 질문은 하지 않을 것인데, 참으로 괴이하다. '수도(修道)를 위주로 하여 말한 것이다.'라는 말은 매우 불분명하여 밝히기 어렵다."라고 하였다. 《宋子大全 卷130 栗谷別集訂誤》

고, 그 이치는 형이상이다. 군신과 부자는 형이하이고 인(仁)과 충(忠)과 자(慈)와 효(孝)는 형이상이다. 한 몸의 형체는 형이하이지만 심성(心性)의 이치는 형이상이다. 이목(耳目)은 형이하이지만 총명의 이치는 형이상이다. 또 한 물건이나 한 기물은 형이하이지만 그 이치는 형이상이다. 등촉(燈燭)은 형이하이지만 사물을 비추는 이치는 형이상이다. 의자는 형이하이지만 앉을 수 있는 이치는 형이상이다. 굴신(屈伸)과 왕래(往來)와 소장(消長)과 영허(盈虛)와 춘추(春秋)와 한서(寒署)와 종시(終始)와 회명(晦明)과 기우(奇偶) 같은 데 이르러서도 이들은 모두 형이하이나 그 이치는 형이상이다. 무릇 형체가 있고 형상이 있어서 볼 수가 있고 들을 수가 있는 것은 기(氣)가 아닌 것이 없다. 이와 같이 광대하고 현저한데도 도리어 작다고 여긴다. 소리도 없고 냄새도 없어서 들을 수도 없고 볼 수도 없는 것이 이(理)이다. 이와 같이 미묘한데도 도리어 크다고 여긴다. 어째서인가?

〔답〕 기(氣)는 한량이 있지만 이(理)는 한량이 없기 때문이다.[78]

69. 〔문〕 주자(朱子)가 말하기를 "《태극도설》에서는 음양과 오행의 변화에 대해 말한 것이 가지런하지 않다. 두 정자가 이것을 인하여 비로소 기질의 성을 추출해 냈다.〔太極圖說 陰陽五行之變不齊 二程因此始推出氣質之性〕"라고 하였다.[79] 《주역》에서 이미 음양과 오행의 변화

78 기(氣)는……때문이다 : 이 물음과 대답에 대하여 송시열은 "이(理)와 기(氣)는 한 번도 서로 떨어질 수 없는 것이니 작으면 함께 작고 크면 함께 크다. 이 작고 크다는 글자는 어디에서 온 것인가? 천지가 이미 한량이 없는데, 또 '대기(大氣)로 말하면 기도 어찌 한량이 있겠는가.' 하였으나, 기가 한량없는 것은 역시 이가 한량없기 때문이다."라고 하였다. 《宋子大全 卷130 栗谷別集訂誤》

에 대해 말했는데도 맹자가 기질의 성에 대해서 말하지 않은 것은 어째서인가?

〔답〕 무릇 도리(道理)는 후대로 내려올수록 분석하여 따지는 것이 더욱더 정밀해졌다.

70. 〔문〕 천지의 이(理)는, 생하게 하는 것은 아주 미세하고 이루게 하는 것은 아주 왕성하다. 그러므로 수(水)는 양(陽)에서 나오지만 음(陰)이 되고, 화(火)는 음에서 나오지만 양이 된다. 이뿐만이 아니다. 기(氣)는 항상 이(理)를 이긴다. 인의예지(仁義禮智)의 이는 미세하고 수화금목토(水火金木土)의 기는 왕성하여, 끝내는 미세한 것으로 왕성한 것을 제어할 수가 없다. 그런데도 성현의 가르침은 매번 이로써 기를 이기고자 한다. 어째서인가?

〔답〕 이(理)가 미약하지 않고 기(氣)가 왕성하지 않다면 성현이 무엇 때문에 가르침을 베풀겠는가. 이는 비록 미약하지만 더욱 드러낼 수가 있고, 기는 비록 왕성하지만 변화시킬 수가 있다. 이 때문에 성현이 하지 못할 때가 없고 교화하지 못할 사람이 없는 것이다. 천지가 제자리에 서고 만물이 화육됨에 이르러서도 기가 항상 이한테서 명령을 듣게 되는 것이다. 물음에서 "이뿐만이 아니다."라고 한 구절 이상에서 말한 미약하고 왕성한 것은 모두 기를 말한 것이며

79 주자(朱子)가……하였다 : 주희가 말하기를 "대개 주돈이의 《태극도설》에서는 음양과 오행에 대해 말한 것이 확실하지 않은 곳이 있었다. 그런데 두 정자가 그 설을 인하여 기질의 성을 추출해 냈다. 정자가 주자(周子) 이전에 태어났다면 반드시 발명한 것이 이 경지에는 이를 수 없었을 것이다."라고 하였다. 《朱子語類 卷59 孟子9 告子上 性無善無不善章》

"이뿐만이 아니다."라고 한 구절 이하에서 말한 미약한 것은 바로 이를 말한 것이며 왕성한 것은 바로 기를 말한 것으로, 상하의 어세에 약간의 차이가 있음을 몰라서는 안 된다. 대개 생(生)하는 것은 기이고, 생하게 하는 이치는 이(理)이다.

71. 〔문〕 천지조화(天地造化)의 묘함은 천수(天數) 1이 수(水)를 낳고, 지수(地數) 2가 화(火)를 낳고, 천수 3이 목(木)을 낳고, 지수 4가 금(金)을 낳으며,[80] 사람의 한 몸에서도 처음에 신수(腎水)가 생기고 또 심화(心火)가 생기며, 수가 또 간목(肝木)을 낳고 화와 토가 또 폐금(肺金)을 낳으니, 부모는 곧 천지이다.[81] 곤충이나 초목이 생겨날 때도 오행(五行)의 기(氣)를 품부받지 않고 형체를 이룬 것은 없다. 이것이 공자가 "정(精)과 기(氣)가 물(物)이 된다."라고 한 것[82]으로, 정은 수

80 천지조화(天地造化)의……낳으며 : 천수는 양(陽)으로 1, 3, 5, 7, 9이고 지수는 음(陰)으로 2, 4, 6, 8, 10인데 1과 6이 합쳐져서 수(水)가 되고 2와 7이 합쳐져서 화(火)가 되는 등 수(水), 화(火), 목(木), 금(金), 토(土)의 순서대로 음양에서 오행이 생성된다고 한다. 《주역》 〈계사전 상〉과 《근사록》 권1 〈도체(道體)〉의 주(註)에 대략적인 내용이 나와 있다.

81 사람의……천지이다 : 이 구절에 대하여 송시열은 "사람이 생(生)을 받을 때 수의 기(氣)는 신(腎)이 되고, 화의 기는 심(心)이 되고, 목의 기는 간(肝)이 되고, 금의 기는 폐(肺)가 되고, 토의 기는 위(胃)가 된다. 그런데 지금 말하기를 '수가 또 간목(肝木)을 낳고 화와 토가 또 폐금(肺金)을 낳는다.'라고 하였으니, 이는 옳지 않은 말이다."라고 하였다. 《宋子大全 卷130 栗谷別集訂誤》

82 공자가……것 : 《주역》 〈계사전 상〉에 "정과 기가 물이 되고 유와 혼이 변이 되니, 이 때문에 귀와 신의 정상을 안다.〔精、氣爲物, 游、魂爲變. 是故知鬼神之情狀.〕"라고 하였다.

이고 기는 화이다. 이와 같은 데 불과한데도 여기에서 문득 기화(氣化)와 형화(形化)로 나눈 것은 어째서인가? 지금 사물을 보면 기화가 있으나 사람에게는 기화가 없는 것은 또한 무슨 이치인가?

〔답〕 아직 종류가 나누어지지 않은 처음에 음양의 기(氣)가 합하여 생겨난 것을 기화(氣化)라 하고, 이미 종류가 나누어지고 난 뒤에 암수의 형체가 짝짓기를 하여 생겨난 것을 형화(形化)라고 한다. 만물의 시초는 기화만 있을 뿐이다. 이미 형화와 기화가 서로 교체를 하면 형화가 자라나고 기화는 사라진다. 정자가 이르기를 "운석(隕石)은 종자가 없고 기린(麒麟)도 종자가 없으니, 태초에 사람도 이와 같았다."라고 하였다. 이는 기화를 말한 것이다. 지금 사물의 기화를 볼 수 있는 것은 같은 종류의 사물이 없는 곳에서만 볼 수가 있다. 사람도 그러하다. 선유가 말하기를 "바다에 조금 큰 섬이 있는데 종자가 없는 사람이 거기서 생겨나지 않을 줄 어찌 알겠는가. 만약 인류가 살고 있다면 반드시 기화한 사람이 없을 것이다. 사람이 새 옷을 입을 경우 문득 이〔蟣蝨〕가 옷섶 사이에서 생겨나는바, 이는 기화이다. 기가 이미 변화한 뒤에는 곧 종자로 생겨난다. 이 이치는 아주 분명하다."라고 하였다.[83]

83 선유가……하였다 : 선유는 정이(程頤)를 가리킨다. 어떤 사람이 정이에게 묻기를 "선생의 어록 가운데 '바다 섬에 기화(氣化)한 사람이 없을 줄을 어찌 알겠는가.'라고 하였는데, 이 말이 어떻습니까?"라고 하자, 정이가 말하기를 "맞는 말이다. 사람이 사는 곳과 가까운 곳에는 본래 없고 반드시 아주 먼 곳에는 있을 것이다. 그러나 이 역시도 알 수 없다."라고 하였다. 또 묻기를 "지금 천하에는 부모가 없는 사람은 없습니다. 옛날에는 기화가 있었는데, 지금은 없는 것은 어째서입니까?"라고 하자, 정이가 말하기를 "두 가지 종류가 있다. 완전히 기화로 인하여 생겨나는 것이 있으니, 썩은 풀에서

72. 〔문〕 진기수(陳幾叟)[84]의 "물속에 비친 달이 어디서나 둥글다.〔月落萬川 處處皆圓〕"라는 비유와 북계 진씨(北溪陳氏)의 "하나의 큰 수은 덩이가 흩어져서 만만 개의 작은 덩어리가 되었는데, 낱낱이 다 둥글다.〔一大塊水銀散而爲萬萬小塊 箇箇皆圓〕"라는 비유에서, 수만이 되고 하나가 되는 것 가운데 어느 것이 이(理)이고 어느 것이 기(氣)인가?

〔답〕 수만이 되고 하나가 되는 것은 기(氣)요, 수만이 되게 하고 하나가 되게 하여 둥글고 흠이 없게 하는 것이 이(理)이다. 기로부터 본다면 비록 크고 작고 떨어지고 합해지는 구별이 있으나, 이로부터 본다면 모두 손익(損益)과 영축(盈縮)의 구분이 전혀 없다.[85]

73. 〔문〕 하늘에 있으면 상(象)을 이루고 땅에 있으면 형(形)을 이루는데, 상은 기(氣)이고, 형은 질(質)이다. 음양은 기이고, 오행은 질이며, 기는 허(虛)한 것이고 질은 실(實)한 것이다. 허한 것이 모여서

반딧불이 생겨나는 것이 그것이다. 이것은 이미 기화한 것으로, 기화할 때가 되어서 저절로 기화한 것이다. 그리고 기화로 인하여 생겨난 이후에 종자(種子)로 생겨나는 것이 있다. 사람이 몸 위에 새 옷을 입었을 경우 며칠이 지나면 문득 이가 그 사이에서 생겨난다. 이것은 기화이다. 기(氣)가 이미 변화한 뒤에는 다시는 변화하지 않고 곧 종자로 생겨난다. 이 이치는 아주 분명하다."라고 하였다. 《二程遺書 卷18 劉元承手編》

84 진기수(陳幾叟) : 송나라 학자 진연(陳淵)으로, 기수는 자이다. 처음에는 이정(二程)을 따라 배우다가 뒤에 양시(楊時)에게 배웠다. 저서로 《묵당집(墨堂集)》이 있다.

85 수만이 되고……없다 : 이 대답에 대하여 송시열은 "달이 수많은 내를 비추는 것과 수은이 흩어져 만만 개가 되는 것은 바로 한 근본이 만 가지로 갈라지는 이(理)를 비유한 것으로 일종의 가설인데, 이제 대답한 말은 참으로 기(氣)가 달과 수은이 된 것이라 하고 그렇게 되도록 한 것이 이라고 하였으니, 본설(本說)의 뜻과는 크게 어긋난다."라고 하였다. 《宋子大全 卷130 栗谷別集訂誤》

실이 이루어지는 것은 마치 사람이 숨을 내쉬어서 물기가 생기는 것과 같다. 모든 기는 하늘이 아닌 것이 없고, 모든 질은 땅이 아닌 것이 없다. 기와 질 이외에는 다시 가리킬 것도 없고 논할 것도 없다. 그런데 이제 주천(周天) 300도(度)의 아래와 대지(大地) 9주(州)의 위에 하늘도 아니고 땅도 아닌 곳이 이처럼 많은 것은 어째서인가?

〔답〕 태허(太虛)[86]의 사이에는 기(氣)가 가득하여 없는 곳이 없다. 땅 위로는 하늘이 아닌 곳이 없다. 고시(古詩)에 "한 자의 땅을 파고 들어가면 한 자의 하늘이 생긴다.〔坎得一尺地 便是一尺天〕"라고 하였다. 그러니 360도만이 하늘이 아니다. 이는 일월성신(日月星辰)의 빛이 보이는 것만을 가지고 말한 것이다. 육합(六合)의 안에서 질(質)이 아닌 것은 바로 기이며, 땅이 아닌 곳은 바로 하늘이다.

74. 〔문〕 〈태극도〉에 예(禮)와 지(智)를 중(中)과 정(正)으로 바꾼 것은 무슨 뜻인가? 인의예지(仁義禮智)라고 말하지 않고 도리어 예지인의(禮智仁義)라고 한 것은 또 무슨 뜻인가?[87]

〔답〕 〈태극도〉는 《주역》에 근본을 두었다. 《주역》에서 그 덕(德)으로 말할 때에는 인의(仁義)라 하고, 그 용(用)으로 말할 때에는 중정(中正)이라 하였다. 요컨대 음(陰)과 양(陽) 두 가지를 벗어나지 않으면서 중정을 더욱 중하게 여기는 것이다.[88] 또 주자(朱子)가 말

86 태허(太虛) : 고대 철학의 기초 개념의 하나이다. 우주 만물의 원시적 형태로서 기(氣)의 본체인 태극(太極)을 가리킨다.

87 태극도에……뜻인가 : 이 물음에 대하여 송시열은 "〈태극도〉에는 수화(水火)라고만 하였는데, 지금 예지(禮智)라고 말하여 참으로 예지라는 글자가 있는 것같이 하였으니 온당치 못한 것 같다."라고 하였다. 《宋子大全 卷130 栗谷別集訂誤》

하기를 “중정이 비교적 힘이 있다.”라고 하였는데,[89] 예(禮)는 간혹 중(中)하기도 하고 부중(不中)하기도 하며, 지(智)는 간혹 정(正)하기도 하고 부정(不正)하기도 하기 때문이다. 지와 예는 수(水)와 화(火)이며, 수와 화는 오행에서 먼저 온다. 〈태극도〉에서는 생성되어 나오는 순서를 위주로 하기 때문에 지와 예를 먼저 말한 것이다.

75. 〔문〕 태극이 한번 동(動)하면 음양과 오행과 만물이 되는 데까지 조금의 차질도 없다. 그런데 사람의 경우에는 동하자마자 차질이 있게 된다. 이것은 무슨 뜻인가? 오직 성인만이 차질이 없다는 것은 성인이 하늘과 덕이 같음을 이르는 것이다. 그런데 하늘도 때로는 차질이 없지 않다. 예컨대 겨울에 덥고 여름에 춥다던가, 안연(顔淵)은 일찍 죽고 도척(盜蹠)은 오래 살았다던가,[90] 공자는 길을 가다가 곤욕을 당하고

88 태극도는……것이다 : 주희의 제자인 과재(果齋) 이방자(李方子)가 “〈태극도〉의 말뜻은 모두 《주역》에서 나왔다. 《주역》은 음양에 근본을 두고서 인사(人事)에 미루어 나간 것이다. 그 덕(德)으로 말할 때에는 인의라 하고, 그 용(用)으로 말할 때에는 중정이라 한다. 요컨대 음과 양 두 가지를 벗어나지 않는다. 인의를 하면서 중정이 아니면 인은 고식적인 것이 되고, 의는 잔인한 것이 된다. 그러므로 《주역》에서는 중정을 더욱 소중히 여기는 것이다.”라고 하였다. 《近思錄 卷1 道體》

89 주자(朱子)가……하였는데 : 어떤 제자가 주희에게 묻기를 “〈태극도〉에서는 어찌하여 예지(禮智)를 말하지 않고 중정을 말하였습니까? 이 〈태극도〉는 본디 《역》의 도를 밝히기 위한 것이므로 중정만을 말한 것은 아닙니까?”라고 하자, 주희가 답하기를 “왜 그렇게 했는지 모르겠다. 다만 중정이라는 글자가 비교적 힘이 있다.”라고 하였다. 《朱子語類 卷94 太極圖》

90 안연(顔淵)은……살았다던가 : 안연은 공자의 제자로, 아성(亞聖)으로 일컬어졌지만 32세에 요절하였다. 도척은 춘추 시대 말기의 유명한 도적으로 중국 전역을 누비며 포악한 짓을 했는데도 천수(天壽)를 누렸다고 한다.

여후(女后)는 천자가 되었다던가,[91] 탕(湯) 임금 시대에는 가뭄이 들고 노 선공(魯宣公) 때에는 풍년이 들었다던가[92] 하는 것들은, 하늘이 도리어 성인에 미치지 못한 것이다. 이것은 무슨 뜻인가? 현인은 성인을 본받기를 바라고, 성인은 하늘을 본받기를 바란다.[93] 그렇다면 성인이 도리어 성인만도 못한 하늘을 본받기를 바란다는 것인가?

〔답〕 범인(凡人)은 동하면 차질이 생기니 기(氣)가 그렇게 만드는 것이다. 성인이 차질이 없는 것은 맑은 기를 얻었기 때문이며, 하늘이 가끔 차질이 없지 않은 것도 기가 그렇게 만드는 것이다. 대개 성인은 순일하게 맑은 기를 얻었고, 범인은 맑음과 탁함이 고르지 못하며, 천지의 기운도 고르지 못하다. 그러므로 주자가 이르기를 "천지의 성은 이이다. 음양과 오행에 이르러서야 문득 기질이 어둡거

91 공자는……되었다던가 : 공자가 일찍이 채(蔡)나라에서 3년 동안 거주하고 초(楚)나라의 초빙을 받아 가던 중 진(陳)나라 대부와 채나라 대부가 보낸 수하인들에게 포위되어 7일 동안 굶주리며 고초를 겪었던 일이 있다. 여후는 당(唐)나라의 측천무후(則天武后)를 말한다. 측천무후는 본디 당 태종(唐太宗)의 재인(才人)이었는데, 뒤에 고종(高宗)의 황후가 되어 정권을 전횡하였다. 고종이 죽고 중종(中宗)이 서자, 중종을 폐하고 동생인 예종(睿宗)을 세웠고, 다시 예종을 폐하고 스스로 황제에 나아가 측천무후라 칭하고 나라 이름을 주(周)라 하고는 16년 동안이나 재위하였다. 뒤에 중종이 측천무후를 폐하고 복위하였다.

92 탕(湯)……들었다던가 : 탕 임금은 상(商)나라의 훌륭한 임금인데도 7년 동안이나 연속해서 가뭄이 들어 백성들이 굶주렸다. 이에 상림(桑林)의 들에서 기도하면서 여섯 가지 일로 자책(自責)하자 곧바로 비가 왔다고 한다. 노 선공은 선왕을 시해하고 등극한 임금인데도 재위 16년째에는 크게 풍년이 들었다고 한다.

93 현인은……바란다 : 북송의 주돈이가 말하기를 "성인은 하늘을 본받기를 바라고, 현인은 성인을 본받기를 바라고, 선비는 현인을 본받기를 바란다.〔聖希天, 賢希聖, 士希賢.〕"라고 하였다. 《近思錄 卷2 爲學》

나 밝고, 두껍거나 얇음이 있게 된다.〔天地之性 理也 到陰陽五行處便有氣質之昏明厚薄〕"라고 하였다. 대개 정상적인 것에서 벗어나면 변고가 되는데, 변고에 대처하는 것이 권도(權道)이다. 성인은 변고에 대처하는 권도가 있지만 하늘은 그러한 것이 없다. 하늘은 모든 만물에 대해 두루 미치기는 하지만 마음이 없기 때문이다. 명도(明道) 선생이 이르기를 "성인은 정이 없고 하늘은 마음이 없다.〔聖人無情 天無心〕"라고 하였다.

○ 성인의 기(氣)는 천지의 기에 비해 더욱 정밀하다. 천지의 기는 성인의 기에 비하여 오히려 잡박하다. 그러므로 품부받을 때 사람과 사물에 따라 다름이 있고, 시서(時序)에서도 정상과 변고가 있는 것이다. 다만 천지의 성(性)은 대본(大本)이고 달도(達道)라서 유행하고 발육할 때 안도 없고 밖도 없으며 치우치지도 않고 나누어지지도 않는다. 이러한 점 때문에 성인이 하늘을 본받기를 바라는 것이며, 문왕(文王)이 순수하여 그치지 않았던 것이다.[94]

76. 〔문〕 동정(動靜)과 음양(陰陽)은 마치 하나로 이어진 고리와 같아서 연속되어 중단되는 곳이 없다. 이 고리가 멈추는 곳은 어디인가?

〔답〕 동정과 음양이 멈추는 곳은 동정과 음양이다. 이 고리가 멈추는 곳은 이 고리이다.

94 문왕(文王)이……것이다 : 《중용장구》 제26장에 "《시경》에 이르기를 '……아, 뚜렷하지 않은가, 문왕의 덕의 순수함이여.'라고 했다. 이는 문왕이 문(文)이 된 소이(所以)가 순수함이 또한 그치지 않았음을 말한 것이다.〔《詩》云: "……於乎不顯, 文王之德之純!" 蓋曰文王之所以爲文也, 純亦不已.〕"라고 하였다.

77. 〔문〕 〈태극도〉를 보면 양의(兩儀) 속에 이미 지(地)가 있는데, 오행 속에 또 토(土)가 있다. 토와 지는 같은 물건인데 어찌해서 두 가지 물건으로 나뉘었는가?

〔답〕 지(地)는 천(天)에 대응해서 말한 것이다. 기(氣)가 있는 것은 모두 천이며, 질(質)을 이루는 것은 모두 지이다. 토는 오행 가운데 형체를 이룬 하나의 물건이다. 소옹(邵雍)이 말하기를 "네모난 것은 땅이다. 우 임금이 이를 이용하여 구주(九州)를 획정하였다.〔方者土也 禹因畫州〕"라고 하였고,[95] 한유(韓愈)가 말하기를 "초목과 산천이 모두 지이다.〔草木山川皆地也〕"라고 하였고, 주자(朱子)는 말하기를 "지는 대강을 들어 말한 것이다.〔地言其大槪〕"라고 하였다.

78. 〔문〕 원형이정(元亨利貞)[96]이 태극이다. 원(元)과 형(亨)은 양(陽)이고, 이(利)와 정(貞)은 음(陰)이다. 원은 목(木)이고 형은 화(火)이며 이는 금(金)이고 정은 수(水)이다. 합하여 말하면 이러한 데에 불과하다. 그런데도 각기 그 이름을 달리하여 학자들로 하여금 사물의 명칭에 현혹되게 한 것은 어째서인가?

95 소옹(邵雍)이……하였고 : 소옹이 말하기를 "둥근 것은 별이다. 역기(歷紀)의 수는 여기에서 시작된 것인가? 네모난 것은 땅이다. 구주를 구획하고 땅을 네모나게 나누는 법은 이것을 모방한 것인가?〔圓者, 星也. 歷紀之數, 其肇於此乎? 方者, 土也. 畫州井土之法, 其仿於此乎?〕"라고 하였다. 《皇極經世書 卷13 觀物外篇上》

96 원형이정(元亨利貞) : 《주역》에서 말하는 건(乾)의 네 가지 원리로, 곧 사물의 근본 원리이다. 원은 만물의 시(始)로 춘(春)에 속하고 인(仁)이며, 형은 만물의 장(長)으로 하(夏)에 속하고 예(禮)이며, 이는 만물의 수(遂)로 추(秋)에 속하고 의(義)이며, 정은 만물의 성(成)으로 동(冬)에 속하고 지(智)이다.

〔답〕 태극은 천지만물의 이치를 총괄해서 말한 것이다. 이(理)가 하늘에 있으면 원형이정이라 하고, 이가 사람에게 있으면 인의예지(仁義禮智)라고 한다. 음양은 기(氣)를 가지고 말한 것이고, 금목수화(金木水火)는 물(物)을 가지고 말한 것이다. 비록 그 이름을 둘로 구분하지 않고자 하더라도 어찌 그럴 수 있겠는가.

79. 〔문〕 "오행이 생겨날 때는 각각 그 성을 하나씩 간직하였다.〔五行之生也 各一其性〕"라고 하였는데, 여기에서의 성(性) 자는 이(理)의 본원인가, 아니면 기질이 다른 것인가? 장남헌(張南軒)이 이것을 가리켜 본원이라고 한 것은 어째서인가? 주자는 이를 가리켜 기질이라고 하기도 하고 본원이라고 하기도 하여 그 논리가 일정하지 않았다. 이것은 또한 무슨 뜻인가?

〔답〕 "각각 그 성(性)을 하나씩 간직하였다."라고 할 때의 성은 기질의 성이다. 다만 기질의 성은 실로 본원의 성과 동일한 성이다. 어떤 이가 주자에게 "학자들이 어떤 것을 따라야 할지를 모를까 걱정된다."라고 하자, 주자가 말하기를 "음양과 오행의 성은 각기 하나의 기(氣)를 받았지만 성(性)인 것은 똑같다."라고 하였다. 또 묻기를 "두 성 자가 같은 것인가?"라고 하자, "같다."고 하고 또 "같은 것은 이(理)이고 다른 것은 기이다."라고 하였다.

80. 〔문〕 "동하여 양을 낳고, 정하여 음을 낳는다.〔動而生陽 靜而生陰〕"라고 하였는데, 이는 양의(兩儀)가 처음 나뉠 때인가? "동이 극에 달하면 다시 정하고, 정이 극에 달하면 다시 동한다.〔動極復靜 靜極復動〕"라고 하였는데, 이 천지(天地)만을 들어서 말한 것인가, 아니면 전천지

(前天地)와 후천지(後天地)를 아울러 들어서 말한 것인가?

〔답〕 음으로 나누어지고 양으로 나누어져서 양의가 성립된다. 그러나 주자(朱子)가 말하기를 "태극에 동정이 있는 것은 천명이 유행하는 것이다.〔太極之有動靜 是天命之流行也〕"라고 하였고,[97] 또 말하기를 "이제 '동하여 양을 낳는다.〔動而生陽〕'라고 한 곳부터 살펴보라." 라고 하였다.

○ 전후의 천지에 대해서는 말할 것이 없다. 오직 소옹(邵雍)의 〈선천도(先天圖)〉에만 "무극이 전에는 음이 양을 포함한다.〔無極之前 陰含陽〕"라고 하였다.

81. 〔문〕 음(陰)과 양(陽)이 천(天)이라는 것은 기(氣)로써 말한 것이고, 강(剛)과 유(柔)가 지(地)라는 것은 질(質)로써 말한 것이며, 인(仁)과 의(義)가 인(人)이라는 것은 덕(德)으로써 말한 것이다.[98] 하늘의 도는 음과 양에서 벗어나지 않으니, 추위와 더위가 오고 가는 것이

97 주자(朱子)가……하였고 : 주희가 말하기를 "태극에 동정이 있는 것은 천명이 유행하는 것으로 '일음 일양을 도라고 한다.'라는 말과 같다.〔太極之有動靜, 是天命之流行也. 所謂一陰一陽之謂道.〕"라고 하였다. 《近思錄 卷1 道體》

98 음(陰)과……것이다 : 《주역》 〈설괘전(說卦傳)〉에 "옛날에 성인이 《역》을 지음은 장차 성명의 이치를 순히 하려고 해서였다. 이 때문에 하늘의 도를 세움은 음과 양이고, 땅의 도를 세움은 유와 강이고, 사람의 도를 세움은 인과 의이다. 삼재를 합쳐서 둘로 하였기 때문에 《역》의 괘가 육획으로 이루어졌고, 음으로 나뉘고 양으로 나뉘며 유와 강을 차례로 쓰기 때문에 《역》이 여섯 자리로 문장을 이룬 것이다.〔昔者聖人之作《易》也, 將以順性命之理. 是以立天之道曰陰與陽, 立地之道曰柔與剛, 立人之道曰仁與義. 兼三才而兩之, 故《易》六畫而成卦; 分陰分陽, 迭用柔剛, 故《易》六位而成章.〕"라고 하였다.

그것이다. 땅의 도는 강과 유에서 벗어나지 않으니, 산이 높고 물이 흐르는 것이 그것이다. 사람의 도는 인과 의에서 벗어나지 않으니, 어버이를 섬기고 형을 따르는 것이 그것이다. 하늘과 땅은 그 크기가 저토록 큰데, 사람은 아주 작은 하나의 몸이면서도 그 중간에 붙어 있으면서 하늘이나 땅과 더불어 삼재(三才)가 되었다. 이에 한 생각을 선하게 가지면 상서로운 별과 구름이 나타나고 한 생각을 악하게 가지면 사나운 바람과 거센 비가 내려 천지와 더불어 혼연히 간극이 없게 되었다. 이것은 무슨 뜻인가?

〔답〕 양(陽) 중의 음양(陰陽)은 음양이며 천도(天道)이다. 음(陰) 중의 음양은 강유(剛柔)이며 지도(地道)이다. 음과 양은 기(氣)를 합하고 강과 유는 질(質)을 이룬다. 이러한 이(理)가 처음 인도(人道)의 극(極)이 되는 것이 인의이다. 그러나 실제는 모두 하나의 이이다. 위에 붙어서는 하늘이 되고, 아래에 붙어서는 땅이 되고, 가운데에 붙어서는 사람이 된다. 비록 이는 같지만 기질을 가지고 말하면 사람에 있는 것이 조금은 더 정밀하고 갖추어져 있다. 나의 마음이 하늘과 땅의 마음이다. 그러므로 감응하여 통하지 않음이 없는 것이다.

어떤 사람의 물음에 답한 설[99]

答人說

어떤 사람이 묻기를,

"고수(瞽瞍)가 죽음을 당하게 된다면 순(舜) 임금은 고수를 업고 도망칠 수 있습니까? 자식이 아버지를 업고 동생이 형을 업고 도망치는 것이 옳습니까?"

하기에,[100] 내가 답하기를,

99 어떤……설 : 구봉이 53세가 되던 해인 1586년(선조19) 구봉의 아버지 송사련(宋祀連)의 관작이 삭탈되고 구봉의 온 집안 식구들이 노비로 환천(還賤)되자, 도피 생활을 하면서 우선 임금의 명을 어기고 숨는 것이 정당함을 밝히기 위하여 지은 설이다. 구봉의 할아버지 송린(宋璘)은 배천(白川)에서 갑사(甲士)로 있으면서 안당(安瑭)의 얼매(孼妹)인 안감정(安甘丁)을 맞아들여 송사련을 낳았는데, 당시의 법에 의하면 안감정이 천첩(賤妾)이므로, 송사련은 종모법(從母法)에 따라 천인의 신분을 면할 길이 없었다. 그런데도 안씨 집안에서는 송사련에게 은정을 베풀어 관상감 판관의 자리를 마련해 주고 문중의 대소사를 그에게 맡겼다. 송사련은 자신의 신분에 대한 불만을 품고 안당의 아들인 안처겸(安處謙)이 역모(逆謀)를 하였다고 고변하였다. 이로 인해 1521년(중종16) 신사무옥(辛巳誣獄)이 일어나 안씨의 일족이 멸문지화를 당하였으며, 송사련은 고변한 공로로 당상관인 절충장군(折衝將軍)에 올랐다. 이후 송사련은 선조 초년까지 네 임금을 섬기면서 40여 년 동안 득세하여 자못 세도를 부렸다. 그러다가 구봉이 42세 때인 1575년 아버지 송사련이 사망하였고, 1586년 안당의 손자인 안로(安璐)의 처 윤씨(尹氏)의 신원 상소로 안당의 무죄가 밝혀지자 송사련의 관작이 삭탈되었다. 그리고 구봉과 그의 형제들을 포함한 안감정의 후손들이 모두 안씨 집안의 노비로 환천되었다. 이에 불복하여 그들은 성명을 갈고 도피 생활에 들어갔다. 구봉 자신도 식구들을 이끌고 충청도와 전라도 일대를 옮겨 다니며 숨어 지냈다.《최영성, 구봉 송익필의 생애와 위상, 구봉 송익필 선생 선양 학술강연회 발표집, 2011》

"그렇지가 않다. 순 임금의 경우에는 그래도 괜찮지만, 고수의 경우에는 그래서는 안 된다. 죽는 것이 마땅하다면 죽을 뿐이다. 어찌 도망쳐서야 되겠는가."

하였다. 혹자가 다시 묻기를,

"죽는 것이 마땅하지 않으면 죽지 않는 것이 옳습니다. '큰 몽둥이로 때리면 도망갔다.〔大杖則走〕'라는 것[101]은 이것을 이른 것입니다."

하기에, 내가 답하기를,

"그렇지가 않다. 큰 몽둥이로 때리면 도망가는 것은 자식이 부모에 대해서 그렇게 하는 것이다. 백성이 임금에 대해서는 비록 죽는 것이 마땅하지 않을지라도 떠나가서는 안 되는 법이다."

하였다. 그러자 혹자가 다시 묻기를,

"만약 그렇다면 오늘날 남편은 등에 지고 아내는 머리에 이고서 부자 형제가 서로 손을 이끌고 도망쳐 숨는 것은 도리로 볼 때 미진한

100 어떤……하기에 : 맹자의 제자인 도응(桃應)이 맹자에게 "순(舜)이 천자가 되고 고요(皐陶)가 법관이 되었을 적에, 순의 아버지인 고수가 사람을 죽였다면 어떻게 했겠습니까?"라고 묻자, 맹자가 "법대로 집행하였을 것이다."라고 대답하였다. 도응이 다시 "그러면 고요가 체포하는 것을 순이 금하지 않았겠습니까?"라고 묻자, 맹자가 "순이 어떻게 금할 수 있겠는가. 고요는 법을 집행하는 권한을 부여받은 사람이다."라고 대답하였다. 도응이 다시 "그러면 순은 어떻게 했겠습니까?"라고 묻자, 맹자가 "순은 천하를 버리기를 마치 헌신짝 버리듯 하는 사람이니, 부친을 남몰래 빼내어 업고 도망쳐서 먼 바닷가에 숨어 살며 종신토록 흔연히 즐기면서 천하를 잊었을 것이다."라고 하였다. 《孟子 盡心上》

101 이른바……것 : 《후한서(後漢書)》 〈최인열전(崔駰列傳)〉에 "순 임금이 부친을 모실 적에 작은 회초리로 때릴 때에는 맞고 큰 몽둥이로 때릴 때에는 피하였는데, 피한 것이 불효는 아니었다.〔舜之事父, 小杖則受, 大杖則走, 非不孝也.〕"라는 말이 나온다.

것이 아닙니까? 진동(陳東)은 동쪽 시가지에서 주벌을 당하는 것도 피하지 않았고,[102] 계통(季通)은 남쪽으로 유배 가던 날에도 태연하였습니다.[103] 이것이 군자가 삶과 죽음이 갈리는 즈음에도 딴마음을 먹지 않는 것입니다."

하기에, 내가 답하기를,

"도피해도 되는 경우가 있고 도피해서는 안 되는 경우가 있는 법이다. 동한(東漢)의 장검(張儉)[104]이나 우리나라의 김식(金湜)[105]의 경

102 진동(陳東)은……않았고 : 진동은 송나라 흠종(欽宗) 무렵의 인물이다. 채경(蔡京) 등 육적(六賊)이 정권을 장악하여 금(金)나라와의 화친을 반대한 주전론자인 이강(李綱)을 조정에서 내쫓자, 태학생(太學生)이던 진동이 육적을 죽여야 한다는 상소를 올리고는 태학생들을 인솔하고 복합(伏閤)하여 이강을 다시 등용하게 하였다. 그 뒤 고종(高宗) 때에 이강이 황잠선(黃潛善) 등 주화론자에게 밀려나자, 이들을 배격하고 다시 이강을 옹호하다가 처형당했다. 《宋史 忠義列傳 陳東》

103 계통(季通)은……태연하였습니다 : 계통은 송나라 학자인 채원정(蔡元定)의 자로, 호는 서산(西山)이며, 주희(朱熹)의 문인이다. 권신 한탁주(韓侂胄)가 주희 등이 하는 도학(道學)을 위학(僞學)이라 하여 많은 유학자를 연루시켜 귀양 보냈는데, 채원정도 주희와 함께 모함을 받고 도주(道州)로 귀양 가게 되었다. 명을 받은 즉시 집에도 들르지 않고 아들 채침(蔡沈)과 함께 3000리를 걸어서 갔다. 아들들에게 편지를 보내어 이르기를 "홀로 걸어가도 그림자에 부끄럽지 않고, 홀로 잠을 자도 이불에 부끄럽지 않다. 너희들은 내가 죄를 얻었다고 해서 학문을 게을리하지 마라."라고 하였다. 《宋史 儒林列傳 蔡元定》

104 장검(張儉) : 후한(後漢) 때의 사람으로, 환제(桓帝) 연희(延熹) 8년(165)에 산양군(山陽郡)의 동부 독우(東部督郵)로 나가서 그 관내에서 횡포를 부리는 환관 후람(侯覽)과 그 모친의 죄악을 탄핵한 일로 후람과 원수가 되었다. 뒤에 후람의 무고로 영제(靈帝)가 장검을 체포하라는 명령을 내리자 마침내 망명길에 올랐는데, 그가 찾아가는 집마다 멸족의 위험을 무릅쓰고 그를 후대하였다가 많은 친지들이 처형을 당하고 군현이 폐허로 변했다. 헌제(獻帝) 중평(中平) 연간에 당금(黨禁)이 해제되자 집으로

우에는 도피한 것이 하늘의 뜻에 순종하고 명에 편안한 데에 부끄러움이 있는 것으로, 이는 실로 진동과 계통이 죽음을 피하고 유배를 피한 격이다. 우리의 일[106]은 이것과는 다르다. 이것은 군부(君父)에게서 도망치는 것이 아니다. 이것은 바로 한때 법을 잘못 적용한 사람에게서 도피하여 숨는 것이다.

범범하게 논한다면 누군들 "저들이 비록 법을 무시하고 임금을 속이기는 하였지만, 임금의 명령에 의탁하고서 우리를 종으로 삼은 이상 의당 머리를 수그리고 나아가 그 사람에게 목숨을 내맡겨야 한다."라고 하지 않겠는가. 그러나 이치를 가지고 정밀하게 살펴보면 그렇지 않다. 무릇 하늘이나 임금이나 똑같은 하나의 이치이다. 먼저 천명을 가지고 말해 보고 이어서 군명(君命)과 부명(父命)을 가지고 말해 보겠다.

하늘이 비록 가진(假秦)[107]을 황제로 삼기는 하였지만, 상산(商山)의 은거[108]와 무릉도원(武陵桃源)의 도피는 실로 하늘에 죄를 얻

돌아왔으며, 그 뒤 건안(建安) 초에 조정의 부름을 받았으나 조조(曹操)가 전횡하자 정사에 참여하지 않다가 84세의 나이로 집에서 죽었다. 《後漢書 黨錮列傳 張儉》

105 김식(金湜) : 1482~1520. 본관은 청풍(淸風), 자는 노천(老泉), 호는 사서(沙西)·동천(東泉)·정우당(淨友堂), 시호는 문의(文毅)이다.

106 우리의 일 : 1586년(선조19) 동인(東人)들이 충동하여 순흥 안씨(順興安氏) 집안에서 "구봉의 조모(祖母)는 본래 안씨 집의 가비(家婢)이므로 구봉 집안의 사람들을 모두 천적(賤籍)으로 돌려보내야 한다."라고 하면서 송사(訟事)를 일으켜 구봉의 집안사람들이 모두 안씨 집의 노비로 환속되자, 집안사람들이 모두 성명을 갈고 도피 생활을 한 것을 말한다.

107 가진(假秦) : 진(秦)나라를 말한다. 구봉이 진나라에 대해 정통성을 인정하지 않았으므로 이렇게 쓴 것이다.

은 것이 아니다. 위수(渭水) 가에서 형벌을 받거나 성을 쌓다가 죽은 사람들이 어찌 모두 의를 좋아하는 백성들이었겠는가.

우리들은 백 년 동안 가업을 전해 오다가 지금 망한 집안의 사람이 되었다. 하늘이 비록 한(漢)나라를 망하게 했을지라도 유선(劉禪)처럼 달가운 마음으로 굴욕을 참으면서 조위(曹魏)를 신하로서 섬긴 것[109]이 하늘의 뜻에 순종하고 천명을 아는 것이 되지는 않는다. 반드시 북지왕(北地王) 유심(劉諶)처럼 성을 등지고 맹서를 하면서 종묘사직을 보전하기를 도모한 것[110]같이 하는 것이 의리에 합치하는 것이다. 그런즉 원수를 피해 숨어서 보전하기를 도모하는 것이 도리어 천명에 합치되고, 명령에 그대로 따르는 것이 천명에 합치되지 않는다는 것을 여기에서 잘 알 수가 있다.

천명으로 헤아려 볼 때 이미 이와 같고 군명(君命)이나 부명(父命)으로 헤아려 보아도 증험할 만한 것이 있다. 임금이 유연(幽燕) 지방을 떼어서 오랑캐에게 주었는데,[111] 유연의 백성들은 머리카락

108 상산(商山)의 은거 : 상산에 은거한 상산사호(商山四皓)를 지칭한다.

109 유선(劉禪)처럼……것 : 유선은 삼국 시대 유비(劉備)의 아들로, 자는 공사(公嗣)이다. 유비의 뒤를 이어 즉위하여 40년 동안 재위하다가 염흥(炎興) 원년(263)에 위(魏)나라가 촉(蜀)을 정벌하러 성도(城都)로 진격해 오자 위나라에 항복하였고, 그 이듬해 낙양(洛陽)으로 이주하여 안락현공(安樂縣公)에 책명(冊命)되었다. 《三國志 蜀書 後主禪傳》

110 북지왕(北地王)……것 : 유심은 촉한(蜀漢)의 후주(後主) 유선의 아들이다. 후주가 위(魏)나라에 패하여 항복하려 하자 유심은 화를 내면서 "만일 꾀가 없고 힘이 없어 화패(禍敗)가 반드시 미친다 하더라도 부자 군신이 성을 등지고 끝까지 싸워서 사직을 위하여 함께 죽어야 합니다."라고 하였다. 후주가 듣지 않자 그는 먼저 처자를 죽인 다음 자신도 따라 죽었다. 《三國志 蜀書 後主禪傳》

을 풀어헤치거나 옷깃을 왼쪽으로 여미거나 이교(夷敎)에 복종하거나 이속(夷俗)에 순종하거나 이형(夷刑)에 편안한 것을 천명을 따르고 의리를 아는 것으로 여기지 않았다. 또 잘 피해 숨어서 치욕을 멀리하는 것을 사리에 통달하지 않은 것으로 여기지도 않았다.

무릇 유연의 백성들에게는 이미 그 임금의 명령으로 다시 중화(中華)의 백성이 되리라는 기대가 없었다. 이와 같은 이상 더구나 우리 임금과 나라의 법은 모든 공사(公事)에서 억울한 일이 있을 경우에는 세 번에 걸쳐 신원(伸冤)하는 법[112]이 있는 데이겠는가. 지금 만약 지레 관청으로 나아가서 첫 번째로 법을 잘못 적용한 아래에다가 목숨을 내맡긴다면, 뒷날에 비록 재삼 신원하려고 하더라도 할 수 있겠는가.

신생(申生)이 팽형(烹刑)에 나아간 것[113]은 대순(大舜)이 죽지 않

111 임금이……주었는데 : 임금은 오대(五代) 때 후당(後唐)에 이어 후진(後晉)을 세운 석경당(石敬瑭)을 가리키고, 유연은 전국 시대 연(燕)나라 일대의 유주(幽州)로, 중국의 요동(遼東) 및 하북(河北) 지방을 가리킨다. 석경당은 반란을 일으켜 나라를 세울 적에 거란(契丹)의 도움을 받았으므로 유연 지방 일대의 16주(州)를 거란에 떼어 주고 칭신(稱臣)하였다.

112 세……법 : 세 번에 걸쳐서 심리하는 법을 말한다. 조선 시대에는 재판에 삼심(三審) 제도가 있었는데, 모역(謀逆) 같은 특별한 사건이 아니면 초심(初審)과 재심(再審)을 거쳐 삼심에 이르도록 되어 있었다.

113 신생(申生)이……것 : 신생은 춘추 시대 진 헌공(晉獻公)의 태자이다. 헌공이 몹시 총애하던 애첩(愛妾)인 여희(驪姬)가 자기의 아들 해제(奚齊)로 헌공의 뒤를 잇게 하려고 태자 신생이 아버지 헌공을 독살하려 한 것처럼 만들었다. 이에 헌공은 노하여 태자의 스승 두원관(杜原款)을 죽였다. 어떤 사람이 신생에게 사실을 밝혀 억울한 누명을 벗으라고 권하자, 신생은 "사실을 밝히면 여희의 죄가 드러날 것이다. 아버님은 이미 늙으셨으니, 아버님으로부터 여희를 빼앗고 싶지 않다."라고 하였고, 또 도망치라

은 것[114]에는 미치지 못한다. 그런데도 신생의 행위를 공(恭)이라고 한 것은, 아버지의 명을 다시 올바른 데로 되돌릴 길이 없었기 때문이다. 우리 임금의 경우에는 그렇지가 않아, 두 번 세 번이나 바른 데로 나아가게 하는 길이 있다. 그러니 어찌 감히 무망(誣罔)을 당한 처음에 지레 먼저 죽어서 우리 임금이 여러 차례에 걸쳐 시비를 판단하게 한 어진 법과 아름다운 뜻을 따르지 않을 수 있겠는가.

이는 비단 대순께서 죽지 않은 것을 어기는 것이 될 뿐만 아니라 신생의 죄인이 되지 않겠는가. 군명과 부명을 가지고 헤아려 보아도 이와 같다. 그렇다면 몸을 피하여서 죽지 않고 천명과 군명과 부명에 대해 바른 데로 돌아가게 하기를 구해야만 한다는 것이 아주 분명하여 의심의 여지가 없다."

하였다. 그러자 혹자가 의심이 확 풀려서 물러갔다. 이 김에 그 설을 기록해 아는 자가 판별해 주기를 기다린다.

고 권하자 "아버님을 죽이려 했다는 더러운 누명을 쓰고 다른 나라로 도망친들 그 나라에서 받아 주겠느냐."라고 하고는 목을 매어 자살하였다. 그러자 세상 사람들이 신생을 공세자(恭世子)라 불렀다. 《春秋左氏傳 僖公4年》 여기에서 신생이 팽형에 나갔다고 한 것은 신생이 실제로 팽형을 당하였다는 뜻이 아니라, 신생이 부왕의 형벌을 피하지 않은 것을 말한다. 이에 대해 장재(張載)는 〈서명(西銘)〉에서 "도망가지 않고 팽형을 기다린 것은 신생의 공손함이다."라고 하였다.

114 대순(大舜)이……것 : 대순은 순(舜) 임금을 가리킨다. 순 임금의 아버지 고수(瞽瞍)가 후처(後妻)에게 혹하여 순 임금을 죽이고자 순 임금에게 창고에 올라가서 수리하게 하고서 사다리를 치운 다음 창고에 불을 질러 불태워 죽이려고 하였으며, 순 임금에게 우물을 파게 하고서 우물을 메워 생매장하려고 하였다. 순 임금은 그때마다 지혜를 발휘해 죽지 않고 살아나서는 지성으로 어버이를 섬겨 고수로 하여금 크게 간악한 지경에 이르지 않도록 하였다. 그러자 고수가 마침내 순 임금의 효성에 감화되었다. 《孟子 萬章上》

김은의 자를 직백이라고 한 데 대한 설[115]

金檃字直伯說

사람이 사는 이치는 곧음〔直〕이다.[116] 직이라고 하는 것은 하늘이 부여하고, 사물이 받은 바이다. 이것이 이른바 '천지 사이의 정정당당(正正堂堂)하고 직상직하(直上直下)하는 올바른 이치'[117]이다. 가끔씩 곧지 않은 경우가 있는데, 이는 물욕(物慾)을 품부받은 기운이 그렇게 되게 하는 것이다. 사물이 곧지 않은 것을 바로잡아서 곧게 해 주는 것을 이름하여 은(檃)이라고 한다.

나의 벗인 김희원(金希元)[118] 군은 굽은 것을 싫어하고 곧은 것을

115 김은(金檃)의……설 : 구봉의 제자인 사계(沙溪) 김장생(金長生)의 큰아들인 김은이 관례(冠禮)를 올릴 적에 자(字)를 직백(直伯)이라고 지어 주면서 지은 설이다. 은(檃)은 활이 굽은 것을 바로잡아 주는 도지개를 뜻하는 말이므로, 이와 결부하여 직(直) 자를 써서 자를 풀이하였다. 김은은 임진왜란 중에 실종되어 자세한 이력은 미상이다.

116 사람이……곧음〔直〕이다 : 공자가 이르기를 "사람이 사는 이치는 올바름이다. 바르지 못하면서 사는 것은 죽음을 요행히 면한 것일 뿐이다.〔人之生也直. 罔之生也 幸而免.〕"라고 하였다. 《論語 雍也》

117 천지……이치 : 정정당당은 송나라 때의 속어로 불편불의(不偏不倚)의 뜻이고, 직상직하는 상하가 일관(一貫)하는 것이다. 주희가 말하기를 "중(中)이라는 것은 천하의 큰 근본으로 천지 사이의 정정당당하고 직상직하하는 바른 이치이다.〔中者, 天下之大本, 天地之間亭亭當當、直上直下之正理.〕"라고 하였다. 《朱子大全 卷61 答林德久》

118 김희원(金希元) : 김장생(金長生, 1548~1631)으로, 본관은 광산(光山), 자는 희원, 호는 사계(沙溪)이며, 조선 후기 예학(禮學)의 대표적 인물이다. 이이(李珥)의 문하에서 구봉과 함께 학문을 배웠다.

좋아하는 자이다. 아들의 관례(冠禮)를 치르려고 하면서 이름을 은(檃)이라고 하고, 나에게 자(字)를 지어 달라고 부탁하였다. 이에 내가 직백(直伯)이라고 자를 지어 주면서 다음과 같이 말하였다.

"곧지 않으면 도(道)가 드러나지 않는다. 참으로 곧아지게 하려고 하면 곧게 하는 도가 굽은 것을 바르게 하는 데에 있지 않겠는가. 바르게 하려면 어떻게 하면 되겠는가? 구용(九容)[119]으로 그 용모를 곧게 하고, 구사(九思)로 그 생각을 곧게 해야 한다. 경(敬)으로 마음을 바르게 하면 마음이 바르게 되고, 의(義)로 행동을 바르게 하면 그 행동이 바르게 된다.

쇄소응대하는 하찮은 일부터 진심지성(盡心知性)[120]하는 데 이르기까지 어느 한 가지 일도 곧음이 아닌 것이 없다. 어린아이에게 항상 거짓되지 않은 것을 보여 주는 것은 처음에 곧게 하는 것이다. 70세가 되어서 법도에 넘침이 없게 하는 것[121]은 끝에서 곧게 하는 것이다. 일원지기(一元之氣)[122]의 기운은 곧지 않으면 끊어지고, 호

119 구용(九容) : 옛날 군자가 수신하고 처세할 적에 견지해야 했던 아홉 가지 몸가짐으로 "발걸음을 경망하게 하지 않고, 손으로 아무 데나 어지럽게 가리키지 않고, 눈은 흘겨보지 않고, 말을 경박하게 하지 않고, 목소리를 온화하게 하여 괴상한 소리를 내지 않고, 고개를 곧게 세워 마구 갸우뚱거리거나 돌아보지 않고, 기운을 엄숙하게 하고, 서 있을 때에는 바르게 서서 덕 있는 기상을 지니고, 낯빛을 장중하게 한다.〔足容重, 手容恭, 目容端, 口容止, 聲容靜, 頭容直, 氣容肅, 立容德, 色容莊.〕"라는 것이다. 《禮記 玉藻》

120 진심지성(盡心知性) : 마음을 다하고 성(性)을 아는 것을 말한다. 《孟子 盡心上》

121 70세가……것 : 공자가 말하기를 "내 나이 일흔 살이 되자, 마음에 하고 싶은 대로 따라 해도 법도에 넘치는 법이 없게 되었다.〔七十而從心所欲, 不踰矩.〕"라고 하였다. 《論語 爲政》

연지기(浩然之氣)의 기운은 곧지 않으면 줄어든다. 그러니 곧음은 군자의 도에서 큰 것이다.

곧게 하는 공정(功程)은, 작은 것은 《소학(小學)》에 다 갖추어져 있고 큰 것은 《대학》에 다 말해 놓았다. 김희원이 《대학》과 《소학》을 가지고 날마다 자기 아들을 가르치고 있으니, 이름을 은(檃)이라 하고, 자를 직백(直伯)이라고 하는 것이 역시 마땅하지 않겠는가.

그 자(字)를 아름답게 여겨서 자를 직백이라고 한 뜻을 돌아보아, 어버이를 곧음으로써 섬기고, 임금을 곧음으로써 섬기며, 붕우를 곧음으로써 사귀고, 처자를 곧음으로써 대하며, 곧게 살다가 곧게 죽으며, 천지 사이에 곧게 서고, 고금을 곧음으로써 관통하라. 그렇게 한다면 몹시 다행이겠다."

122 일원지기(一元之氣) : 천지만물을 생성하는 한 원기를 말한다.

은아전[123]

銀娥傳

은아(銀娥)가 그의 이름인데, 누구의 딸인지 모른다. 어려서 아버지를 잃고 어머니를 따라 여기저기 떠돌며 다른 사람들에게 빌어먹으면서 자랐다. 13세가 되었을 적에 교하(交河)의 남촌(南村)에 사는 수성수(秀城守 이검(李儉))의 집에 왔는데, 수성수가 불쌍하게 여겨 옷과 먹을 것을 주었다. 그로부터 2년 뒤에는 그 용모가 아까워서 자신의 첩(妾)으로 삼았다. 은아는 지려(志慮)가 맑고 밝았으며 성질이 부드럽고 고왔다. 여자로서 해야 하는 여러 가지 일에 대해서는 배우지 않고서도 능히 잘하였다.

수성수는 종실(宗室)이다. 일찍 배우자를 잃고 집에 첩실 두 명을 두었는데, 은아가 총애를 독차지하였다. 은아가 중궤(中饋)[124]를 주관하여 윗사람을 받들고 아랫사람을 어루만져 주며 공손하게 하고 은혜롭게 한 지 10년 동안 집 안에는 이간하는 말이 없었다.

은아는 글공부를 하는 것도 민첩하여 항상 《열녀전(烈女傳)》을 읽었으며, 마음을 쓰고 일을 행할 때는 모두 이것을 법식으로 삼았다.

123 은아전(銀雅傳) : 성혼(成渾)의 《우계집(牛溪集)》 권6 잡저(雜著)에도 같은 제목으로 수록되어 있는데, 구봉이 약간 가필(加筆)을 하였으므로 여기에 실린 내용이 더 풍부하다.

124 중궤(中饋) : 집 안에서 여러 가지 음식을 마련하는 부인의 일을 말한다. 《주역》 〈가인괘(家人卦)〉에 "안에서 밥을 먹이면 마음이 바르고 곧게 되어 좋으리라.〔在中饋, 貞吉.〕"라고 하였다.

수성수는 나이가 많아져서 병이 들자, 스스로 "은아는 아름답고 젊으니 혹 자신에 대해 싫증을 내는 뜻이 있지나 않을까."라고 여겨 은아에게 시험 삼아 말하기를,

"내가 이제 죽으면 너는 수절을 하겠느냐, 아니면 다른 곳으로 가겠느냐?"

하자, 은아가 처연한 기색으로 말하기를,

"미리 무어라 단정 지어 말씀드릴 수 없습니다."

하였다. 그 뒤에도 여러 차례 물어보았으나 번번이 그렇게 대답하곤 하였다.

수성수가 병에 걸려 오랫동안 병석에 누워 있자, 곁에서 시중을 드는 사람들이 모두 지겨워하였다. 그러나 은아만은 홀로 곁에서 시중을 들면서 간호하되, 옷의 띠를 풀지 않았고 약을 드릴 때에는 반드시 먼저 맛보는 등 오래될수록 더욱더 정성스럽게 조심하고 공경하였다. 그리하여 비록 한밤중이라도 수성수의 곁에서 부복하고 있다가 한번 부르기만 하면 즉시 대답하였다. 수성수가 그 정성에 감동하여 죽을 때에 남촌에 있는 별업(別業)을 모두 은아에게 주면서 말하기를,

"이것을 가지고 먹고살면서 네 마음대로 해라. 만약에 혹 다른 곳으로 가게 된다면 나의 자손들에게 주고 가라."

하였다.

수성수가 죽자, 은아는 슬피 통곡하다가 혼절하기까지 하였으며, 머리카락을 자르고 두 손가락을 잘라서 장사 지낼 때 관에 함께 넣게 하였다. 그 뒤 3년 동안 상을 치르면서는 머리를 빗지 않고 지냈으며, 채소조차 먹지 않고 지냈다. 수성수가 남긴 옷과 침구 들을 옛 자리에 진설해 놓고는 날마다 그 옆에서 모시고 있으면서 밤이고 낮이고 한시

도 떠나지 않았다. 제전(祭奠)을 올릴 때에는 예를 다하였으며, 삼년상을 마친 뒤에도 이를 철폐하지 않았으므로 날이 갈수록 더욱더 몸이 수척해졌다. 사계절이 바뀔 때마다 반드시 새 옷을 지어 놓고는 곡을 한 다음 불에 태웠으며, 창호(窓戶)를 새로 바르고 대청과 섬돌을 소제하기를 수성수가 살아 있을 때같이 하였다.

이웃에 사는 어떤 부인네가 술과 음식을 마련해 가지고 와서 위로하며 말하기를,

"낭자는 나이도 젊고 얼굴도 고운데 홀로 빈방을 지키고 있으니, 덧없이 흘러가는 세월 속에 고운 꽃이 시드는 것만 같아 몹시 안타깝군요."

하였는데, 두 번 세 번 거듭 말하면서 은아의 뜻을 움직여 보려고 하였다. 그러자 은아는 불쾌해하면서 아무 대답도 하지 않았으며, 병이 들었다고 핑계 대고는 문을 닫고 들어앉았다. 그 뒤로는 종신토록 다른 사람들과 마주하여 말을 섞지 않고 날마다 《여훈(女訓)》을 읽었으며 인간 세상의 잡다한 일에 대해서는 조금치도 마음을 쓰지 않았다. 나물 뿌리나 보리밥마저도 없어서 가끔 굶을 때가 있었는데, 친하게 지내는 사람들이 서로 와서 권하기를,

"어찌하여 수성수가 준 것을 팔아서 윤택하게 살지 않는가?"

하자, 은아가 말하기를,

"천하고 가난하던 거지의 후손인 나는 거친 밥을 먹고 사는 것이 분수에 맞아요. 어찌 차마 나리께서 손수 문서를 작성해 주신 토지를 다른 사람에게 팔아서 좋은 옷과 맛난 음식을 장만할 수 있겠어요."

하였다.

수성수의 손자 중에 한 명이 은아를 받드는 것이 자못 정성스러웠다.

혹자가 또 수성수가 준 것을 그 손자에게 주어 살아서는 봉양받고 죽어서는 장례 밑천을 삼으라고 권하자, 은아는 또다시 그렇게 하지 않으려고 하면서 말하기를,

"누군들 나리의 자손이 아니겠습니까. 만약 그와 같이 한다면 한 사람에게만 주게 되고 모두에게 주는 게 아닙니다. 생각건대 그렇게 하는 것은 나리의 마음이 아닐 것입니다. 그리고 다른 사람이 준 재물을 내 맘대로 한 사람에게만 주어 은혜를 파는 것은 저의 뜻이 아닙니다."

하였다. 그러고는 눈물을 삼키면서 홀로 지내다가 토혈로 인해 병환에 걸렸다. 8년 동안 그렇게 살다가 죽으니 나이가 37세였다.[125]

수성수가 생전에 손님과 마주 앉아 술을 마실 때면 은아는 반드시 술자리 곁에서 몸을 숨긴 채 물을 따라 술이 과한지 아닌지를 재어 보았으며, 술이 지나치다 싶으면 곧바로 간하였다. 그리고 지극한 정성으로 수성수의 성정을 기르고 병을 염려하였다. 청상과부가 되어서는 방 안의 물품들은, 아주 잔다란 것이라도 모두 반드시 잘 간수하고 수선하면서 말하기를,

"주인집의 옛 물건이니, 소홀히 해서는 안 된다."

하였다. 마음 씀씀이가 아주 정성스럽고 간절하였는바, 비단 수성수가 아끼고 공경하던 바를 아낄 뿐만이 아니었다.

임종 시에는 사후에 모든 장례 절차를 합당하게 할 것과 수성수와 나란히 묻히고 싶다는 소원을 말해 두었는데, 자신의 감정을 충분히

125 8년……37세였다 : 《우계집》 권6 잡저에는 "9년 뒤에 죽으니, 나이가 39세였다." 라고 되어 있다.

표현하였다. 또 죽기에 앞서 이전에 가지고 있던 수성수의 의복이나 집기 등의 물품을 조목별로 다 자세하게 적어 남겼는데, 공경스럽게 잘 간수하다가 후손들에게 전해 주어 감히 자기 마음대로 하지 않으려는 뜻이었다.

여러 후손이 장사를 치르기 위해 은아의 방 안에 들어가 보니, 서책과 궤안(几案)과 필연(筆硯)이 잘 정돈되어 있어서 각각 제자리에 반듯하게 놓여 있었다. 한결같이 수성수가 살아 있을 때 사용하던 대로 놓여 있는 것을 보고는 서로 탄복하였으며, 선인(先人)의 곁에 장사 지내 그 뜻을 이루어 주었다고 한다. 아아, 아름답다.

은아의 아름다운 자질과 고운 심성은 수행의 공력을 빌린 것이 아니라 하늘에서 얻어 그 바름을 온전히 한 것이다. 옥처럼 윤택하고 금처럼 단단한 성정이 종시토록 한결같았으니, 사람으로 하여금 그 얘기를 듣게 한다면 늠연히 감동할 것이다. 비록 옛사람과 비교해 보더라도 많이 양보하지는 않을 것이다. 참으로 은아로 하여금 깊은 규중에서 덕을 기르면서 일찌감치 여스승의 가르침을 받아 예를 익히고 도를 따르게 해 그 덕을 진보시켰다면, 그 성취한 바가 어떠했을지 상상해 알 수가 있다.

무릇 전쟁터에서 죽음을 맹서하고 강개한 나머지 목숨을 바쳐 자신의 몸을 깨끗이 하고 자신의 의를 온전히 하는 자도 많이 찾아볼 수 없다. 그런데 더구나 아무런 일이 없는 날에는 조용히 지내다가 늙어 병이 들어서는 그 마음을 다하면서, 떠돌아다니는 하찮은 신분이라는 핑계를 대며 그 행실을 더럽히지 않고 반드시 곧음과 미더움을 지키겠다는 약속으로 그 은총을 저버리지 않은 데이겠는가. 또한 장사 지내는 것을 의(義)로써 하고 제사 지내는 것을 예(禮)로써 하면서, 가난함도 능히 그 지조를 바꾸지 못하고 이해(利害)로도 능히 그 뜻을 빼앗지 못하였으며, 일을 처리할 때는 두려운 마음으로 삼가는 것이 사리를 잘 아는 군자같이 한 데이겠는가. 아, 이 역시 어려운 일이다.

선비들 가운데에는 혹 양강(陽剛)한 기질을 품부받아서 평상시에는 글을 읽고 도를 논하다가도 일에 부딪치면 평상시처럼 덕을 지킴으로써 그 운명을 편안히 여기지 못하고 행실을 잘못하여 기롱을 받는 자들이 아주 많이 있다. 그런 사람들은 유독 무슨 마음이란 말인가.

파산(坡山)에 사는 성호원(成浩原)[126]은 교하(交河)와 경계를 접하고 살아서 은아의 행실에 대해 자못 들은 바가 있었으므로 나를 만나서 은아에 대해 입이 닳도록 말하였으며, 은아에 대한 전(傳)을 초하여 나에게 다시 고쳐 지어 달라고 부탁하였다.

구봉(龜峯)에 있는 나의 집은 교하의 남촌과 더욱 가까워서[127] 수성수와 서로 왕래하면서 교유하였는데, 수성수가 말한 것이 또 성호원에게 들은 것과 같았다. 또 수성수의 손녀가 나의 형의 처족(妻族)의 며느리가 되었으므로 은아에 대해 더욱더 상세하게 들었다. 이에 성호원이 지은 전에 의거하여 〈은아전〉을 다시 지었는데, 호원이 초한 전에서 단지 몇 행만 고쳤으며, 그 나머지는 모두 성호원이

126 성호원(成浩原) : 구봉과 절친한 사이였던 우계(牛溪) 성혼(成渾)으로, 자는 호원이다. 성혼은 파주시 파평면 눌로리에 살았다.

127 구봉(龜峯)에……가까워서 : 구봉은 파주시 교하읍에 있는 심학산(尋鶴山)의 옛 이름이다. 구봉은 심학산 남쪽에 있는 지금의 고양시 구산리에 살았다. 이곳에는 현재 수백 년은 되었을 것으로 추정되는 은행나무가 있는데, 그 아래에서 구봉이 서당을 열고 후생들을 가르쳤다는 얘기가 전해 온다. 교하의 남촌은 고양시 구산리와 마주해 있는 지금의 교하읍 산남리로 추정된다.

지은 전을 그대로 따랐다. 다만 이웃집 여인이 의롭지 못한 말을 한 한 단락은 수성수의 손녀가 직접 목도한 것은 아니라고 하였으니 사실이 아닐 수도 있다. 은아는 수성수의 초상(初喪)을 치른 이후로 죽을 때까지 다른 사람과 마주하여 말을 나눈 적이 없다.

뒤에 이 전에 의거하여 조정에 아뢰어 정문(旌門)을 받았다.

김황강[128]에 대한 제문

祭金黃岡文

생각건대 우리 영령께서는	惟靈
흉금 아주 표표하고 쇄락하였고	襟懷飄灑
풍격 또한 몹시 뛰어났습니다	風格超邁
행신함엔 꾸며 하지 아니했으며	身無琢飾
일을 함엔 겉치레를 없앴습니다	事去毛皮
해치지도 않고 탐하지도 않으며[129]	不忮不求
가도 없고 사사로움도 없었으며	無岸無私
키는 일곱 자도 되지 못하였지만	長不七尺
흉금 넓어 오호를 다 삼켰습니다[130]	胸呑五湖

128 김황강(金黃岡) : 김계휘(金繼輝, 1526~1582)로, 본관은 광산(光山), 자는 중회(重晦), 호는 황강이다. 김호(金鎬)의 아들이며, 사계(沙溪) 김장생(金長生)의 아버지이다.

129 해치지도……않으며 : 마음씨가 아주 착하였다는 뜻이다. 공자가 말하기를 "해진 솜옷을 입고서 여우나 담비 가죽으로 만든 갖옷을 입은 자와 같이 서 있으면서도 부끄러워하지 않는 자는 아마 유일 것이다. 남을 해치지 않으며, 남의 것을 탐하지 않는다면 어찌 착하지 않겠는가.〔衣敝縕袍, 與衣狐貉者立而不恥者, 其由也與! 不忮不求, 何用不藏!〕"라고 하였다. 《論語 子罕》

130 키는……삼켰습니다 : 키는 작았으나 마음은 몹시 넓었다는 뜻이다. 오호(五湖)는 태호(太湖) 부근에 있는 다섯 개의 호수로 격호(滆湖), 조호(洮湖), 사호(射湖), 귀호(貴湖), 태호(太湖)이다. 황정견(黃庭堅)의 〈자첨시구묘일세내운……(子瞻詩句妙一世乃云……)〉에 "나의 시는 조나라나 회나라 같아, 천박해서 나라꼴을 못 이루는

나이 어린 총각 시절에는	童丱之日
국학에서 굉유 대접 받았으며[131]	國學宏儒
약관 나이 겨우 되고 난 뒤부터는	弱冠之後
경악에서 석보[132] 대접 받았습니다	經幄碩輔
학과 같이 한 세상에 우뚝이 서서	鶴立一世
천고토록 촛불 밝게 비추었으며	燭照千古
두 조정서 우의[133] 한껏 드날리고	羽儀兩朝
중국에 가 휘황히 빛 비췄습니다	暉映中國
전적들이 수중에 다 들어 있었고	典籍在手
계책은 또 뱃속에서 나왔었으며	籌謨由腹
맑은 글은 민첩하고 식견이 있어	淸文敏識
배우지를 않고서도 능했습니다	不學而能
은나라의 태사 때는 아득 멀어서	邈我殷師
문헌을 징험해 볼 곳이 없던 차에[134]	文獻無徵

데, 공의 시는 큰 나라인 초나라 같아, 오호에 삼강까지 다 삼키누나.〔我詩如曹、鄶, 淺陋不成邦. 公如大國楚, 呑五湖三江.〕"라고 하였다.

131 나이……받았으며 : 국학은 성균관을 말하고, 굉유(宏儒)는 학식이 뛰어난 학자를 말한다. 김계휘는 3, 4세에 글자를 알았고, 15세 이전에 경서(經書)와 《사기(史記)》를 거의 읽었다. 1548년(명종3)에는 한 해 사이에 정시(廷試)와 과시(課試)에서 잇달아 수석을 차지하였으며, 그다음 해에도 정시에서 수석을 차지하였다.

132 석보(碩輔) : 임금을 잘 보좌하는 어진 신하를 말한다.

133 우의(羽儀) : 지위가 높고 재덕도 겸비하여 다른 이의 모범이 되는 것을 뜻한다. 《주역》 〈점괘(漸卦) 상구(上九)〉에 "기러기가 공중에 날아감이니 그 깃을 의식에 쓸 만하다.〔鴻漸于陸, 其羽可用爲儀.〕"라고 한 데서 나온 말이다.

134 은(殷)나라의……차에 : 우리나라가 기자(箕子)의 시대로부터 멀어져서 문물이

법리들은 공수한 채 서 있었으며 法吏拱手
경유들은 모두 감동받았습니다[135] 經儒醉心
샅샅이 다 찾아내어 정리하여서 剔抉爬羅
고금의 일 강구하여 바로잡으매 講往訂今
빈손으로 왔다 채워 돌아갔거니 虛來實歸
헤아리는 것이 마치 귀복 같았고[136] 數計龜卜
홍몽 모습 눈 안에 다 들어왔거니 鴻濛眼中
온 천하가 방석만큼 작았습니다[137] 天下一席

나 제도 등이 모두 무너져서 징험할 길이 없다는 뜻이다. 은나라의 태사는 기자를 가리킨다. 기자는 은나라 주왕(紂王)의 숙부로 이름이 서여(胥輿)이며, 기(箕)는 봉해진 나라의 이름이고, 자(子)는 작위이다. 주나라 무왕(武王)이 포악한 주왕을 토벌하고 천하를 통일한 다음 기자를 조선(朝鮮)에 봉하니, 기자는 동이(東夷)인 조선에 와서 여덟 가지의 교화를 펴 예의의 나라로 만들었다 한다. 문헌(文獻)은 제도나 문물 등을 뜻한다.

135 법리(法吏)들은……감동받았습니다 : 법관이나 경학자 들이 옛날 제도와 문물 및 경전 등에 대해서 김계휘에게 자문을 받아 모르는 것을 해결했다는 뜻이다. 경유(經儒)는 경학을 하는 학자들을 말한다. 김계휘는 서책을 두루 열람하고 기억력이 뛰어나 산천(山川)의 도리(道里), 성읍의 군사, 식량의 형세, 명분과 실제, 인물의 드러나고 숨겨진 것, 씨족의 원류, 연대의 멀고 가까움, 우리나라에 관계되는 것에서부터 천하의 광대함에 이르기까지 모두 알고 있어서 입으로 말하고 손바닥을 펴 보이는 것이 마치 촛불을 비추면서 헤아리고 계산하는 것 같았으며, 법령의 연혁 및 무릇 옛날의 사실이 모두 어느 책 몇째 줄에 기재되어 있는 것까지 알고 있었다고 한다. 《簡易集 卷2 大司憲金公神道碑銘》

136 빈손으로……같았고 : 자문을 받은 사람들이 모두 흡족해할 정도로 지식이 풍부하였다는 뜻이다. 귀복(龜卜)은 거북점으로, 거북의 등껍데기를 지져서 거기에 나타나는 모양으로 길흉을 판단하는 것이다.

137 홍몽(鴻濛)……작았습니다 : 천하의 모든 일에 대해서 두루 잘 알았다는 뜻이다.

밖으로는 구용[138] 이에 소홀했으나　外忽九容
안으로는 심사 아주 독실하였고　內篤心思
행실 남과 별다르게 아니했으며　行不自異
청백함을 남이 알까 겁냈습니다　淸畏人知
덕 높다고 표방하지 아니했거니　德不標高
학문 이름 높음을 부끄러워했고　學恥名尊
마을 사람 모두 공을 좋아하여서　里閭歡心
어리거나 천한 자도 다 말했거니　幼賤盡言
대문 안엔 기다리는 객이 없었고　門無停客
묻는 즉시 바로 답해 주었습니다　問逾響答
관직 비록 높았지만 집 가난했고　宦盛業貧
명망 높았으나 권세 약하였으며　望隆權弱
형제들의 우애 몹시 좋고 좋아서　兄弟怡怡
한방에서 담소하며 지냈습니다　笑語一室
조정에서 사귄 벗들 사이를 보면　朝簪賓朋
담박하기 마치 맑은 물과 같아서　淡然如水
집 뜰에는 푸른 이끼 자라났으며　苔生庭戶
좌우에는 경사 벌여 놓았습니다[139]　左經右史

홍몽은 우주가 형성되기 이전부터 있어 온 천지의 원기 혹은 그와 같은 혼돈 상태를 가리키는 말이다.

138 구용(九容) : 옛날에 군자가 수신하고 처세할 적에 견지해야 하는 아홉 가지 몸가짐이다. 80쪽 주119 참조.

139 집……놓았습니다 : 분분하게 다른 사람들과 사귀는 것을 싫어한 탓에 집으로 찾아오는 사람이 없는 가운데 항상 서책을 읽으면서 지냈다는 뜻이다.

날면서도 깃 아니 다 펼쳤거니와[140]	飛不盡翰
기롱 이에 돌아갈 데 있었는데도	譏有所歸
누린 수명 안 길어서 짧았거니와	年之不永
또한 장차 어느 누굴 허물하리오	又將尤誰
이미 인간 세상에선 어긋났지만	旣乖於人
의당 하늘나라에선 합할 거지만	宜合於天
하늘 또한 의지하기 어렵거니와	天又難憑
저의 의혹 이에 더욱 불어납니다	惑滋甚焉
조정에서 의식 예법 익힐 때에는	朝習玉聲
공을 불러오는 데서 시작한 뒤로	自公云召
계옥[141]의 일 아직 반도 못 이뤘는데	啓沃未半
임금 내린 약물 효험 없었습니다	御藥無效
요지[142] 높이 한 자도 채 아니 되어서	瑤墀一尺
생사 갈려 영결하게 되었거니와	死生爲訣
고비 이에 하늘에서 내려져서는	皐比降天
고복 이미 세 번이나 외쳤습니다[143]	復已三呼

140 날면서도……펼쳤거니와 : 자신의 능력이나 재주를 다 펼치지 않은 채 조심하면서 지냈다는 뜻이다.

141 계옥(啓沃) : 선도(善道)를 개진하여 임금을 인도하고 보좌한다는 뜻이다. 《서경》〈열명 상(說命上)〉에 은(殷)나라 고종(高宗)이 부열(傅說)에게 "그대의 마음을 열어 나의 마음을 적시라.〔啓乃心, 沃朕心.〕"라고 하였다.

142 요지(瑤墀) : 옥으로 만든 섬돌이라는 뜻으로, 조정이나 대궐을 가리킨다.

143 고비(皐比)……외쳤습니다 : 하늘에서 김계휘를 스승의 자리에 앉히기 위해 불러 갔다는 뜻이다. 고비는 호피(虎皮)로, 옛사람들이 호피를 깔고 앉아서 강학하였으므

살아서는 운수 아주 기구했으며　生何數奇
죽어서는 임금 은혜 깊었습니다　死何恩殊
명 받들고 중국으로 사신 갈 때엔　朝天奉命
나이 이미 너무 많아 몸 쇠했는데[144]　年紀之衰
사신 가는 길이 아주 멀다 하여서　道之云遠
나의 마음 걱정되어 슬펐습니다　使我心悲
병이 이미 고황 속에 들었는데도　病已膏肓
해 바뀐 뒤 귀국하게 되었습니다　換律來歸
첩은 아직 젊은 모습 그대로이고　惠妾尙韶
젖먹이인 아인 방에 있었는데도[145]　乳兒盈窠
마음 되레 위궐[146] 위에 걸려 있어서　心懸魏闕
집 생각할 겨를조차 없었습니다　未暇于家

로 후대에는 사석(師席)을 뜻하는 말로 쓰였다. 고복(皐復)은 죽은 사람의 혼을 부르는 초혼(招魂) 의식으로, 사람이 죽고 대여섯 시간 뒤에 죽은 이가 입던 옷을 가지고 지붕에 올라간 다음 양손으로 옷을 펼쳐 들고 죽은 사람의 혼을 불러들이기 위해 북쪽을 향하여 '아무 동네 아무개 복(復)'이라고 세 번 부르는 것을 말한다.

144 죽어서는……쇠했는데 : 김계휘는 57세 때인 1581년(선조14) 종계변무사(宗系辨誣使)가 되어 북경에 갔다가 다음 해에 복명하였다. 이후 특진관으로서 경연(經筵)에 입시하였다가 갑자기 중풍이 들어 집에 실려 가자, 선조가 내관을 보내어 문병하였으나 그날 죽고 말았다. 《沙溪全書 卷8 皇考嘉善大夫司憲府大司憲兼同知成均館事行狀》

145 첩은……있었는데도 : 김계휘는 본처에게서 1남 1녀를 낳았는데 아들은 김장생(金長生)이고 딸은 송강(松江) 정철(鄭澈)의 아들 정기명(鄭起溟)에게 출가하였으며, 측실에서 4남 2녀를 낳았는데 아들은 김의손(金義孫), 김연손(金燕孫), 김경손(金慶孫), 김평손(金平孫)이다.

146 위궐(魏闕) : 임금이 사는 궁궐을 가리킨다. 임금이 사는 대궐의 문이 우뚝하게 높으므로 이렇게 이르는 것이다.

집 뜰에서 종종걸음 치는 아들은	趨庭胤子
그 학문이 남들보다 특출하거니	學特千人
어진 분께 후손다운 후손이 있어	賢者有後
우리 동방 어진 신하 될 것입니다[147]	國之良臣
생각건대 제가 아주 어렸을 적에	憶在齠齔
어진 이의 마을 택해 살았습니다[148]	里擇其仁
정을 보면 영원[149]과도 흡사했지만	情洽鴒原
의를 보면 전당[150]과도 같았습니다	義均鱣堂
말하는 걸 보면 아주 화락하였고	嘻嘻其言
그 광채는 휘황찬란하게 빛났습니다	燁燁其光
그 모습이 눈과 귀에 남아 있어서	在目在耳
오랜 시간 지나서도 못 잊거니와	久而難忘
영령께선 삼가 와서 흠향하소서	伏惟尙饗

147 집 뜰에서……것입니다 : 김계휘의 아들 김장생이 뛰어난 학자가 될 것이란 뜻이다.

148 생각건대……살았습니다 : 구봉 자신이 김계휘의 어짊을 사모하여 김계휘가 사는 마을에서 살았다는 뜻이다.

149 영원(鴒原) : 형제간의 우애를 말하는데, 흔히 형제의 뜻으로 쓰인다. 《시경》 〈소아(小雅) 상체(常棣)〉에 "물새가 언덕에 있으니, 형제가 위급함을 서로 구하네.〔脊令在原, 兄弟急難.〕"라고 하였다.

150 전당(鱣堂) : 학문을 강론하는 강당으로, 여기서는 스승을 뜻한다. 한(漢)나라 때 양진(楊震)은 학문이 뛰어났으나 여러 차례 소명(召命)에 응하지 않고 있었는데, 새가 전어(鱣魚) 세 마리를 물고 날아와 강당 앞에서 머리를 조아리는 형상을 하였다. 이를 보고 사람들이 "전어는 대부(大夫)들이 입는 옷의 무늬이고, 세 마리는 삼태(三台)의 조짐이다."라고 하였는데, 그 뒤에 양진이 태위(太尉)에 올랐다. 《後漢書 楊震列傳》

율곡에 대한 제문[151]
祭栗谷文

아, 슬픕니다. 하늘은 어찌하여 형에게 따사롭고 화락하고 쇄락하고 통달한 자질을 주고서도 오래 살아 장수하는 복은 아울러 주지 않았으며, 하늘은 어찌하여 형에게 인서(仁恕)하고 성명(誠明)하며 차분하고 순수한 학문을 닦게 하고서도 세상에 은택을 끼치는 복을 겸하여 주지 않아, 우리 임금으로 하여금 시귀(蓍龜)[152]같이 믿어 지위를 숭반(崇班)에 올리게 하고서도 임금의 교화를 도와 이룩할 때는 그 방도를 다 시험해 보지 못하게 하였으며, 우리 유림(儒林)들로 하여금 태산북두(泰山北斗)같이 우러르게 하여 이름이 중화(中華)에 떨치게 해 놓고서도 시기하여 흘겨보는 자가 그 사이에서 헐뜯게 하였단 말입니까.

덕(德)은 두터웠으나 녹(祿)은 박하였으며, 옛날과는 부합하였으나 오늘날과는 어그러졌으며, 이치에는 넉넉하였으나 운수에는 부족하였습니다. 이에 온 세상을 경륜할 명망을 짊어지고 천재일우(千載一遇)

151 율곡(栗谷)에 대한 제문 : 이이(李珥)는 구봉보다 두 살 아래였으며 같이 학문을 강마하던 붕우였다. 그러나 제문에서는 구봉이 이이를 존경하는 의미로 형(兄)이라고 칭하였으며, 제문의 형식상 영령에 대해 대개 경어체를 쓰는 데 의거하여 경어체로 번역하였다. 또한 이 제문은 《율곡집(栗谷集)》 권37 부록(附錄) 5에도 실려 있는데, 《구봉집》에 실려 있는 것과 비교해 보면 글자의 출입이 있기는 하나 전체 뜻은 큰 차이가 없으므로 중요한 것만 교감하여 주석을 달았다.

152 시귀(蓍龜) : 시(蓍)는 점을 칠 때에 쓰는 시초(蓍草)이고 귀(龜) 역시 점칠 때 사용하는 거북 껍데기를 말하는데, 일반적으로 의심스럽거나 중대한 일을 잘 결단해 주는 지혜로운 인물을 가리키는 뜻으로 쓰인다.

의 깊은 지우를 받고 있어서 장차 큰 사업을 이룩할 수가 있을 것 같았습니다. 그러나 밀어내고 배척하는 자가 한둘이 아니어서 끝내는 하늘이 돌고 땅이 굴러서 사기(事機)가 바야흐로 새로워졌는데도, 가액(加額)[153]한 손이 미처 내려오기도 전에 운망(云亡)[154]의 탄식이 먼저 이르게 되었습니다.

아름다운 옥이 감추어지고 좋은 향기가 사라지매 슬픔을 억눌러도 종천(終天)의 애통[155]이 있습니다. 이 때문에 온 나라의 중외 사람들이, 위로는 뜻이 있는 선비로부터 아래로는 어리석은 필부필부(匹夫匹婦)에 이르기까지 모두 놀라 통곡하고 목 놓아 울면서 서로 조문하되, 비록 일면식도 없는 사람일지라도 눈물부터 먼저 줄줄 흘리는 것입니다.

아, 슬픕니다. 천지간에 있는 우리의 도는 드러날 때도 있고 흐려질 때도 있으며, 행해질 때도 있고 실추될 때도 있었습니다. 그런데도 끝내 민멸되는 데 이르지 않았던 것은 그 지위를 얻어서 그 도를 행한 것이 세대가 혹 멀어지기는 하였으나 서책에 갖추어 놓아 그 도를 밝힘으로써 사람들을 착해지게 하였으며, 그 책임을 떠맡은 진유(眞儒)들 역시 서로 잇달아 나와 끊이지 않았기 때문입니다. 그런데 정자(程子)

153 가액(加額) : 백성들이 이마에 손을 얹고 멀리서 공경히 바라보는 것으로, 매우 인망(人望)이 높은 사람을 공경하는 것을 뜻한다. 송(宋)나라 사마광(司馬光)이 낙양(洛陽)에 사는 15년 동안 예궐(詣闕)할 때마다 위사(衛士)들이 모두 손을 이마에 얹고 바라보며 공경하였다는 고사에서 유래하였다. 《宋史 司馬光列傳》

154 운망(云亡) : 어진 이가 세상을 떠난 것을 말한다. 《시경》 〈대아(大雅) 첨앙(瞻卬)〉에 "선인(善人)이 없으니 나라의 명맥이 끊기고 병들리라.〔人之云亡, 邦國殄瘁.〕"라고 한 데서 온 말이다.

155 종천(終天)의 애통 : 이이가 죽은 데 대한 애통을 말한다.

와 주자(朱子)로부터 세대가 멀어지자 성학(聖學)이 더욱 외로워져서 인욕(人慾)이 제멋대로 횡행하고 천리(天理)가 장차 없어지게 되었으며, 공리(功利)와 과거(科擧)의 습속이 날로 사람들을 그르쳤습니다.

형은 평소에 분연히 탄식을 발하며 저에게 뜻이 서로 같다고 하면서 함께 노둔함을 채찍질하였습니다. 혹 마주하여 강론하고서도 흡족하지 않으면 또다시 편지를 주고받으면서 끝까지 연구하였습니다. 그러면서 형이 옳다고 하는 바를 저는 혹 그르다고 하였으며, 제가 그렇지 않다고 하는 것을 형은 혹 그렇다고 하면서 분분하게 편지를 주고받은 지 지금까지 30년이나 되었습니다.

크게는 천지와 산천으로부터 작게는 초목과 곤충, 음양과 귀신의 변화, 성기(誠幾)[156]와 동정(動靜)[157]의 미묘함에 이르고 가까이로는 쇄소응대(灑掃應對)의 인사(人事)에서부터 멀리로는 진성지명(盡性知命)[158]의 천리에 이르기까지 분석하는 것은 그 정밀함을 극도로 하였

156 성기(誠幾) : 주돈이(周敦頤)의 《통서(通書)》에 "성(誠)은 무위(無爲)이고 기(幾)에는 선악이 있다."라고 하였는데, 희로애락(喜怒哀樂)이 나오지 않은 상태에서 본성을 잘 보존한 상태를 성이라 하며, 정(情)이 이미 나왔으면 선악의 기미(幾微)로 나누어진다 하여 기라고 이름한 것이다.

157 동정(動靜) : 태극(太極)이 타는 틀을 말한다. 주돈이의 《태극도설》에 "태극이 동하여 양을 낳고 동이 극에 이르면 정하며, 정하여 음을 낳고 정이 극에 이르면 다시 동한다."라고 하였다.

158 진성지명(盡性知命) : 진성은 타고난 도덕적 품성을 다 발휘하는 것으로, 《중용장구》 제22장에 "오직 천하의 지극한 성실이라야 그 본성을 다할 수 있다.〔唯天下至誠爲能盡其性〕"라고 하였다. 지명은 천명을 아는 것으로, 《주역》 〈계사전 상(繫辭傳上)〉에 "하늘의 뜻을 기꺼이 받아들이고 명이 있음을 알기 때문에 걱정하지 않는다.〔樂天知命, 故不憂.〕"라고 한 데서 나왔다.

으며, 종합하는 것은 그 큼을 다하였습니다. 이에 성현들이 미처 궁구하지 못했던 바와 부부(夫婦)들이 알 수 있는바 및 행장(行藏)[159]의 의리와 진수(進修)[160]의 방도에 대해 형은 이미 다 탐구하여 쉼 없이 익혔으며 저 역시 대충이나마 한두 가지는 알았습니다.

저는 시형(柴衡)[161]의 천한 몸으로 한 그릇의 밥과 한 바가지의 물로 머리가 세도록 쓸쓸한 골짜기에서 지냈는데, 형도 말세 세상과는 뜻이 맞지 않아 관직을 내던지고 경전을 탐구하면서 서로 한평생을 보내기로 기약하였는바, 이 사업을 거의 마칠 수가 있었습니다.

중년에 형은 이 세상에 드문 성상의 지우(知遇)를 받아 나갔기에 장차 자신을 이루어 준 공부를 미루어 나가 다른 사람에게 미칠 것이라고 여겼습니다. 그런데 이론(異論)을 떠들어대는 자들이 가로막고 우리 백성들이 불행하여 이미 당대에 이 도를 능히 행할 수가 없었으며 또 유편(遺編)에 이 도를 능히 밝혀 놓을 수가 없었습니다. 그리하여 실낱같은 명맥이 끊어져서 어두워져 알지 못하게 되었는바, 하늘의 뜻을 참으로 알 수가 없으며 귀신의 마음을 참으로 헤아릴 수가 없습니다.

아, 슬픕니다. 우리 형이 과연 우리 동방을 내버려서 이 지경에 이른

159 행장(行藏) : 행(行)은 세상에 나와 도를 행하는 것이며, 장(藏)은 초야에 은둔하는 것으로, 《논어》 〈술이(述而)〉에 "쓰면 도를 행하고 버리면 은둔한다.〔用之則行, 舍之則藏.〕"라고 한 데서 유래하였다.

160 진수(進修) : 진덕수업(進德修業)의 준말로, 도덕을 증진하고 공업을 세우는 것을 말한다. 《주역》 〈건괘(乾卦) 문언(文言)〉에 "군자는 도덕을 증진하고 공업을 세운다.〔君子進德修業〕"라고 한 데서 나왔다.

161 시형(柴衡) : 사립문으로, 미천한 사람이 사는 집이나 미천한 사람의 신분을 가리킨다.

것입니까. 두드려 보아도 들을 수가 없고 물어보아도 답하지 않으며 슬피 울부짖어도 저를 알아보지 못하니, 이미 다 끝나 버렸으며 이미 다 글러졌습니다. 쇠같이 쟁쟁하던 목소리와 옥같이 아름답던 모습을 이 세상에서 이제 다시는 볼 수가 없습니다.

어찌하여 붕우들이 강마(講磨)하자고 부탁하는데도 그것을 생각하지 않으십니까. 어찌하여 문인들이 개발해 줄 것을 믿고 있는데도 그것을 돌아보지 않으십니까. 어찌하여 후세에서 도를 닦는 사명을 맡겨 주었는데도 그것을 걱정하지 않으십니까. 어찌하여 같은 조정에 있는 진신(縉紳)들이 모의(謨議)하고 주획(籌劃)하는 데에 의지해 결정하려 하는데도 그것을 돌아보지 않으십니까.

어찌하여 북쪽에서 수자리를 살고 있는 군사들이 한 해가 넘도록 갑옷을 입고 있으면서 날마다 자신들을 돌아가게 해 주기를 바라고 있는데도 그들을 애처롭게 여기지 않으십니까. 어찌하여 정사가 번거롭고 부역이 과중해 타향 땅을 떠돌고 있는 홀아비나 과부 들이 고개를 빼들고 발꿈치를 치켜든 채 자신들을 구해 주고 자신들을 살려 주기를 기다리고 있는데도 그들을 불쌍하게 여기지 않으십니까.

어찌하여 우리 성상께서 조심하고 근심하고 두려워하는 마음이 깊어 200년간 전승한 종사(宗社)를 모두 가져다가 한 사람의 신실한 신하에게 부탁하고서 경장(更張)함이 있기를 바라는데도 그 마음을 본받지 않으며 떠받들지 않으십니까. 어찌하여 살아서는 머뭇거리고 사모하면서 이 세상을 잊지 않다가 죽어서는 서로 끊어 버림이 이처럼 심하단 말입니까.

아, 슬프고도 슬픕니다. 우리 형은 물이 솟아오르고 산이 우뚝 솟은 듯한 문장이 있었습니다. 그런데도 저는 형이 문장에 뛰어났다고 일컫지 않았습니다. 형은 오늘날을 환히 통하고 옛것을 두루 아는 드넓은 견식을 가지고 있었습니다. 그런데도 저는 형이 견식이 많다고 일컫지 않았습니다. 형은 소를 해체하고 얼음이 풀리는 듯한 지식을 가지고 있었습니다. 그런데도 저는 형이 지식이 많다고 일컫지 않았습니다.

형은 밝게 비추어서 운수를 헤아리는 지혜를 가지고 있었습니다. 그런데도 저는 형이 지혜와 술법이 뛰어나다고 일컫지 않았습니다. 형은 강하(江河)를 거꾸로 쏟는 듯한 유창한 말재주를 가지고 있었습니다. 그런데도 저는 형이 말을 잘한다고 일컫지 않았습니다. 형은 담박하고 욕심이 적었습니다. 그런데도 저는 형이 청렴하다고 일컫지 않았습니다. 형은 할 말을 다하면서 숨기지 않았습니다. 그런데도 저는 형이 곧다고 말하지 않았습니다.

형은 어리고 천한 사람들을 어루만져 주면서 혹시라도 상할까 걱정하였습니다. 그런데도 저는 형이 자애롭다고 말하지 않았습니다. 형은 부모를 봉양하면서 생사 간에 그 정을 극진히 하였습니다. 그런데도 저는 형이 효성스럽다고 말하지 않았습니다. 형은 형제 사이에 처해서는 종시토록 그 사랑을 다하였습니다. 그런데도 저는 형이 우애롭다고 말하지 않았습니다.

형은 상대방을 성의로 대하면서 겉치레를 꾸미지 않았습니다. 그런데도 저는 형이 신의가 있다고 말하지 않았습니다. 형은 임금을 지극한 정성으로 섬겨 숨기는 바가 없었습니다. 그런데도 저는 형이 충성스럽다고 말하지 않았습니다.

제가 그렇게 한 것은 제가 우리 형에게 바라는 바 전체가 혼연(渾然)하여 한 가지 기예나 한 가지 행실로써 그 이름을 이루어 주고 싶지 않았기 때문이었습니다. 아, 슬프고도 애통합니다.

우리 형은 천분(天分)이 다른 사람들보다 훨씬 더 뛰어나서 하늘 위를 나는 봉새이고 닭의 무리 속에 서 있는 학이고 구름이 걷힌 푸른 하늘이고 달이 비치는 얼음 항아리였습니다. 위에서 전해 받은 바가 없었으나 기다리지 않고서도 일어났습니다.[162] 《소학》을 공경히 믿었으며, 《근사록》을 높이 숭상하였습니다. 사서(史書)에도 두루 통하였으며, 여러 경전의 뜻을 밝혀냈습니다.

참으로 능히 일찌감치 발탁되지 않고 순서에 따라 내면을 수양하여 은약(隱約)[163]의 가운데에서 여유롭게 노닐고 본원(本原)[164]의 자리에서 푹 젖어 지내면서 오랜 시일 동안 공정(功程)을 쌓아 정밀히 생각한 것이 관철되고 축적한 것이 심후해지게 하였다면, 수사(洙泗)[165]의 학문을 계승하고 염락(濂洛)의 연원을 이음으로써 분명한 단서를 찾아 이를 책으로 저술해 후대에 남겨 문왕(文王)과 무왕(武王)의 실추되지

162 위에서……일어났습니다 : 이이가 특별히 다른 사람에게 수업을 받아 일가의 학문을 이룬 것이 아니라 스스로 배우고 익혀서 일가의 학문을 이루었다는 뜻이다. 맹자가 말하기를 "문왕(文王)이 나와야 흥기하는 자는 일반 백성이다. 호걸지사(豪傑之士) 같은 경우에는 문왕이 없어도 흥기한다."라고 하였다. 《孟子 盡心上》

163 은약(隱約) : 성현의 경서에 담긴 간략하면서도 심오한 뜻을 말한다. 《사기》 〈태사공자서(太史公自序)〉에 "《시경》과 《서경》의 글이 함축적이고 심오한 것은 작가가 자신의 생각을 실현하고자 했기 때문이다.〔夫《詩》、《書》隱約者, 欲遂其志之思也.〕"라고 하였다.

164 본원(本原) : 심성(心性)을 가리키는 것으로, 심성을 함양하는 공부가 만사의 근본이 되므로 이렇게 이르는 것이다.

165 수사(洙泗) : 중국 산동성(山東省) 곡부(曲阜)를 지나는 두 개의 강인 수수(洙水)와 사수(泗水)로, 공자가 이곳에서 제자들을 가르쳤기 때문에 보통 유가(儒家)를 뜻하는 말로 쓰인다.

않은 도를 완미하고 해와 달이 거듭 빛나는 데에서 성과를 거둘 수 있었을 것입니다. 그렇게 되었다면 한때에 지우(知遇)를 받은 것이 펼쳐져 쓰였어도 유감이 없을 것이고 거두어 간직하였어도 유감이 없었을 것입니다. 천지의 바른 도리를 체득하고 조화의 운행을 떠맡아 우리 유도(儒道)를 위하고 우리 백성들을 위하는 것이 참으로 그 사이에서 덜어지거나 보태지는 것이 없었을 것입니다.

그런데 지금은 그렇지 못하였습니다. 혼자 있거나 미처 발현되기 이전에 닦은 것은 가면 갈수록 더 정밀한 지경에 미치지 못하였고, 계획하고 시행하거나 조처하고 처리하는 사이에서 바라는 것은 도리어 지나치게 드러나거나 지나치게 서두른 점이 있었습니다. 헌면(軒冕)은 장막을 내렸을 때에 휘황하게 빛났으며[166] 음려(陰沴)는 요직을 맡고 있던 날에 나타났는데,[167] 물러나게 해 달라고 하였으나 허락받지 못하였으며 대한(大限)이 잠깐 사이에 궁해지고 말았습니다.

이에 자신에게는 사탕수수를 끝까지 다 먹지 못하는 탄식[168]이 있었

166 헌면(軒冕)은……빛났으며 : 이이가 학문에 정진해야 할 때 높은 관직에 올라 학문에 정진할 수가 없었다는 뜻이다. 헌면은 고관의 면복(冕服)과 거마(車馬)를 가리킨 것으로, 전하여 고관을 이른다. 장막을 내린다는 것은 학문에 정진하는 것을 뜻하는 말로, 한(漢)나라 때의 대유(大儒)인 동중서(董仲舒)가 일찍이 휘장을 깊이 내려 치고 방 안에 들어앉아 글을 강독하면서 3년 동안이나 밖을 나가지 않고 학문에 정진했던 데서 온 말이다.

167 음려(陰沴)는……나타났는데 : 이이가 조정에서 중요한 직책을 맡고 있을 적에 헐뜯는 자들이 나타나 뜻을 펴는 것을 방해했다는 뜻이다. 음려가 나타났다는 것은 음양의 기운이 조화를 잃어 음기(陰氣)가 치성한 나머지 절서(節序)가 어긋나는 등 재해가 발생하는 것을 말하는데, 흔히 소인이 군자를 억누르고 득세하는 현상을 가리킨다.

168 자신에게는……탄식 : 이이가 학문에 정진하였다면 더 높은 경지에 이르렀을 것

으며, 다른 사람에게는 때맞춰 내리는 비가 흡족하지 못한 한스러움[169]이 있게 되었습니다. 그러니 참으로 이른바 "조물주가 장난을 쳐서 우리의 도가 장차 궁해지게 되었다."라는 것입니다. 하늘이 형을 이 세상에 내려보내면서 기대하였던 뜻이 끝내 어디에 있단 말입니까. 아, 애통합니다.

형은 평소에 제가 도체(道體)에 대해 아는 바가 있는 것으로 허여하였는데, 늘그막에는 논한 바가 점차 서로 다른 것이 없었습니다. 제가 학문상으로 혹시 새로운 견해를 주장하면, 사람들은 모두 의심스럽다고 여겼는데 오직 형만은 홀로 저를 믿어 주었습니다. 드러나고 어두움은 서로 현격하게 달랐지만, 서로 간에 기약하고 기대하는 마음은 머리가 세어서도 더욱더 커졌습니다. 그리하여 짐은 무겁고 길은 멀어서 함께 종신(終身)의 걱정거리를 안고 있었습니다. 그런데 오늘 갑자기 저보다 우리 형이 먼저 죽을 줄 어찌 알았겠습니까.

죽어서도 지각이 있다면 역시 저의 슬픈 마음을 알 것입니다. 제가 말할 때 화답할 자가 누구이겠습니까. 제가 길을 갈 때 수작할 자가 누구이겠습니까. 이것이 자주자(子朱子)가 말한 "나의 왼쪽 팔을 맡기고 오른쪽 팔을 내준 사람이다."라고 하는 것입니다. 이 때문에 제가

인데, 조정에 나가 관직에 있었던 탓에 그러지를 못하였다는 뜻이다. 동진(東晉)의 문인이자 화가인 고개지(顧愷之)가 사탕수수를 먹을 때 반드시 꼬리부터 먹었는데, 누군가가 그 까닭을 묻자 "점차 좋은 맛에 이를 수 있기 때문이다."라고 답했다. 《晉書 文苑列傳 顧愷之》 이로 인해 후대에는 이 말이 점점 더 좋아지는 점입가경(漸入佳境)을 뜻하는 말로 쓰였다.

169 다른……한스러움 : 이이가 조정에 있으면서 반대파, 즉 동인(東人)들에 의해 견재를 받아 자신의 뜻을 펼치지 못해 백성들이 혜택을 받지 못하였다는 뜻이다.

슬피 울부짖으면서 애통해하고 애석해하는 것이 뭇사람보다 훨씬 더 심한 것입니다.

아, 저는 형보다 2년 앞서 태어났으니 금년의 제 나이가 쉰하나입니다. 형은 그와 같은 정신을 가지고도 능히 몸을 보전하지 못함이 이와 같았습니다. 그런데 더구나 저의 쇠약하고 잔열한 몸이 또한 어찌 이 세상에 오래 살아남을 수가 있겠습니까. 단지 몸을 닦고 허물을 고치고서 지하에서 서로 만나 보기를 기원할 뿐입니다. 이 인간 세상에 다시 무슨 미련이 있겠습니까.

비록 그렇지만 우리 형과 더불어 서로 깊이 허여한 것은 이제 삶과 죽음으로 갈렸다고 해서 달라질 수가 없습니다. 그런즉 제가 죽기 전까지의 날들은 모두 우리 형이 힘을 쏟던 바에 나아가 힘쓸 것입니다. 그러니 어찌 감히 평지를 가면서도 깊은 연못에 임한 것같이 하고,[170] 상유(桑榆)의 끝에서 두려워하고 삼가서 마침내 성취한 바가 있어 아득하니 깜깜한 속에서 서로 저버리지 않도록 하지 않을 수가 있겠습니까.

아, 말은 다함이 있으나 정은 끝이 없으며, 눈물은 다함이 있으나 애통은 끝이 없습니다. 형은 아십니까, 모르십니까? 길게 통곡하노라니 숨이 끊어지는 듯합니다. 삼가 형은 흠향하기 바랍니다.

170 평지를……하고 : 행동을 할 때 몹시 조심하고 삼가는 것을 말한다. 《시경》 〈소아(小雅) 소민(小旻)〉에 "두려워하고 경계할지니, 깊은 못 가에 임한 듯 얇은 얼음을 밟고 가듯 해야 하리라.〔戰戰兢兢, 如臨深淵, 如履薄氷.〕"라고 하였다.

한훤과 정암 두 선생에 대한 제문[171]

祭寒暄靜菴兩先生文

만력(萬曆) 21년 세차(歲次) 계사년(1593, 선조26) 9월 임자삭(壬子朔) 7일 무오(戊午)에 송익필(宋翼弼)은 삼가 술과 과일의 전(奠)을 가지고 한훤(寒暄) 선생 문경공(文敬公)과 정암(靜菴) 선생 문정공(文正公) 두 현인의 사당 아래에 공경히 바칩니다.

우뚝하긴 태산보다 더 높으며	崒乎泰山
밝기는 또 일월보다 더 밝았었네	昭乎日月
생과 사나 화와 복 같은 것들은	生死禍福
부운처럼 일어났다 사라진다네	浮雲起滅
세상 변해 일천 번이 바뀌어도	世變千換
남아 있는 것은 오직 하나뿐이네	存者惟一
일천 날도 바로 하루아침인 거고	千是一朝
하루라도 이에 천추 세월인 거네	一乃千秋
하늘엔 합하고 세상엔 어긋났거니	合天違人
그 무엇을 원망하고 허물하리오	何怨何尤
저 기주는 아득하니 멀기만 하여	邈矣箕疇

171 한훤(寒暄)과……제문 : 구봉이 1592년 평안도 희천(熙川)에 유배되어 있다가 임진왜란을 만나 풀려났을 때 지은 제문으로, 구봉의 학통(學統)에 대해 알아볼 수 있는 자료이다. 한훤은 김굉필(金宏弼), 정암은 조광조를 가리킨다.

이에 문헌 징험해 볼 길이 없었네[172]	文獻無徵
우리 두 분 선생 아니 계시었다면	靡二先生
어느 누가 이 도 넓혀 확충했으랴	此道誰弘
구만 리의 하늘 멀어 아득했는데	九萬迢迢
처음 날아오르던 때 깃이 꺾였네[173]	羽折初飛
부주에서 강학하던 그 당시에는	涪州講學
수염이나 눈썹에는 광채 더했네[174]	鬚眉增輝
곡조 높아 화답하는 자가 없었고[175]	調高和絶

172 저……없었네 : 우리나라가 기자(箕子)의 시대로부터 멀어져 문물이나 제도 등이 모두 무너져서 징험할 길이 없었다는 뜻이다. 90쪽 주134 참조. 기주는 기자의 홍범구주(洪範九疇)를 가리킨다.

173 구만……꺾였네 : 김굉필과 조광조가 임금을 도와서 왕업을 이룩하려는 큰 뜻을 품었다가 중도에서 꺾이고 말았다는 뜻이다. 북명(北冥)에 사는 곤(鯤)이라는 물고기가 붕(鵬)으로 변하여 남명(南冥)으로 날아가는데 한 번 날아오르려면 물 위로 3000리를 내달려서 비상하고, 한 번 비상하면 9만 리나 높이 날아올라 6개월을 쉬지 않고 날아서 남명에 닿는다고 한다.《莊子 逍遙遊》

174 부주(涪州)에서……더했네 : 김굉필이 희천에 유배되어 있을 때 조광조가 김굉필을 찾아가 두 사람이 함께 부지런히 학문을 강론한 덕에 두 사람 다 풍모가 더 훤해졌다는 뜻이다. 정이가 부주로 귀양 갔다가 돌아왔을 때 기색, 용모, 수염, 머리털이 모두 예전보다 낫기에 문인(門人)이 "어떻게 하여 이럴 수 있습니까?"라고 묻자, 정이가 대답하기를 "학문의 힘이다. 무릇 학문이란 환난(患難)과 빈천(貧賤)에 처하는 것을 배워야 하는 법이니, 부귀영달에 처하는 것은 배울 필요가 없다."라고 하였다.《心經 卷2》 부주는 여기서 희천을 가리킨다.

175 곡조……없었고 : 김굉필과 조광조의 인품이나 학식이 높아서 상대가 될 만한 자가 없었다는 뜻이다. 곡조는 여기서 〈양춘곡(陽春曲)〉과 〈백설곡(白雪曲)〉을 말하는데, 흔히 높은 인품이나 뛰어난 문장을 뜻한다. 춘추 시대에 초(楚)나라에서 어떤 나그네가 〈하리(下里)〉와 〈파인(巴人)〉의 노래를 부르니 수천 명이 따라 불렀고, 〈양

뭇 소인들 모두 분기 잔뜩 품었네[176]	群怪賫怒
놀랄 만한 기미 계속 뒤를 잇달아	駭機踵武
비단 나무 벨 뿐만이 아니었네[177]	不但伐樹
영달해선 겸제하지 못하였으며	達不兼濟
궁하여선 입언하지 못하였다네[178]	窮未立言
밝아지려 하다 다시 어둡게 되니	將明復晦
하늘에서 우리 사문 내버린 거네	天喪斯文
지금 사당 아래로다 찾아서 오매	今來祠下
뜰에 자란 풀은 길이 봄이로구나	庭草長春
하늘 밖에서는 석양빛 비치는데	天外斜陽

아(陽阿)〉와 〈해로(薤露)〉의 노래를 부르니 몇백 명이 따라 불렀는데, 〈양춘〉과 〈백설〉의 노래를 부르니 몇십 명밖에는 따라 부르지 못했다고 한다. 《文選 宋玉對楚王問》

176 뭇……품었네 : 김굉필은 유자광(柳子光), 이극돈(李克墩) 등의 배척을 받아 무오사화 때는 유배형에, 갑자사화 때에는 극형에 처해졌다. 조광조는 도학 정치(道學政治)를 실현하고자 하다가 훈구파인 홍경주(洪景舟), 남곤(南袞), 심정(沈貞) 등의 배척을 받아 기묘사화 때 극형에 처해졌다.

177 비단……아니었네 : 소인들이 김굉필과 조광조에 대해 해를 입히는 데에 그치지 않고 끝내는 목숨까지 빼앗았다는 뜻이다. 공자가 일찍이 송(宋)나라에 이르렀을 적에 큰 나무 아래에서 예(禮)를 강론하고 떠나갔는데, 송나라의 사마(司馬)인 상퇴(向魋)가 공자를 미워하여 공자를 죽이려고 쫓아갔으나 공자가 이미 떠나가고 없자 그 나무를 베어 버렸다고 한다. 《莊子 漁父》《史記 孔子世家》

178 영달해선……못하였다네 : 겸제(兼濟)는 온 천하를 함께 구제하는 것을 말하고, 입언(立言)은 후세에 영원히 전해질 작품을 저술하는 것을 말한다. 《맹자》〈진심 상(盡心上)〉에 "옛사람들은 뜻을 얻으면 은택이 백성에게 가해지고 뜻을 얻지 못하면 몸을 닦아 세상에 드러나니, 궁하면 그 몸을 홀로 선하게 하고 영달하면 천하를 겸하여 선하게 하는 것이다."라고 하였다.

맑게 갠 색은 되레 다시 새롭네	霽色猶新
못난 이 몸 어쩜 이리 다행이런가	小子何幸
외람되이 장사로 유배되었네[179]	猥謫長沙
두 신위가 서로 마주 대하여서는	二位相對
만 리나 먼 천애에서 함께 계시네	萬里天涯
은혜받아 남쪽으로 향해 가면서	蒙恩南首
물 뿌리고 소제한 뒤 하직하누나	灑掃辭歸
나랏일은 갈수록 더 어려워지고	王業益艱
우리 도는 갈수록 더 위태롭지만	吾道逾危
민멸되지 않는 혼령 계시거니와	不泯者存
내가 어찌 다시금 또 슬퍼하겠나	我又何悲

희천(熙川)에 양현사(兩賢祠)가 있는데, 사문(斯文) 김중회(金重晦)[180] 씨가 방백으로 있을 적에 건립한 것이며 이율곡(李栗谷)이 지은 기(記)[181]가 벽에 걸려 있다. 대개 한훤 선생이 희천에 유배되어

179 못난……유배되었네 : 구봉 자신이 희천으로 유배 와 김굉필과 조광조의 사당에 제사 지낼 수 있게 되어 몹시 다행이라는 뜻이다. 장사(長沙)는 한 문제(漢文帝) 때 가의(賈誼)가 권신의 배척을 받아 장사왕(長沙王) 태부(太傅)로 좌천되어 귀양 간 곳인데, 후대에는 유배지를 가리키는 말로 쓰이게 되었다. 여기서는 희천을 가리킨다.

180 김중회(金重晦) : 김계휘(金繼輝, 1526~1582)로, 본관은 광산(光山), 자는 중회(重晦), 호는 황강이다. 김호(金鎬)의 아들이며, 사계(沙溪) 김장생(金長生)의 아버지이다. 김계휘는 1575년(선조8) 8월 1일 평안도 관찰사로 나갔다.

181 이율곡(李栗谷)이 지은 기(記) : 《율곡전서(栗谷全書)》 권13에 〈희천양현사기(熙川兩賢祠記)〉가 수록되어 있다.

왔을 적에 정암 선생이 유배지에서 수학한 것[182]을 추모하여 사당을 세운 것인데, 사당이 또 전란으로 인하여 황폐되었으니, 슬픈 일이다.

182 한훤……것 : 조광조가 부친인 조원강(趙元綱)을 따라가 어천(魚川)의 우관(郵館)에 머무른 적이 있었는데, 그때 김굉필이 희천에 유배 중이었으므로 조광조가 김굉필을 찾아가 수업하여 마침내 김굉필의 학통을 전함으로써 우리 동방의 도학의 연원이 되었다.

둘째 형님 묵암에 대한 제문[183]

祭仲兄默庵文

아아, 애통합니다. 형님께서 이미 돌아가셨단 말입니까. 이 동생은 형보다 7년 뒤에 태어났는데 품부받은 기가 치우치고 빈 탓에 형은 병이 나지 않았는데도 이 동생은 병이 났으며, 형은 쇠하지 않았는데도 이 동생은 쇠하였습니다. 이에 항상 태어난 것은 형보다 한참 뒤이나 죽는 것은 반드시 형보다 앞설 것이라고 여겼습니다. 그런데 어찌 오늘 형님이 저보다 먼저 돌아가실 줄을 알았겠습니까.

아, 애통합니다. 선부모(先父母)께서는 누린 햇수가 80하고도 남은 나이가 있었으며, 큰형님은 금년 나이가 76세인데도 잠자고 밥 먹는 것이 아직도 젊은 사람 같으므로 사람들이 모두 우리 집안을 가리켜 장수하는 집안이라고 합니다. 그런데 형님께서는 어찌하여 오늘 큰형님보다 지레 먼저 돌아가셨단 말입니까.

아, 애통합니다. 형님께서는 평소에 사려가 원대하고 식견이 뛰어나 시대의 치란에 대해서 말하면 항상 맞아떨어졌고 사람의 사생(死生)에 대해서 말하면 자주 적중하였습니다. 형님께서는 항상 자신은 오래 살 것이라고 하였으며 사람들이 모두 그 말을 믿었는데, 지금 어찌하여

183 둘째……제문 : 묵암(默庵)은 구봉의 둘째 형인 송부필(宋富弼)의 호이다. 송부필에 대한 자세한 이력은 미상이며 도력(道力)이 있었다는 정도만 알려져 있다. 1594년(선조27) 가을 구봉이 황해도 수안(遂安) 산중에 우거하고 있던 중에 묵암 송부필이 죽었다는 소식을 듣고 그때 지은 것이다.

유독 그 말만은 그렇지 않단 말입니까.

아, 애통합니다. 병화(兵火)가 해를 넘기도록 그치지 않아 온 집안이 화를 입기도 하고 독자인데도 죽음을 면하지 못하기도 하고 형제가 잇달아 죽기도 하였습니다. 그러나 우리 형제 네 늙은이들은 허연 머리로 도복을 입고 초연하게 보전하기를 마치 태평 시대의 사람같이 하였습니다. 이에 사람들이 모두 액운을 당하고 궁박한 가운데서도 축하해 주었습니다. 그런데 형님께서는 어찌하여 오늘 우리 형제들로 하여금 이런 경사를 잃게 하신단 말입니까.

아, 애통합니다. 이 동생은 환갑을 지낸 뒤부터는 가을이 다하고 겨울이 올 무렵에 기혈이 날이 갈수록 더욱더 미약해지고 질병이 날이 갈수록 더욱더 도져 홀연히 하루아침에 갑작스레 아침이슬처럼 먼저 스러질까 걱정되었습니다. 이에 가쁜 숨을 몰아쉬면서 눈이 쌓이고 얼음이 두껍게 언 가운데에서도 말을 몰아 달려가 나흘 만에 형님이 계시는 곳에 도착하였고, 열흘 동안 머무른 뒤에 이별하였습니다. 그런데 이별한 지 이레가 지난 뒤에 형님의 부음이 그날 도착하였으니, 그때의 그 이별이 영원한 이별이 되고 말았습니다.

정녕하게 귓전에 남아 있는 말은 내년 봄이 되면 함께 모여서 살자는 계획이었습니다. 기약하는 것은 어쩌면 그리도 주밀하였는데 등지는 것은 어쩌면 이리도 갑작스럽단 말입니까. 살아서는 어쩌면 그리도 서로 사랑하는 정이 깊었는데 죽은 뒤에는 어쩌면 이리도 서로 간에 잊어버리는 것이 빠르단 말입니까.

아, 애통합니다. 병든 몸으로 걱정과 두려움 속에 지내면서 아침저녁으로 죽음을 기다리고 있는 이 동생은 아직도 이 세상에 살아 있습니다. 그런데 장수하는 집안의 병들지 않았던 형님께서는 과연 저보다 먼저 돌아가셨단 말입니까. 형님의 선견지명은 과연 다른 사람에 대해 아는 것은 충분하였으면서도 자신에 대해 아는 데에는 부족하였단 말입니까. 네 노인네가 모두 살아 있는 경사는 과연 병화로 인해 위태로운 때에는 얻을 수 있었으면서도 웃음소리와 말소리가 편안한 때에는 잃어버린단 말입니까. 저는 그것을 믿을 수가 없습니다.

형님께서는 자기 자신을 위하는 것은 간략하게 하기를 좋아하셨습니다. 이 동생은 의복을 입을 때 반드시 절기에 맞추어 입었는데, 형님께서는 정도에 지나치다며 웃었습니다. 이 동생은 음식을 먹을 때 반드시 해롭거나 이로운 성질을 구분해서 먹었는데, 형님께서는 지나치게 가린다며 웃었습니다. 이 동생은 잠자리를 택할 때 반드시 편안하게 하고자 하였는데 형님께서는 편한 대로만 한다며 웃으셨습니다.

이 동생은 기거(起居)를 물을 때 반드시 제때에 맞추어서 하고자 하였는데, 형님께서는 태만함에 가깝다며 웃으셨습니다. 머리 빗고 목욕하고 세수하고 양치하느라 그때그때 굴신하였는데, 형님께서는 이 동생이 번거롭게 한다며 웃으셨습니다.

형님께서는 추울 때 옷을 입으면서도 감히 껴입지 않으셨으며, 거친 밥을 먹으면서도 반드시 배부르도록 먹었습니다. 일에 임해서는 근력을 다하는 것을 아까워하지 않으셨으며, 모임이 있을 경우에는 추위나 더위를 범하면서도 어기지 않으셨습니다. 하찮은 사람들을 대할 때도 반드시 그 정을 다하였으며, 어린 사람들의 질병에 대해서도 친히 의원을 찾아가 처방을 받게 했습니다.

그런데 형님께서는 끝내 부지런하고 간절하기만 한 검소한 덕을 가지고서도 백 년의 삶을 누리지 못한 채 돌아가시고 말았습니다. 하늘이 우리 집안 형제들의 수명에 대해서 치우치게 넉넉하게 주거나 모자라게 주었던 것은 아닙니다. 인사(人事)의 수고로움과 편안함에 대한 보답이 저절로 다르지 않을 수가 없었던 것입니다. 그것이 과연 미더운 것입니까?

이 동생은 박한 덕을 가지고 있는데도 구차하게 이 세상에 살아 있으며, 형님은 도타운 행실을 가지고 있는데도 먼저 하늘나라로 가셨습니다. 어찌 이런 이치가 있단 말입니까. 저는 그것을 또 믿을 수가 없습니다. 삶과 죽음의 길고 짧음을 어느 누가 이렇게 주장한단 말입니까. 아니면 끝없이 아득하여 알 수가 없는 가운데 잠시 세상에 머물다 떠나는 것입니까.

안자(顔子)는 나이 서른에 죽고 말았는데, 덕이 두텁지 않았던 것이 아니었습니다.[184] 소옹(邵翁)은 가끔은 밖으로 나가지 않을 때가 있었고 모임이 있어도 참석하지 않을 때가 있었으며, 작은 수레를 타고 가는 곳이 열두 곳의 행와(行窩)였습니다.[185] 그러니 스스로 삼가고 스스로 자중한 것이 어떻다고 하겠습니까. 그런데도 이에 자신을 깎고 자신을 덜어 낸 우리 형님과 더불어 똑같이 67년의 수를 누리면서 조금도 더하거나 덜한 바가 없습니다. 그런즉 섭생(攝生)의 깊고 얕음과

184 안자(顔子)는……아니었습니다 : 안자는 공자의 제자 안연(顔淵)이다. 덕행이 뛰어나 공자 문하의 수제자가 되었으나, 32세에 요절하자 공자는 하늘이 나를 버리는 것이라고 애통해하였다. 《論語 雍也》

185 소옹(邵翁)은……행와(行窩)였습니다 : 소옹이 낙양(洛陽)의 천진교(天津橋) 남쪽에 살면서 거실을 안락와(安樂窩)라 이름하고 안락선생(安樂先生)이라 자호하고는 가끔씩 자그마한 수레를 타고 외출하여 즐기곤 하였는데, 당시에 그를 존경하던 이들이 그를 초치(招致)하기 위해 각각 자기 집에다 안락와와 똑같은 모양의 집을 지어 놓고 그가 오기를 기다리면서 그 집을 행와(行窩)라고 불렀다. 《宋史 道學列傳 邵雍》

엉성하고 치밀함도 역시 논할 겨를이 없습니다.

아, 애통합니다. 우리 집안은 한미하고 미천하여 일마다 다 어렵고 힘겨웠습니다. 그런데 이 동생은 또 늦게 태어나 머리카락이 허연 아버지 밑에서 말을 배웠습니다. 더구나 또 저보다 더 늦게 태어난 막냇동생이 있는 데이겠습니까. 어루만져 기르면서 밥을 떠먹여 주는 부지런함은 차마 말할 수 없는 것이 있었습니다.

비록 그렇지만 형제들 모두가 다 장가들어서 아들도 있고 손자도 있어 줄을 지어 항렬을 이루어 부모의 앞에 서서 자리를 꽉 채웠습니다. 큰형님은 이미 머리가 다 세었는데도 오히려 혼정신성(昏定晨省)의 예를 직접 행하셨습니다. 아버지는 아버지답고 자식은 자식답고 형은 형답고 동생은 동생다운 낙은 실로 부귀한 집안에서 사람의 힘으로 능히 이르게 할 수 있는 바가 아니었습니다.

과일을 품에 안고[186] 콩잎을 먹으며[187] 날을 아끼고[188] 나무를 보고 울던[189] 해로부터 흙을 져 나르고[190] 잣나무를 부여잡으며[191] 이슬과 서

186 과일을 품에 안고 : 어린 나이에 부모에게 효성을 다하는 것을 말한다. 삼국 시대 때 사람인 육적(陸績)이 6세 때 구강(九江)에서 원술(袁術)을 만났는데 원술이 귤을 내놓았다. 육적이 귤 세 개를 품 안에 넣었는데, 떠날 때 절을 하다가 귤이 땅에 떨어졌다. 원술이 "손님으로 온 육랑이 품 안에 귤을 넣었단 말인가."라고 하니, 육적이 꿇어앉아 "돌아가 어머니께 드리려고 하였습니다."라고 하였다. 《三國志 吳書 陸績傳》

187 콩잎을 먹으며 : 먹을 것이 없어서 콩잎을 끓여 먹는 것으로, 가난한 삶을 살아가는 것을 말한다.

188 날을 아끼고 : 자식이 늙은 어버이를 봉양할 날이 얼마 남지 않은 것을 안타까워하며 하루하루를 아끼는 것을 말한다. 한(漢)나라 양웅(揚雄)의 《법언(法言)》〈효지(孝至)〉에 "오래 가질 수 없는 것은 어버이를 모시는 시간이므로 효자는 하루하루 날을 아낀다."라고 하였다.

리를 밟고[192] 육아(蓼莪)를 폐하는[193] 날에 이르기까지 우리 형제 네 사람은 옷깃을 나란히 하여 길을 가고 같은 이불을 덮고 자면서 기쁜 일이 있으면 함께 기뻐하고 걱정스러운 일이 있으면 함께 걱정하였으며 웃고 떠드는 것과 곡하고 눈물 흘리는 일에 대해서도 모두 그렇게 하지 않은 것이 없었습니다.

우애의 정은 곤궁할수록 더욱더 도타웠으며 늙을수록 더욱더 깊었습니다. 이에 항상 한집에 모두 모여 살면서 여생을 보내고자 하였습니

189 나무를 보고 울던 : 부모님을 생전에 제대로 모시지 못하고 돌아가신 뒤에 슬퍼하는 것을 말한다. 춘추 시대 때 공자가 길을 가는데 고어(皐魚)라는 사람이 나무를 안은 채 슬피 울고 있기에 까닭을 물으니 "나무는 고요하고자 하여도 바람이 그치지 않고 자식이 봉양하고 싶어도 어버이는 기다려 주지 않는다."라고 하고는 서서 울다가 말라 죽었다 한다.《韓詩外傳 第9》

190 흙을 져 나르고 : 부모님의 산소를 만들기 위해 직접 흙을 져 봉분을 만드는 것이다.

191 잣나무를 부여잡으며 : 어버이의 묘소 앞에서 정성을 다하면서 여묘살이를 하는 것을 말한다. 진(晉)나라 때 왕부(王裒)는 아버지의 무덤가에 여막을 짓고 아침저녁으로 절하고 잣나무를 붙잡고 슬피 울었는데, 잣나무가 눈물에 말라 죽었다고 한다.《晉書 孝友列傳 王裒》

192 이슬과 서리를 밟고 : 계절의 변화를 보고 돌아가신 부모를 그리는 서글픈 마음이 자신도 모르게 일어나는 것을 말한다.《예기(禮記)》〈제의(祭義)〉에 "서리와 이슬이 내리면 군자가 그것을 밟고 반드시 슬픈 마음이 들게 마련이니, 결코 추워서 그런 것이 아니다."라고 하였는데, 정현(鄭玄)은 이를 두고 "계절의 변화에 어버이 생각이 나서 그런 것이다."라고 해석하였다.

193 육아(蓼莪)를 폐하는 : 돌아가신 부모를 생각하며 슬퍼하는 것이다. 진나라 왕부가《시경》〈소아 육아(蓼莪)〉에 나오는 "슬프다 우리 부모, 나를 낳아 얼마나 고생하셨나.〔哀哀父母, 生我劬勞.〕"라는 대목을 읽을 때마다, 참형(斬刑)을 당한 아버지를 생각하며 눈물을 흘리곤 하였으므로 수업을 받던 문인들이 아예 이 〈육아〉를 생략하고 읽지 않았다.《晉書 孝友列傳 王裒》

다. 그러다가 갑작스럽게 간사한 자[194]가 화를 일으키는 바람에 각자 흩어져서 동쪽으로 가기도 하고 서쪽으로 가기도 하였습니다. 그 뒤에 잇달아서 왜적이 쳐들어와 삼도(三都)[195]가 함락되고 나라가 망하였는데, 중흥되는 것을 보기도 전에 형님이 또 먼저 돌아가셨으니, 더욱더 애통합니다.

막냇동생 한필(翰弼)이 늘그막에 비방을 불러온 것이 자못 심하였는데, 형님께서는 매번 저를 경계시키면서 말하기를,

"막내가 여러 형 가운데에서 오직 너만을 두려워하였다. 그런데 너는 막내의 재주를 사랑하여 엄하게 경책하지 않았다. 막내가 비방을 불러온 것은 실로 너에게서 말미암았다."

하였습니다. 지금에 와서 생각해 보니, 더욱더 비통하고 참담한 마음이 깊습니다. 옛날에 함께 기뻐한 것은 모두가 부모님의 남은 은택이었는데, 오늘날에 뿔뿔이 흩어지거나 죽게 된 것은 그 모두가 이 동생의 부덕 탓입니다.

아, 애통합니다. 형님께서는 자질이 본디 침착하고 고요해서 어려서부터 깊숙한 곳에 거처하기를 좋아하며 외물(外物)을 좇지 않았는데, 이는 성품이 그러하였습니다. 성동(成童)이 된 뒤에는 대궐 문 밖에 있던 산붕(山棚)[196]이 저절로 무너져 유관(遊觀)하던 자들 가운데 압사

194 간사한 자 : 당시에 구봉 집안을 송사하여 죄를 주고자 했던 안씨(安氏) 집안 사람들 및 이들과 결탁한 동인을 말한다.

195 삼도(三都) : 한양, 개성, 평양을 가리킨다.

196 산붕(山棚) : 가면극인 산대극(山臺劇), 즉 산대놀음을 하기 위해 큰길가나 빈터에 대(臺)를 높이 쌓아 만든 임시 무대를 말한다.

한 자가 아주 많았으므로, 부모님이 걱정하면서 여러 사람을 시켜 찾아오게 하였습니다. 그러자 형님께서는 깊은 방에서 나오면서 말하기를,

"제가 어찌 다른 사람들을 따라 놀러 다니는 놈이겠습니까."

하였습니다. 이에 모두들 대인(大人)의 기도(氣度)가 있다고 하였습니다.

매부는 왕손(王孫)입니다. 큰형님 이하가 자못 성색(聲色)을 좋아하는 습관이 있었습니다. 이 동생이 어렸을 적에 바른 도리를 끌어대면서 이를 그르다고 하였습니다. 그러자 오직 형님만이 저의 말을 믿어주면서 나이가 어리다고 해서 소홀히 여기지 않았습니다. 우리 집안 사람들이 성색을 경계로 삼은 것은 실로 형님으로부터 말미암았습니다.

형님께서는 무재(武才)가 절륜하였으나 독서에 방해된다는 이유로 포기하였습니다. 형님께서는 지나치게 옛날을 사모하지만은 않아 때에 맞추어 적절히 쓰는 재주가 있었습니다. 이에 형님에 대해서 깊이 아는 사람들 가운데에는 송나라의 한부(韓富)[197] 같다고 비유하는 사람도 있었습니다.

당시의 풍습이 서로 교유하는 것을 숭상하였는데도 형님께서는 실재(實在)가 없는 것이라고 하면서 그렇게 하는 것을 부끄러워하였습니다. 당시의 풍조가 이학(理學)을 숭상하였는데, 형님께서는 명예를 좇는 것이라고 하면서 거기에 종사하는 것을 부끄러워하였으며, 일찍이 말하기를,

"실지(實地)를 밟아 나가는 것이 바로 학문이다."

197 한부(韓富) : 송나라의 명상(名相)인 한기(韓琦)와 부필(富弼)을 가리킨다. 이들은 모두 뛰어난 치적을 남겨 후세에 어진 대신을 말할 때는 흔히 이들 두 사람을 나란히 칭하는 경우가 많았다.

하였습니다. 우리 집안에 병술년(1586, 선조19)의 화[198]가 일어나기 전에 저에게 사사로이 말하기를,

"천문(天文)을 보니 문성(文星)에 변고가 있는바, 화가 반드시 문(文)에서 일어나 많은 선비들이 치욕을 당할 것이다."

하였는데, 그 말이 과연 징험되었습니다. 무릇 한 집의 화가 아직 일어날 기미가 보이기도 전에 선견지명이 있어 이를 알아차렸는데도 능히 따르지 못한 것은 모두 제가 형편없이 못나서였습니다. 지금 와서 생각해 보니 목을 놓아 울면서 목숨을 끊고만 싶습니다.

아, 애통합니다. 형은 과연 이미 돌아가셨습니까? 사람치고 어느 누가 후사(後嗣)가 없겠습니까마는 형님만은 유독 후사가 없습니다. 사람치고 어느 누가 형이 없겠습니까마는 형님만은 유독 죽음에 임해서도 만나 보지 못하였습니다. 사람치고 어느 누가 동생이 없겠습니까마는 저는 신명을 저버린 죄를 지어서 병환이 났을 적에 고통을 나누지 못하였고, 곡을 할 때 시신에 기대지도 못하였으며, 하관(下棺)한 뒤에야 부음을 듣고서 병이 깊은 날에 상복을 입었습니다.

사람치고 어느 누가 죽지 않겠습니까마는 죽어서도 원통함을 머금기로는 다시 형님 같은 사람이 없습니다. 천 리 밖에서 흙을 덮으면서는 벗의 손에 의해서 장사 지내는 예가 이루어졌습니다. 외로이 살아남은 두 청상(靑孀)은 땅을 두드리고 하늘에 울부짖으니, 아, 어디로

198 병술년의 화 : 1586년 동인(東人)들의 충동으로 인해 순흥 안씨(順興安氏) 집안에서 "구봉의 조모(祖母)는 본래 안씨 집의 가비(家婢)이므로 구봉 집안의 사람들을 모두 천적(賤籍)으로 돌려보내야 한다."라고 송사(訟事)를 일으켜 1589년 구봉의 집안 사람들이 모두 안씨 집의 노비로 환속되자, 집안사람들이 모두 성명을 갈고 도피 생활을 한 것을 말한다.

돌아간단 말입니까. 아내를 남겨 놓고 딸을 남겨 놓음이 형님 같은 사람이 다시 누가 있겠습니까.

아, 애통합니다. 형님은 이미 돌아가셨습니다. 때는 큰 난리를 만난 때라서 나라 안이 황황합니다. 큰형님께서는 관서 지방에 자취를 부치고 있는데, 아들들이 봉양을 하지 못하고 있습니다. 막냇동생은 바다 동쪽에 유락해 있어서 소식이 오랫동안 끊겼습니다. 저는 현재 저새(猪塞)[199]의 첩첩산중에 몸을 부치고 있는데, 늙은이와 어린아이가 굶주리고 있습니다. 이에 장차 서로 잇달아서 구천(九泉)의 아래에서 형을 따를 것으로 역시 어찌 능히 이 세상에 오래 살아 있을 수가 있겠습니까. "죽은 뒤에도 지각이 있다면 헤어짐이 얼마나 되겠으며, 죽은 뒤에는 지각이 없다면 슬퍼하는 시간은 얼마 되지 않고 슬퍼하지 않을 날은 무궁할 것이다."[200]라는 것은 이를 두고 한 말입니다.

아, 애통합니다. 참으로 영원토록 썩어 없어지지 않는 이름이 있다면 죽는 것의 선후와 원근이 역시 무슨 상관이 있겠습니까. 참으로 영원토록 썩어 없어지지 않는 실재가 있다면, 이름이 전해지고 전해지지 않는 것과 남들이 알아주고 알아주지 않는 것이 또 무슨 상관이 있겠습니까. 그렇지만 지금 형님께서 돌아가시면 뒤를 이을 자손이

199 저새(猪塞) : 황해도 수안(遂安)의 별칭이다. 구봉은 희천(熙川)의 유배지에서 나온 뒤에 황해도 동북부 일대를 떠돌았다.

200 죽은 뒤에도……것이다 : 당(唐)나라의 대문장가인 한유(韓愈)가 조카 한성로(韓成老)의 죽음을 애도하여 지은 제문에 "모혈은 날로 더욱 쇠약해지고 지기는 날로 쇠미해지니 곧 너의 뒤를 따라 죽지 않겠느냐. 죽은 뒤에도 지각이 있다면 헤어짐이 얼마나 되겠으며, 죽은 뒤에는 지각이 없다면 슬퍼할 시간은 얼마 되지 않고 슬퍼하지 않을 날은 무궁할 것이다."라고 하였다. 《韓昌黎集 卷23 祭十二郎文》

없으며 붕우도 없으며 마음 자취를 알 만한 수업을 받은 후생도 없습니다. 온 세상을 돌아보매 눈물이 쏟아질 것 같습니다. 이미 전해지고 전해지지 않는 것과 알아주고 알아주지 않는 것이 무슨 상관이 있겠는가라고 말해 놓고서 또다시 하고 싶은 말을 그만두지 못하고 있습니다. 그러니 또한 슬픕니다.

아, 애통합니다. 형님께서는 이것을 아십니까, 모르십니까? 상향(尙饗).

소첩[201]에 대한 명 이하 명 2수이다.

梳貼銘 以下銘二首

머리 위에 끼어 있는 더러운 때는 頭上有垢
이미 모두 제거해도 도로 생기네 旣去還生
하루라도 제거하지 아니할 경우 一日或間
더러운 때 다시 끼기 시작한다네 濁穢其萌
새벽 일찍 일어나서 빗질을 하면 曉起千梳
눈과 마음 양쪽이 다 밝아지누나 目與心明

201 소첩(梳貼) : 빗접이라고 하는 것으로, 머리 손질에 필요한 빗, 빗솔, 빗치개 따위를 넣어 두는 화장구(化粧具)이다.

필갑에 대한 명

筆匣銘

배 부분이 야트막해 쉽사리 차고	腹淺易盈
주둥이는 툭 트여서 숨김이 없네	口闊無隱
겉을 보면 네모나고 속은 바르니	外方內廉
군자인 자 가까이할 바인 것이네	君子所近

큰형수 최씨에 대한 애사 이하 애사 1수이다.

伯嫂崔氏哀辭 以下哀辭一首

머리를 숙이고서 당 위에 올라가　俛首上堂
훈계의 말씀을 잘 들으셨습니다　聽訓誡兮
공경히 하면서 어기지를 않은 지　恭且不違
그동안에 삼십여 년이었습니다　三十有歲
머리의 장식을 단정하게 하고서　被祁兮
쑥을 뜯고 마름을 뜯으셨습니다[202]　采蘩采蘋
목욕재계하고 제사 주관하신 게　齋沐尸之
몇 번의 가을과 봄이었습니까[203]　幾秋幾春
태평한 시절 만나 보리도 많고 기장도 많으매　丁太平多麥與黍兮
예법 잘 지켜 며느리 되고 어머니 되었습니다　儀無虧爲婦爲母
우리의 큰형님이신 그분께서는　我伯氏兮

202 머리의……뜯으셨습니다 : 구봉의 큰형수가 제사를 지낼 적에 공경을 다하였다는 뜻이다. 《시경》 〈소남(召南) 채빈(采蘋)〉에 "이에 마름을 뜯음이여, 남쪽 시냇가에서 하도다.〔于以采蘋, 南澗之濱.〕"라고 하였으며, 〈채번〉에 "이에 쑥을 뜯음이여, 연못가에서 하도다.〔于以采蘩, 于沼于沚.〕"라고 하였으며, 또 "머리 장식을 공경히 함이여, 밤낮으로 공소에 있도다. 머리 장식을 차분히 함이여, 잠깐 사이에 돌아가도다.〔被之僮僮, 夙夜在公. 被之祁祁, 薄言還歸.〕"라고 하였다.

203 목욕재계하고……봄이었습니까 : 큰형수가 여러 해 동안 조상 제사를 잘 받들었다는 뜻이다. 《시경》 〈소남 채빈〉에 "맛 좋은 나물을 사당에 차리는데, 이 일을 누가 주관하는고? 공경스러운 계녀로다.〔于以奠之, 宗室牖下. 誰其尸之? 有齊季女.〕"라고 하였다.

머리가 세어서도 예 좋아했습니다	白首好禮
날마다 사당에 나아가 절하시매	日拜廟兮
형은 형답고 동생은 동생다웠습니다	兄兄弟弟
저 구봉산 아래의 양지 바른 곳에	龜之陽兮
꽃들 정히 아름답게 피었을 때면	花正開
술잔에 술을 가득 부어 채우고서	酒盈觴兮
갔다가는 또다시 오곤 하였습니다	去復來
단서를 짓기를 집에서부터 하려고 하심이여[204]	擬造端之自家兮
겉으로는 질박했으나 안으로는 화락했습니다	外若簡而內以和
〈규목〉의 시[205]를 읊조림이여	詠樛木兮
은혜가 고루고루 퍼졌습니다	恩均
헛됨이나 구차함이 없게 함이여	無虛苟兮
천진에다 모두를 다 맡겼습니다	任天眞
조상들 추모하고 아랫사람들 보살핌이여	篤追遠而字下兮
한두 집에서 흠모해 서로 간에 교화되었습니다	一二家慕而相化
저 간사한 자가 술수를 부려 화를 끼침이여	彼憸人兮嫁禍

204 단서를……하심이여 : 가정을 이루어서 부부간의 도리를 잘 지켰다는 뜻이다. 《중용장구》 제12장에 "군자의 도는 부부에게서 단서를 짓는데 그 지극함에 이르러서는 천지에 드러난다.〔君子之道, 造端乎夫婦, 及其至也, 察乎天地.〕"라고 하였다.

205 규목(樛木)의 시 : 큰형수가 투기하지 않고 첩실을 잘 거느린 것을 뜻한다. 《시경》 〈주남(周南) 규목〉에 "남산에 아래로 굽은 나무가 있으니, 칡넝쿨이 얽혔도다. 화락한 군자여, 복록이 편안하네.〔南有樛木, 葛藟纍之. 樂只君子, 福履綏之.〕"라고 하였는데, 문왕(文王)의 후비(后妃)가 투기하지 않고 여러 후궁이 그 덕을 즐거워하는 것을 칭송한 시라고 한다.

집안 먼저 위태롭게 되고 나라 망하였습니다	家先危而國破
산속에 살며 궁궁이를 부름이여	山呼芎兮
우물에는 오솔길 나 있었습니다[206]	井有徑
길을 가다 꺼꾸러져 넘어짐이여	行跋躓兮
그 자취가 아주 위태로웠습니다	迹舭硊
제비가 숲에다가 둥지를 틂이여[207]	燕巢林兮
금옥에 온통 피가 뿌려졌습니다	血濺金玉
풀뿌리를 캐어 끼니를 때움이여	草爲食兮
숲속에서 잠을 자곤 하였습니다	木頭宿
큰아들이 죽어 왜적의 주변에 파묻음이여	瘞長子於賊邊兮
통곡 소리 삼키고서 서쪽으로 돌아갔습니다	哭呑聲而西旋
좋은 만남 뒤에 달이 몇 번 둥글어졌음이여	踏良席兮月幾彀
한번 만난 데에서 영결하고 말았습니다	成永訣於一遘
전에 형수께서 말을 돌려 문으로 들어옴이여	昔嫂氏之返馬入門兮
저는 실로 정중우의 은혜와 예가 깊었습니다[208]	余實深仲虞之恩

206 산속에……있었습니다 : 큰형수가 도피 생활을 하는 중에 산중에서 고생한 것을 형용한 말인 듯하다.

207 제비가……틂이여 : 임진왜란이 일어나 인가가 다 없어진 것을 말한다. 《자치통감(資治通鑑)》 권124 〈송기(宋紀) 태조문황제(太祖文皇帝)〉에 "참혹한 난리를 겪어서 인가가 없으므로 봄 제비가 둥지를 틀 곳이 없어 숲속 나무에 집을 지었다."라고 하였다.

208 형수께서……깊었습니다 : 큰형수가 구봉 집안으로 시집온 뒤에 구봉이 큰형수를 섬김에 은혜와 예를 다하였다는 뜻이다. 말을 돌린다는 것은 고대에 혼인을 치를 때 행하던 예로, 혼인식을 뜻한다. 정중우(鄭仲虞)는 한(漢)나라 때 청렴하기로 이름이 높았던 정균(鄭均)으로, 중우는 그의 자이다. 그는 형수를 잘 섬기기로 이름이 높았다. 《舊唐書 藝文志》

나이는 비록 한창려 어렸을 때는 지났지만[209] 年雖逾昌黎之齔兮
예는 마원이 쓴 관 미처 쓰지 못하였습니다[210] 禮未戴馬援之冠
늘그막에 남관의 눈을 밟을 줄 알았겠습니까[211] 誰知晩踏藍關之白雪兮
나를 가리키며 아이를 쓰다듬는 날을 만났습니다[212] 還見指余撫兒之日
집안 이루어 너를 부르려 했건만 못하고는[213] 未遂成家相致汝之志兮

209 나이는……지났지만 : 큰형수가 시집왔을 때 구봉의 나이가 여덟 살은 넘었다는 뜻이다. 한유(韓愈)가 형수를 위해 지은 제문에 "어려서 알지 못하였으나 나를 길러 준 것은 형이며, 죽다 살아난 것은 실로 형수의 은혜이다. 내가 여덟 살이 되기 일 년 전에 형이 서울로 가서 벼슬살이하였다."라고 하였다. 《韓昌黎集 卷23 祭鄭夫人文》

210 예는……못하였습니다 : 큰형수가 시집왔을 때 구봉이 관례를 치르기 전이어서 형수를 볼 적에 관을 쓰고 뵙지 못하였다는 뜻이다. 마원은 후한의 용장으로, 형수를 공경히 섬겨서 형수를 볼 때마다 반드시 관을 쓰고서 뵈었다고 한다. 《舊唐書 禮儀志》

211 늘그막에……알았겠습니까 : 구봉의 큰형님이 이곳저곳으로 떠돌게 되었다는 뜻이다. 남관(藍關)은 중국 섬서성(陝西省) 남전현(藍田縣)에 있는 남전관(藍田關)을 말한다. 한유의 조카 한상(韓湘)이 술법으로 모란을 피웠는데, 그 꽃잎에 작은 금자(金字)로 "구름은 진령에 비꼈는데 집은 어디 있는가? 눈이 남관을 둘러싸고 있어 말이 가지 못하누나.〔雲橫秦嶺家何在? 雪擁藍關馬不前.〕"라고 적혀 있었다. 한유가 그 시의 뜻을 이해하지 못하였는데, 그 뒤 한유가 좌천되어 조주(潮州)로 가다가 남관에 이르러 큰 눈을 만나고서 남관으로 귀양 가서 고생할 것을 예고하는 시임을 깨달았다. 《唐名家詩 韓愈 左遷至藍關示侄孫湘》

212 나를……만났습니다 : 구봉의 큰형님이 죽는 날을 만나게 되었다는 뜻이다. 한유가 그의 조카 한노성(韓老成)이 죽어서 지은 제문에 "나에게는 세 형님이 있었는데 모두 불행하게도 일찍 죽고 말았다. 선인의 뒤를 이은 자로는 손자로는 너만 있고 아들로는 나만 있다. 두 세대에 한 사람씩만 있어 형체와 그림자가 외로우므로 형수가 항상 너를 쓰다듬고 나를 가리키면서 말하기를 '한씨의 두 세대에 오직 이들뿐이구나.'라고 하였다."라고 하였다. 《韓昌黎集 卷23 祭十二郎文祭文》

213 집안……못하고는 : 구봉이 살 곳을 정하고서 큰형님의 식솔을 데리고 와 함께 살지 못하였다는 뜻이다. 한유가 조카를 위해 지은 제문에 "너를 위해 오래도록 도모하

멀리서 공급처럼 자리 만들어 곡할 뿐입니다[214]	遠效孔伋拜哭之位
한 줌의 흙을 덮어 낯선 산에 파묻음이여	一杯土兮他山
비록 의탁할 곳이 없는 슬픔 있긴 하지만	雖有靡托之悲
앞으로 전쟁 끝나고 도로 통한 뒤에는	干戈定道路通
어찌 다시금 반장할 기약이 없겠습니까	豈無返葬之期

기로는 서쪽으로 돌아감만 못하였다. 이에 장차 집안을 이루고서 너를 불러오려고 하였는데, 아, 어찌 네가 나보다 먼저 죽을 줄을 알았겠는가."라고 하였다.《韓昌黎集 卷23 祭十二郎文祭文》

214 멀리서……뿐입니다 : 구봉이 형수의 상에 달려가지 못하고 멀리서 곡하는 자리를 만들어 놓고 곡하였다는 뜻이다. 공급(孔伋)은 공자의 손자인 자사(子思)를 말한다. 자사는 형수를 공경으로 섬겨 곡을 할 때에는 따로 자리를 만들어 놓고 곡하였다고 한다.《舊唐書 禮儀志》

구봉집

제4권

현승편 상
玄繩編 上

현승편[1] 상 玄繩編上

어떤 데에는 〈변론서척(辨論書尺)〉으로 되어 있다.

현승편 서문

玄繩編序

내가 우계(牛溪) 성혼(成渾), 율곡(栗谷) 이이(李珥)와 아주 친하게 지냈는데, 지금은 모두 세상을 떠나고 나만 홀로 살아남아 있으니, 앞으로 얼마나 더 살다가 그들을 따라서 죽을 것인가. 나의 못난 아들

1 현승편(玄繩編) : 구봉이 여러 우인과 주고받은 편지를 모아 놓은 것으로, 앞부분에 구봉이 1599년(선조32)에 지은 〈자서(自序)〉가 있으며, 상, 하 두 권으로 이루어져 있다. 상권에는 성혼, 이이, 정철(鄭澈), 허우(許雨), 민순(閔純), 김장생(金長生) 등과 주고받은 편지 29편이 실려 있고, 하권에는 성혼, 이이 외에 이산보(李山甫), 조헌(趙憲) 등과 주고받은 편지 32편이 실려 있다. 주요 내용은 예설(禮說)과 성리학적(性理學的) 논제(論題)로부터 서로의 저작에 대한 비평과 단순한 근황 및 시사에 이르기까지 다양하다. 현승(玄繩)에 대해서는 구봉의 호라는 설이 있으며, 현(玄)은 현묘(玄妙)를 뜻하고 승(繩)은 준칙(準則)을 뜻한다는 설도 있다. 현승은 남조(南朝) 양(梁)나라 오균(吳均)의 〈등수양팔공산(登壽陽八公山)〉에 나오는 "요승으로 현묘함과 은미함을 묶고, 금검으로 기이한 편을 봉한다.〔瑤繩盡玄秘, 金檢上奇篇.〕"라고 한 구절에서 따온 듯하다. 이 시로 인해 후대에 요승이나 금검이 문고(文藁)에 대한 미칭(美稱)을 뜻하는 말이 되었는바, 현묘하고 아름답고 귀중한 글을 모아놓은 편을 말하는 듯하다.

취대(就大)[2]가 일찍이 병화(兵火)로 인해 흩어지고 없어진 나머지에서 두 벗의 서척(書尺) 및 내가 답한 사고(私稿)와 잡록(雜錄) 몇 편을 수습하여 나에게 보여 주었다. 이에 드디어 이를 합해 권질을 만들어 내가 죽기 전에 보고서 느끼는 자료로 삼는 동시에 장차 우리 집안에 전하고자 한다.

만력(萬曆) 기해년(1599, 선조32) 중춘(仲春)에 송익필은 쓴다.

2 취대(就大) : 구봉의 둘째 아들로 측실 소생이다. 자세한 이력은 미상이며, 그의 딸 성옥(成玉)이 허균(許筠)의 첩실이었다.

숙헌의 편지에 답하는 별지

答叔獻書別紙

〔율곡의 물음〕

북계 진씨(北溪陳氏)가 말하기를 "어떤 하나의 사물이 와서 붙었을 때 안에 있으면서 주재하는 것은 심(心)이고, 동하여 나오는 것이 기뻐하거나 노여워하는 것은 정(情)이다. 그리고 속에 어떤 하나의 물건이 있어서 능히 동하여 나오게 하는 것은 성(性)이며, 운용하는 것을 잘 헤아려서 사람을 기쁘게 하거나 노여워하게 하는 것은 의(意)이다."라고 하였습니다.[3]

〔구봉의 답〕

무릇 기뻐하거나 노여워하는 것이 마땅한데 동하여 나오는 것이 기뻐하거나 노여워하는 것은 정(情)입니다. 기뻐하거나 노여워하는 것이 마땅하지 않은데 동하여 나오는 것이 기뻐하거나 노여워하는 것도 정입니다. 마땅하여서 나오는 것은 선(善)이며, 마땅하지 않은데도 나오는 것은 불선(不善)입니다. 그러므로 선과 불선이 모두 정입니다. 참으로 마땅한 데에서 반드시 발하고 마땅하지 않은 데에서 반드시 발하지 않는다면, 모두가 마땅하게 되어서 마땅하지 않음이 없게 될 것이니, 의(意)를 운용하는 뜻이 어디에 있겠습니까. 나오는 것에 마땅함과

3 북계……하였습니다 : 북계 진씨는 송(宋)나라의 학자 진순(陳淳)으로, 호가 북계이다. 복건성(福建省) 장주부(漳州府) 용계현(龍溪縣) 사람으로, 주희의 문인이다. 저서에 《어맹대학중용구의(語孟大學中庸口義)》, 《북계자의(北溪字義)》, 《북계대전집(北溪大全集)》이 있다. 이 말은 《북계자의》 〈의(意)〉에 나온다.

마땅하지 않음이 있으므로, 운용하는 것에 능히 마땅하지 않은 것으로 하여금 마땅하게 하는 공이 있는 것입니다.

〔율곡의 물음〕

주자(朱子)가 말하기를 "사람의 정은 발하기는 쉽고 억제하기는 어렵다.〔人情易發而難制〕"라고 하고, 정명도(程明道)가 말하기를 "사람이 능히 노여울 때에도 갑자기 그 노여움을 잊을 수가 있으니, 역시 외물의 유혹은 두려워할 것이 없음을 잘 알 수가 있다.〔人能於怒時 遽忘其怒 亦可見外誘之不足畏〕"라고 하였습니다.[4]

〔구봉의 답〕

정(情)이 단지 선(善)한 데에서 발하고 불선(不善)한 데에서 발하지 않는다면, 주자가 말한 억제하기 어렵다는 경계와 명도가 말한 외물의 유혹에 대한 두려움은 무엇을 가리켜 말한 것이겠습니까? 무릇 심(心)은 적감(寂感)[5]을 포함하고 동정(動靜)[6]을 관통하는바, 포함하고 관통

4 정명도(程明道)가……하였습니다 : 정명도는 정호(程顥)를 가리킨다. 정호가 말하기를 "무릇 사람의 정 가운데 발하기는 쉽고 억제하기는 어려운 것은 오직 노여움이 가장 심하다. 다만 능히 노여울 때에 갑자기 그 노여움을 잊고서 이치의 옳고 바름을 본다면, 역시 외물의 유혹쯤은 두려워할 것이 없음을 알 수 있을 것이다. 이렇게 되면 도에 이르는 것이 역시 절반은 이른 것이다.〔夫人之情, 易發而難制者, 唯怒爲甚. 第能于怒時, 遽忘其怒, 而觀理之是非, 亦可見外誘之不足惡, 而于道亦思過半矣.〕"라고 하였다. 《宋元學案 卷13 明道上》

5 적감(寂感) : 적연부동(寂然不動)과 감이수통(感而遂通)을 말한다. 적연부동은 고요히 아무 움직임이 없는 천지 운화(運化)의 신묘(神妙)함을 본체상에서 형용한 말이고, 감이수통은 감응하여 모든 이치에 통함을 현상 면에서 형용한 말이다. 《주역》 〈계사전 상(繫辭傳上)〉에 "역은 생각이 없고 하는 것도 없어 적막하게 움직이지 않다가,

하는 것이 이미 그 바름을 얻었으면 감응하고 동하는 것이 어찌 불선함을 얻겠습니까. 그러므로 정에 선함과 불선함이 있는 것은 심이 바르거나 바르지 않은 때이고, 정에 불선함이 없는 것은 심이 이미 바르게 된 뒤입니다. 발하여서 모두 절도에 맞으면 정에 불선함이 없게 되는 것입니다.

〔율곡의 물음〕

주자가 말하기를 "성인은 기(氣)가 맑아서 마음이 바르다. 그러므로 성(性)이 온전하여 정(情)이 어지럽지 않을 뿐이다. 배우는 자는 마땅히 마음을 보존하여 성을 기르고 그 정을 조절하여야 한다.〔聖人氣淸而心正 故性全而情不亂耳 學者當存心以養性 而節其情也〕"라고 하였습니다.

〔구봉의 답〕

이른바 성인의 정(情)이 어지럽지 않다고 하는 것은 모두 선(善)하다

느낌이 있을 때는 마침내 천하의 일을 통한다.〔易, 无思也, 无爲也, 寂然不動, 感而遂通天下之故.〕"라고 한 데서 온 말이다. 송대에 와서 성리학자들의 중요한 이론이 되었는데, 그 선구인 주돈이(周敦頤)가 《통서(通書)》에서 이와 같이 말하였다.

6 동정(動靜) : 우주의 근원적 실체를 운동과 정지라는 측면에서 규정한 말이다. 변동(變動), 이동(移動), 운동(運動) 등을 동이라 하고, 정지(停止), 불변(不變), 정지(靜止) 등을 정이라 한다. 동과 정은 본래 별개의 것이 아니라 하나의 진리에 대한 양면의 관점이다. 다만 그 진리를 체(體)와 용(用)으로 구별하여 볼 때 그 체를 정이라 하고, 그 용을 동이라 한다. 체용과 동정 등은 하나의 진리를 양면으로 말한 것이다. 염계(濂溪) 주돈이(周敦頤)의 《태극도설(太極圖說)》에 "무극이면서 태극이니, 태극이 동하여 양을 낳고 동이 극에 달하면 정해지며 정하여 음을 낳고 정이 극에 달하면 다시 동한다.〔無極而太極. 太極動而生陽, 動極而靜, 靜而生陰, 靜極復動.〕"라고 하였다.

는 것입니다. 그리고 이른바 배우는 자가 그 정을 조절해야 한다고 하는 것은 혹시라도 불선함이 있다는 것입니다. 모두 선할 수가 없으므로 성인이 어지럽지 않은 것을 귀하게 여긴 것입니다. 그리고 가끔은 불선함이 있으므로 배우는 자가 잘 조절하도록 가르친 것입니다.

〔율곡의 물음〕

혹자가 정자에게 묻기를 "성은 선하고 정은 불선한 것입니까?〔性善而情不善乎〕"라고 하자, 정자가 답하기를 "정은 성이 동한 것이다. 요컨대 바른 데로 돌아갈 뿐이니 어찌 불선하다고 이름할 수 있겠는가.〔情者 性之動也 要歸於正而已 亦何得以不善名之〕"라고 하였습니다.

〔구봉의 답〕

이른바 "어찌 불선(不善)하다고 이름할 수 있겠는가."라고 한 것은 전적으로 불선하다고 말해서는 안 된다는 것입니다. 성명(性命)의 바른 것에 바탕을 둔 것은 참으로 불선한 것이 없고, 형기(形氣)의 사사로운 데에 바탕을 둔 것도 어찌 능히 모두 선할 수 있겠습니까. 오직 총명과 예지를 지닌 자만이 정(情)에 불선함이 없어서 능히 그 성(性)을 다할 수 있는 것입니다. 그 이하 사람들의 경우에는 선도 있고 불선도 있는 법입니다.

○ 이미 선유(先儒)의 설을 거론하였으나, 자기의 뜻을 가지고 그 뜻을 밝혀 보고 또다시 자기의 설을 가지고서 거듭해서 말해 보겠습니다.

무릇 아직 동(動)하지 않은 것이 바로 성(性)이고 이미 동한 것이 바로 정(情)이며 아직 동하지 않은 것과 이미 동한 것을 포함하는 것이 심(心)입니다. 심은 성과 정을 통괄하는 것입니다. 물〔水〕을 가지고 비유해 보면, 심은 물과 같습니다. 성은 물이 고요한 것이고 정은 물이 동하는 것입니다. 사단(四端)은 그 흐름을 하나하나 거론한 것이고, 칠정(七情)은 그 물결을 아울러 말한 것입니다.

물은 흐름이 없을 수가 없으며 또한 물결도 없을 수가 없습니다. 물결이 평지를 만나서 그 물결이 잔잔하게 흐르는 것은 물결이 그 바름을 얻어서이고, 물결이 모래와 돌을 만나서 그 물결이 거세게 흐르는 것은 물결이 그 바름을 얻지 못해서입니다. 비록 그렇지만 어찌 잔잔하게 흐르는 것에 대해서는 물결이라고 하면서 거세게 흐르는 것에 대해서는 물결이라고 하지 않을 수 있겠습니까. 그러므로 말하기를 "정에는 선과 불선이 있다."라고 한 것입니다.

무릇 평지를 만나서 잔잔하게 흐르는 물결을 끌어다가 모래와 돌에 부딪쳐서 흐르게 하는 것은 의(意)입니다. 모래와 돌에 부딪쳐서 거세게 흐르는 물결을 끌어다가 다시 평지에서 잔잔하게 흐르게 하는 것도 의(意)입니다. 이 때문에 성인의 정은 모래와 돌에 부딪쳐서 거세게 흐르는 때가 없습니다.

안자(顔子)의 정(情)은 비록 혹 거세게 흐르더라도 석 달이 지난 뒤에는 능히 거세게 흐르던 물결로 하여금 잔잔하게 흐르게 할 수가 있습니다. 상인(常人)의 정은 한 번 거세게 흐르다가 한 번 잔잔하게 흘러서 거세게 흐르게 할 수도 있고 잔잔하게 흐르게 할 수도 있습니다. 도척(盜蹠)의 정은 이미 모래와 돌에 부딪쳐 흐르는 것을 또다시 모래와 돌로 끌어다가 거세게 흐르게 한 것이어서 잠깐 사이도 잔잔하게 흐르게 할 수가 없습니다.

사단의 흐름은 혹시라도 멈추는 때가 없습니다. 그런즉 정에는 불선함이 없다고 한 것은 사단만을 끄집어내어 말한 것이고, 정에는 선과 불선이 있다고 한 것은 칠정을 통틀어서 말한 것입니다.

또 숙헌에게 답하는 편지

又答叔獻書

오형(吾兄)께서는 저의 설에 대해 모두 옳다고 하면서도 다만 불선(不善)은 전적으로 정(情)이라고 하셨는데, 저의 생각으로는 아마도 그렇지 않은 듯합니다. 주자가 말하기를 "불선을 하는 것은 정이 사물에 옮겨져서 그런 것이다.〔爲不善 情之遷於物而然也〕"라고 하였습니다.[7]

대개 발하여서 절도에 맞지 않은 것은 참으로 불선이라고 할 수가 있습니다. 그러나 불선을 하는 것이라고는 할 수가 없습니다. 정(情)이 발하는 것이 혹 불선이더라도 불선을 하는 데에 이르러서는 의(意)가 어찌 운용하는 효과가 없겠습니까. 이 때문에 주자가 먼저 사물상에서 베풀어진 것이 현저히 드러나서 이미 불선하게 된 것을 거론하면서 말하기를 "이것은 그 처음이다."라고 하였습니다.

"정이 사물에 옮겨져서 그런 것이다.〔情之遷於物而然也〕"라고 한 곳에서의 연(然) 자는 불선을 하는 것입니다. 정이 사물에 옮겨지면 이미 이것은 불선을 하는 것입니다. 그런즉 또 어찌 이연(而然)이라는 두 글자를 다시금 놓고서 천물(遷物)의 위에다가 똑같이 거듭된 뜻을 가하여 불선이라고 할 필요가 있겠습니까.

7 주자가……하였습니다 : 주희가 말하기를 "도리어 이 심의 본체는 본디 불선함이 없는데, 불선으로 흐르는 것은 정이 사물에 옮겨져서 그런 것이다.〔却是心之本體, 本無不善, 其流爲不善者, 情之遷於物而然也.〕"라고 하였다.《朱子語類 卷5 性理2 性情心意等名義》

사물에 옮겨지는 것은 정(情)입니다. 발해서 절도에 맞지 않을 때를 가리켜 불선을 하는 것이라고 한 것은 의(意)입니다. 운용된 이후를 가리켜 말하였으므로 "사물에 옮겨진 것은 정이다."라고 한 것입니다. 불선을 하는 것은 의입니다.

형은 또 이르기를 "성(性)은 물〔水〕의 근원이다."라고 하였는데, 이 말 역시 미진합니다. 형의 뜻은 어찌 "심(心)은 성과 정을 통괄하는바, 안으로 향하는 것은 성이고, 밖으로 향하는 것은 정이다."라고 여겨서 물의 근원을 가지고 성을 비유한 것이 아니겠습니까.

다만 이미 이(理)가 사람의 몸 위에 붙어 있는 것으로 논하고 나서 또다시 성(性)을 근원으로 삼을 경우 "당초에 상천(上天)으로부터 명한 것이다."라고 한 것과는 어그러져서 희로애락이 발하기 전이라는 비유에는 합하지 않을 듯합니다. 주자가 말하기를 "성은 물이 고요한 것과 같고, 정은 물이 흐르는 것과 같다.〔性猶水之靜 情猶水之流〕"라고 하였는데, 이것은 흠잡을 데가 없습니다. 삼가 답장을 보냅니다.

숙헌에게 주는 편지의 별지

與叔獻書別紙

채옹(蔡邕)이 지은 곽임종(郭林宗)의 비문(碑文)[8]으로 보면, 곽임종의 수(壽)는 겨우 42세였습니다. 그가 태어난 것은 순제(順帝) 영건(永建) 3년(128) 무진이며, 그가 졸한 것은 영제(靈帝) 건녕(建寧) 2년(169) 기유입니다. 《자치통감강목(資治通鑑綱目)》을 보면, 황헌(黃憲)[9]이 졸한 것은 안제(安帝) 연광(延光) 원년(122) 임술로 기록되어 있은즉, 황헌이 죽고 7년 뒤에 곽임종이 비로소 태어났습니다. 그러니 어찌 미처 태어나기도 전에 성대하게 칭찬하고 찬미하는 말을 할 수가 있겠습니까.

채옹은 당시의 사람들 가운데 도(道)가 있는 자들을 하나하나 거론

8 채옹(蔡邕)이……비문(碑文) : 채옹은 동한(東漢)의 문학가이자 서예가로, 자는 백개(伯喈)이다. 어려서부터 문학, 음악, 서예에 정통했다. 전서와 예서에 뛰어났는데, 구조가 엄정하고 기상이 화통하다는 평을 받았다. 작품으로는 〈곽태비(郭泰碑)〉가 전한다. 곽임종은 후한(後漢) 때의 명현(名賢)인 곽태(郭太)로, 임종은 그의 자이다. 학문과 덕망이 뛰어나 당대의 존경을 받았다. 42세로 죽었을 때 그의 친구들이 비석을 세웠는데, 그 비문을 채옹이 지었다. 채옹이 비문을 짓고 노식(盧植)에게 말하기를 "내가 이제까지 많은 사람들의 비명을 지었으나 모두 부끄러운 점이 있다. 그렇지만 곽태의 비문에 대해서만은 사실대로 지어 부끄러움이 없다."라고 하였다. 후대에는 채옹이 지은 〈곽태비〉가 비문을 짓는 전범이 되었다. 《後漢書 郭太列傳》

9 황헌(黃憲) : 동한 사람으로, 자는 숙도(叔度)이다. 어릴 때부터 뛰어난 자질을 가지고 있었으므로 곽태가 칭찬하기를 "숙도는 질펀히 드넓기가 마치 천 이랑 물결의 저수지와 같아서 맑게 한다고 해서 맑아지지 않고 흐리게 한다고 해서 흐려지지 않으니, 헤아릴 수 없다."라고 하였다. 《後漢書 黃憲列傳》

하면서 그 탄생과 죽음에 대해서 아주 상세하게 말하고 그들이 오래 살지 못한 것을 탄식하였습니다. 그런즉 이것은 자못 이해하지 못하겠습니다. 만약 황헌이 졸한 해를 사관(史官)이 앞에서 잘못 기록하였다면, 황헌이 당고(黨錮)의 일[10]에 대해서 한마디도 언급하지 않은 것도 이해할 수가 없습니다. 사서의 기록이 대부분 이와 같으니, 탄식할 만합니다.

10 당고(黨錮)의 일 : 동한 말기에 환관들이 이응(李膺), 범방(范滂) 등 수백 명을 당파를 짓는 사람들이라고 중상하여 모두 벼슬에 있지 못하도록 금고하여 내쫓거나 죽인 것을 말한다.

숙헌에게 답하는 편지의 별지
答叔獻別紙

〔율곡이 보내온 편지〕[11]

무더위에 흙비까지 겹쳐 사람도 기운이 펀치 못합니다. 그대 생각이 바야흐로 간절하던 차에 정이 듬뿍 담긴 서한을 받고서 도황(道況)[12]이 평안하고 여유롭다는 것을 알았는바, 그 무엇이 이보다 더 큰 위안이 되겠습니까.

저도 기운이 조금은 소생되었습니다. 대사간에 제수되기 전에 진정(陳情)하는 짤막한 상소를 올려, 경솔히 나아가 헛된 녹을 먹을 수 없는 의리를 말하고, 또 물러가게 해 주기를 청했는데, 그 상소가 상께 올라가기도 전에 대사간에 제수하고서 불렀기에, 더욱 황공스러움만 더할 뿐이었습니다. 그 상소의 결과를 보아 진퇴를 결정하려던 중에, 상소가 올라가자 상께서 즉시 대사간의 직을 체차하라고 명하셨으므로 제가 다시 사직할 필요가 없게 되었습니다.

이제부터는 분분하게 벼슬에 제수되는 것을 면하고서 유유자적하려는 저의 뜻을 이룰 수 있게 되었으니, 이것은 몹시 다행스러운 일입니다. 다만 유유자적하는 가운데에도 공부하는 일만은 촌음도

11 율곡이 보내온 편지 : 이이(李珥)가 무인년(1578, 선조11) 6월 17일에 보낸 것으로, 《율곡전서(栗谷全書)》 권11에 〈답송운장(答宋雲長)〉으로 수록되어 있다.

12 도황(道況) : 서간문에서 도학(道學)을 공부하는 상대방의 건강 상태를 물을 적에 쓰는 상투어로, 도리(道履)와 같은 말이다.

아끼지 않을 수 없습니다. 이에 대해서는 형이 이끌어 주고 일깨워 주어, 헛되이 야인(野人) 생활을 하는 데 그치지 않도록 해 줄 것으로 믿고 있습니다.

서쪽으로 돌아가고 싶은 생각을 막을 수 없는 데다가 집안사람이 질병을 피해 나가 흩어져 있어서, 더욱더 급히 가서 구호하지 않을 수 없습니다. 그러므로 20일경에 서쪽으로 길을 나설 참입니다. 다만 나라의 은혜를 갚을 길이 없으니, 이 점이 마음에 걸립니다.

보내온 별지에서 말씀하신 것은, 과연 백개(伯喈)[13]의 비문(碑文)과 같다면 《자치통감강목》이 잘못된 것입니다. 다만 《자치통감강목》은 주자의 손을 거쳤는데, 주자 같은 박학(博學)으로 어찌 이 비문을 보지 못했단 말입니까. 또한 이 비문은 양한(兩漢)의 문장을 닮지 않고 자못 진송(晉宋)[14] 사이의 부려(浮麗)한 글 같은 점이 있으니, 이 또한 괴이한 일입니다. 천천히 다시 상고해 볼까 합니다.

서로 만나는 것은 한참 뒤에나 가능할 것이니, 그 전까지 몸조심 잘하기를 기원드립니다. 호원(浩原)도 별 탈 없이 잘 지내고 있습니다. 채옹의 비문은 어느 책에 나오는지 꼭 알고 싶습니다.

6월 17일 이(珥)는 올립니다.

13 백개(伯喈) : 동한(東漢)의 학자인 채옹(蔡邕)의 자이다.

14 진송(晉宋) : 육조(六朝) 시대의 동진(東晉)과 유송(劉宋)을 가리킨다. 이 시대에는 노장학파(老壯學派)는 물론 선비들 사이에 청담(淸談)이라 하여 세속을 초월한 맑고 고상한 이론을 논하는 풍조(風潮)가 성행하였으며, 문체가 부화(浮華)한 데로 흘렀다.

〔구봉이 답하는 편지〕

존형께서는 《자치통감강목》이 주자의 손을 거쳤다는 이유로 다 믿고 싶어 하였는데, 아마도 그렇지 않은 듯합니다. 《자치통감강목》을 지으면서 범례와 규모를 다른 사람에게 맡겨서 만들었으므로 주자가 미처 살펴보지 못한 곳이 아주 많습니다. 또 비문이 백개가 지은 것이 아닌 듯하다고 하는 것도 근거가 없는 말입니다. 동한(東漢) 문장의 체례(體例)는 대부분 이와 같으니, 역시 경솔하게 단정해서는 안 됩니다.

후대 사람이 만약 채옹이 지은 것에 따라서 비문을 짓고자 할 경우에는 그 연차(年次)를 의당 사서(史書)를 널리 참조해서 조금도 차이가 없게 하여 후세 사람들이 의심하는 일이 없도록 해야 할 것입니다. 그러니 의심스러운 것은 의심스러운 대로 놓아두고 후세에 잘 아는 자가 밝히도록 하는 것이 어떻겠습니까?

우계와 율곡의 편지 뒤에 적은 글
記牛溪栗谷書後

〔우계가 보내온 편지〕

삼가 근래에 학리(學履)가 정양(靜養)하는 중에 평안하십니까? 우러르면서 그리워하는 마음을 이루 다 말할 수가 없습니다. 지난번에 어군(魚君)[15]이 방문하였을 적에 보내 주신 수찰(手札)을 받아 보았으며, 겸하여 송화(松花)로 만든 다식(茶食)도 잘 받았습니다.

그 뒤에 또 율곡이 보내온 편지를 받았는데, 편지를 펼쳐 거듭 읽어 보노라니, 그리움에 달려가고픈 마음이 더욱더 심해졌습니다. 다만 아드님의 건강이 좋지 않아서 도성 안으로 들어가 보살피고 있다는 것을 알았습니다. 걱정스러운 생각과 객지살이의 나머지에 기거가 어떠하신지 모르겠습니다. 우러러 염려가 되고 염려가 됩니다.

요즈음 들어 겨울 날씨가 따사로운데, 질병과 걱정 속에서도 모두 편안할 것으로 생각됩니다. 이미 시골집으로 돌아오셨습니까? 저는 헤어진 뒤로 한결같이 사모하는 마음만 더하는 것이, 거의 새로이 사귄 벗을 그리워하는 것과 같습니다.

이에 속히 안부를 묻는 편지 한 통을 보내고자 하였으나, 촌중에서 고슴도치 털처럼 많은 일이 생겨나는 바람에 그럴 틈이 없었습니다. 그러던 차에 보내 주신 편지를 받고 나서 비로소 도성 안으로

15 어군(魚君) : 《율곡집》과 《구봉집》에 나오는 어언휴(魚彦休)를 가리키는 듯하나, 분명치는 않다.

들어갔다는 것을 알았는데, 정릉(貞陵)의 옛 마을로는 편지를 전해 줄 만한 인편이 없었습니다. 이 때문에 시일만 질질 끌면서 편지를 보내지 못하였으니, 부끄러우면서도 한스럽기가 그지없습니다.

도굴(道窟)의 일[16]은 보내오신 편지의 내용을 자세히 살펴보니, 기일이 너무 멀어서 계획이 혹 지연되지나 않을까 걱정스럽습니다. 삼가 옛사람을 살펴보면 비록 대현(大賢)의 자질을 가지고 있더라도 반드시 스승과 벗이 옆에서 도와주어야 했습니다. 그런데 하물며 학문이 부족한 후학들의 경우이겠습니까.

폐질(廢疾)을 앓고 있는 저 같은 자는 종일토록 혼몽한 탓에, 곤궁하고 외로운 가운데에서 의기가 소침해지고 뜻이 저상되는 것이 날이 갈수록 더욱더 심합니다. 그런데 간혹 당대의 현자와 준걸 들을 만나 보면 개연히 확립할 뜻이 생겨서 며칠 동안은 학문의 기미(氣味)가 다소 두터워지는 것을 느낍니다. 이 어찌 제가 스스로 만들어 낸 것이겠습니까. 강론(講論)의 유익함을 따지기 전에 본원을 부지하여 확립하는 공부가 더욱 중요합니다.

현형(賢兄)은 자품이 고명하고 뛰어나서 홀로 도달할 수가 있어 남의 도움이 필요 없을 것입니다. 그러나 도체(道體)란 것은 한쪽으로 치우치기 쉽고 사람의 견해는 무궁무진한 법입니다. 그러니 어찌 남에게 의지할 필요가 조금도 없다고 말할 수 있겠습니까. 지난번에 숙헌(叔獻)과 더불어 이러한 뜻을 서로 말해 보니, 숙헌 또한 송연해

16 도굴(道窟)의 일 : 도굴은 경기도 파주시 법원읍 웅담리에 있는 지명인데, 구봉이 일찍이 이곳에 집을 짓고 살면서 이이(李珥)와 성혼(成渾) 및 제자들과 함께 학문을 토론하는 장소로 삼고자 하였다.

하였습니다.

만일 도굴의 집이 이루어지거든 현형이 그 가운데에서 패(牌)를 걸어 놓고 불자(拂子)를 잡고서[17] 후생들과 함께 학문을 익히신다면, 교학상장(敎學相長)하는 유익함을 실제로 체험할 수 있을 것입니다. 그럴 경우 멀리 깊은 산 속으로 들어가 고라니와 사슴이 뛰어노는 마을에서 행적을 감추는 것과는 득실이 비교도 안 될 것입니다.

삼가 차질이 없도록 미리 계획을 정하여 선대의 고향에 서실(書室)을 건축해서 다른 곳으로 옮겨 가지 않을 계책을 세우시기 바랍니다. 그렇게 한 뒤에야 도굴 또한 이룰 수 있을 것입니다. 보내온 편지에 "이 일의 결과를 보아 떠나거나 머물 계책을 삼겠다."라고 하였는데, 선후가 뒤집힌 말인 듯합니다. 몹시 걱정스럽고 걱정스럽습니다.

도굴은 역시 호상(湖湘)의 땅이 아니기는 합니다.[18] 그러나 숙헌이 때때로 와서 참여하고 사방의 선비들 중에 또한 마땅히 찾아오는 자들이 있을 것입니다. 저는 말석에서 형을 모시면서 삼가 문답하는

17 패(牌)를……잡고서 : 패는 패자(牌子)로 고시(告示)할 때에 사용하는 게시판의 일종이며, 불자는 먼지떨이로 도사나 승려 들이 설법을 하고 한담(閑談)할 때에 파리를 쫓거나 먼지를 터는 데 사용하는 기구이다. 곧 서당을 열어 제자들을 가르치는 것을 이른다.

18 도굴은……합니다 : 도굴이 금방 갈 수 있는 아주 가까운 지역은 아니라는 뜻이다. 호상의 호(湖)는 동정호(洞庭湖)이고 상(湘)은 상강(湘江)으로, 모두 중국의 남쪽 지방에 서로 가까이 있는 지역인데, 송나라 때 주희가 상주(湘州)에 가서 남헌(南軒) 장식(張栻)과 만나 몇 달에 걸쳐 학문을 토의하기도 하고 같이 남악(南嶽) 형산(衡山)에 오르기도 하였다. 이로 인하여 후대에는 서로 뜻이 맞는 사람들이 학문을 논하는 장소라는 뜻으로 쓰이기도 하였다.

사람 가운데 하나가 될 것이니, 이 어찌 저에게 큰 다행이 아니겠습니까. 저의 뜻을 깊이 헤아려 주신다면 몹시 다행이고 다행이겠습니다.

좋은 송홧가루를 보내 주신 것에 대해서는 감사한 마음 그지없습니다. 근래에 《본초(本草)》를 보니 "송홧가루는 모으기가 어렵고 오래 걸린다."라는 말이 있었습니다. 이것은 본래의 약성(藥性)을 조금 잃어버릴까 걱정됩니다. 여러 해 동안 이를 복용하여 그 약성에 대해서 잘 아실 것이니, 다시금 가르침을 주시기 바랍니다.

토사자(菟絲子) 석 되를 보냅니다. 한 되 반은 새로 채취하였고, 나머지 작은 포대에 들어 있는 것은 지난해에 채취하였는데, 잘 보관하였으니 손상되지 않았을 것입니다. 한번 복용해 보시기 바랍니다. 이만 줄입니다.

병자년(1576, 선조9) 10월 21일 혼(渾)은 절하고 올립니다. 병으로 인해 간신히 써서 올리니, 몹시 송구합니다.

〔율곡이 보내온 편지〕

삼가 시후(侍候)가 어떠하신지요? 그립고 그립습니다. 저는 말미를 받아 파주(坡州)에 왔는데, 기한이 아주 촉박한 탓에 지나는 길에 만나 뵈려 하였지만 그렇게 할 수 없게 되어 참으로 한스럽습니다. 미록(麋鹿)[19]이 굴레를 썼으니 얼마 동안이나 참아 낼 수 있을지 모르겠습니다.

웅담(熊潭)의 일[20]은 꼭 한번 방숙(方叔)[21]을 만나 세밀하게 의논

19 미록(麋鹿) : 자신을 야인(野人)으로 자처하는 겸사로 쓰는 말이다.

20 웅담(熊潭)의 일 : 도굴(道窟)의 일과 같은 말로, 경기도 파주시 법원읍 웅담리에 집을 짓기 위해 집터를 마련하는 일을 말한다.

해 보려고 하였는데, 아직까지 만나지 못하여, 묘유(卯酉)[22]로 인해 여가가 없음을 알 수 있습니다. 이와 같이 하면서 세월을 헛되이 보내고 만다면 끝내 무슨 일을 이룰 수 있겠습니까.

2일 호원(浩原)과 저녁에 만나 밤새워 이야기를 나누려고 합니다. 그대가 만약 건강한 사람이라면 혹 저의 집으로 올 수도 있을 것인데 추위를 무릅쓰고 올 수 없으니, 어찌하겠습니까. 한탄스럽고 한탄스럽습니다.

11월 29일 이(珥)는 절하고 올립니다.

〔율곡이 보내온 편지〕

어공(魚公)[23]이 오는 편에 보내 주신 편지를 받아 펴 보니, 기쁘기 한량없어 마치 그대의 모습을 직접 대하는 듯합니다. 다만 살펴보매 조황(調況)[24]이 아직도 건강을 회복하지 못하였다니, 또한 지극히 염려가 됩니다.

21 방숙(方叔) : 심의겸(沈義謙, 1535~1587)으로, 본관은 청송(青松), 자는 방숙(方叔), 호는 손암(巽菴)·간암(艮菴)·황재(黃齋)이다. 이황(李滉)의 문인이다. 벼슬이 대사헌에 이르렀고, 세습으로 청양군(青陽君)에 피봉되었다. 효성이 지극하고 검소하였으며, 외척으로 있으면서도 권세를 함부로 부리지 않았다. 김효원(金孝元)과 대립하여 동서 분당(東西分黨)의 중심인물로서 서인(西人)의 중망(重望)을 받았다. 나주(羅州)의 월정서원(月井書院)에 제향되었다.

22 묘유(卯酉) : 관청에 출근하여 직무에 종사하는 것을 말한다. 옛날에 관리들이 묘시(卯時)에 출사하여 유시(酉時)에 퇴근하였다.

23 어공(魚公) : 어언휴(魚彦休)를 가리킨다. 자세한 이력은 미상이다.

24 조황(調況) : 병이 들어 몸조리를 하는 근황으로, 서간문에서 병을 치료하고 있는 상대방을 칭하는 투식어이다.

저는 손님이 자주 오는 바람에 호원을 초대하지 못하고, 어제 그의 집에 가서 자고 오늘 비로소 돌아왔습니다. 웅담의 일이 만약 이루어진다면 그 다행함을 어찌 이루 다 말할 수 있겠습니까. 마땅히 방숙을 만나서 의논할 것인데, 만약 그의 허락을 얻는다면 집을 짓는 비용을 저도 약간 보탤까 합니다.

그리고 보내온 편지에 말한 진퇴의 의리는 바로 제가 평소에 강구하던 바입니다. 그러니 어찌 감히 공경히 명심하지 않겠습니까. 다만 제 생각에는 오래 있거나 빨리 그만두는 데에는 의리가 있는바, 벼슬자리를 탐내서도 안 되지만 성급하게 물러나서도 안 된다고 봅니다. 이 일은 말로는 다 할 수가 없습니다.

12월 3일 이(珥)는 절하고 올립니다.

〔우계가 보내온 편지〕

16일 인편(人便)이 돌아오는 길에 삼가 보내 주신 편지를 받고 무사히 남촌(南村)에 도착하였다는 것을 알게 되매, 몹시 위로가 되고 위로가 됩니다. 다만 눈보라가 몰아치는 가운데 집으로 돌아가셨는데, 기미(氣味)가 어떠한지 모르겠는바, 그리운 마음이 참으로 깊습니다.

산중에서 사흘 동안의 만남은 저를 비루하게 여기지 않는 은혜를 깊이 입었습니다. 그리고 가르쳐 주신 말씀을 받아 아직 듣지 못했던 것을 듣고, 저 자신의 병통을 살피고 다른 사람의 선을 관찰하였으니, 혼모하고 몽매한 저를 개발해 준 것이 커서 몹시 다행스럽고 다행스럽습니다. 이제 또다시 펼쳐서 읽으매 지난 40년의 잘못을 깨닫는다는 말[25]이 있으니, 사람으로 하여금 더욱 개연하게 합니다.

다만 한스러운 것은, 이치를 보는 데에 정견(定見)이 적고 몸을 공경히 하는 데에 정숙(整肅)함이 부족한 탓에 쟁변하는 말이 일어나 희롱하는 말이 많고 공손함이 부족하여 온화함과 공경함을 잃는 것입니다. 이는 모두 주인이 못났기 때문이니, 절하며 사죄하고 사죄합니다.

도굴(道窟)의 전지(田地)를 바꾸겠다는 말씀을 들으니, 기쁘고 반가운 마음 가눌 수 없습니다. 지금까지 결정하지 못했던 의론이 이제 결정되었다고 이를 만합니다. 즉시 심군(沈君)에게 편지를 보내어 이러한 뜻을 전할까 합니다.

비록 그렇지만 깨끗하고 소탈하신 현형(賢兄)께서는 항상 세상을 초월하여 홀로 서려는 뜻이 있어, 정신이 천석(泉石)으로 달려가고 마음속에 충동이 일어납니다. 그리고 또 이해(利害)가 엇갈릴 경우 계책을 말할 때는 여러 갈래로 하는 의혹이 있습니다. 그런즉 비루한 이 사람은 아직도 말씀을 너무 쉽게 하시는 것이 염려가 됩니다. 절대로 뒤로 물러나거나 되돌리지 마시기를 간절히 바라고 또 바랍니다.

저는 전원에 누워 지낸 지 40년이 되어 농가의 일을 자세히 알고 있는바, 농사꾼들의 작태를 가지고 한번 말씀드려 보겠습니다. 농사꾼이 머슴살이하며 일할 때에는 정성스러운 마음을 쏟지 않고 부지런히 힘을 다하지 않은 채, 사람들을 따라 일하는 시늉만 내면서

25 지난……말 : 춘추 시대 위(衛)나라 대부 거백옥(蘧伯玉)이 항상 지난날의 잘못을 반성하였는데, 《회남자(淮南子)》〈원도훈(原道訓)〉에 "거백옥은 나이 50이 되어 49년 동안의 잘못을 깨달았다."라고 하였다.

그럭저럭 한 해를 마치면서 보낼 뿐입니다. 그러다가도 분가(分家)하여 자기 집안일을 하게 되면 새벽 일찍 일어나는데 그 모습이 아주 기뻐하는 듯하고, 밭을 바라보고 달려가는데 그 발걸음이 몹시 서두르는 듯합니다. 이에 마음속의 뜻은 사지(四肢)에 도달하고 몸 밖의 일은 부지런함 덕분에 잘 이루어져서, 마을 사람들이 그를 만나면 모두 그가 예전의 머슴살이하던 농사꾼이 아님을 알게 됩니다.

무릇 이것을 본 뒤에야 사람들이 자신을 위해서는 실제를 힘써서 참다운 마음이 서고 참다운 공부가 행해짐을 알 수 있었습니다. 아, 오늘날 군자들이 학문하는 것을 보면, 모두가 대가(大家)의 머슴살이하는 농사꾼입니다. 저는 농사일을 자세히 알므로 겉모습만 바라보고서도 능히 그것을 알 수가 있습니다. 어떻게 생각하십니까?

이 말은 비루하고 속되어서 올릴 만한 것이 못 됩니다. 그러나 김희원(金希元)[26]으로 하여금 이것을 알게 하지 않을 수 없으며, 비단 김희원만 알게 할 뿐만 아니라 김희원의 선생도 마땅히 알아야 할 것입니다. 저 같은 자는 삼가 스스로 말하였고 스스로 알고 있습니다. 그러니 어찌 서로 더불어 권면하지 않을 수 있겠습니까.

도굴의 도둑은 걱정할 것이 못 됩니다. 군자가 살면 어찌 누추하겠습니까. 도둑은 일정한 거처가 없으며 교하(交河)에도 도둑이 많

26 김희원(金希元) : 김장생(金長生, 1548~1631)으로, 본관은 광산(光山), 자는 희원, 호는 사계(沙溪)이며, 조선 후기 예학(禮學)의 대표적 인물이다. 구봉과 이이(李珥)의 문하에서 학문을 배웠다. 여러 차례 관직에 제수되었으나 대부분 사양하고 나가지 않았으며 고향인 연산(連山)에서 학문과 교육에 힘썼다. 1627년(인조5) 정묘호란이 일어나자 양호 호소사(兩湖號召使)에 임명되어 호남과 호서의 의병을 모집하는 일에 나서기도 하였다.

다 하니, 도둑은 군자가 걱정할 바가 아닙니다. 이후로는 어떻게 소식을 전해야 할지 모르겠습니다. 편지를 대하매 가물가물해집니다. 이만 줄입니다.

정축년(1577, 선조10) 중춘(仲春) 18일 혼(渾)은 절하고 올립니다. 정신이 혼미한 가운데 대충 써서 올립니다. 송구합니다.

〔우계가 보내온 편지〕

근래에 찬 바람이 뼛속에 스며드는바, 병든 사람은 전혀 견뎌 낼 수가 없습니다. 이러한 때에는 우러러 형을 그리는 마음이 더욱더 가슴속에 간절합니다. 모르겠습니다만 섭양(攝養)하는 중에 기거가 어떠하신지요? 이별을 한 뒤에 안부를 듣지 못하였기에 더욱더 그리운 마음을 견디지 못하겠습니다.

헤어진 뒤로 날마다 어언휴(魚彦休)가 돌아가는 길에 들러 주기를 기다리면서 미리 편지를 써서 책상머리에 놓아두고 있었는데, 괴이하게도 오랫동안 오지 않았습니다. 지금 들으니 그가 이미 지나갔다고 하는바, 부끄러우면서도 한탄스러운 마음이 깊습니다. 전에 써 놓았던 저의 편지를 동봉해 보냅니다. 그리고 질문을 한 어군(魚君)의 편지 한 통도 아울러 전해 주신다면 몹시 다행이겠습니다.

도굴의 전지를 바꾸는 일에 대해 방숙(方叔)에게 물어보니 허락한다는 내용으로 답해 왔습니다만, 편지 가운데 또 "내가 일찍이 그 땅에 집을 지은 적이 있다."라는 말이 있습니다. 이것이 비록 빈말이기는 하지만 우리들의 마음이 흔들리기를 깊이 바라서 한 말인 듯합니다. 그러니 천천히 결정이 나기를 기다려도 늦지 않을 것입니다.

그리고 모르겠습니다만 안협(安峽)[27]의 산천은 살 만한 곳인지요? 비루한 이 사람의 졸렬한 계책으로 매번 생각해 보면 인생의 태반을 헛되이 보냈으니 앞으로 남은 날이 얼마나 되겠습니까. 그러니 오직 급급히 몇 칸의 초가집을 장만하여 살면서 서가(書架) 하나에 책을 가득 꽂아 놓고, 그 가운데에서 실컷 탐독하여 한 가지 도리를 대강이나마 엿보는 것이 마땅합니다.

이것은 지극히 절실하고 지극히 소중한 일입니다. 그러니 어찌 도로를 분주히 오가면서 토지를 구하고 집을 사느라 남은 인생을 허비하는 것이 합당하겠습니까. 만약 그리한다면 비록 맑은 시냇물과 흰 바위가 문 앞에 둘러 있다고 하더라도 몸과 마음을 수양하고 도덕을 쌓는 데에 무슨 유익함이 있겠습니까.

세월이 물 흐르듯 흘러 어느덧 노쇠해지고 또 그로 인하여 갑작스럽게 죽게 되어, 일생을 부질없이 저버리는 자가 많습니다. 형께서는 부디 숙헌처럼 앞으로의 계획을 쉽게 말하지 마시기 바랍니다.

전일에 있었던 산중의 모임은 노둔하여 막힌 저의 바람에 크게 위로가 되었습니다. 다만 갑작스럽게 헤어지게 되어 맑은 기쁨이 짧았던 것이 한스럽습니다. 형이 보내 준 편지를 펼쳐서 읽노라니 "40년간의 잘못을 깨닫게 되었다."라는 말이 있었는데, 이 말은 사람으로 하여금 깊은 느낌이 들게 하여 한밤중에 일어나서 저도 모르게 개탄하였습니다. 노형께서도 이 말을 잊지 마시기 바랍니다. 심부름꾼을 시켜 이 편지를 올리는바, 삼가 평안하다는 소식을 보내오기를

27 안협(安峽) : 현재 강원도 이천군(伊川郡) 안협읍(安峽邑)으로, 예전에는 임진강의 뱃길이 이곳까지 이어져 있어 파주에서 배를 타고 갈 수 있었다. 구봉이 일찍이 이곳에 자리 잡고 살 계획을 한 적이 있었다.

기대합니다. 이만 줄입니다.

정축년(1577, 선조10) 중춘 17일 혼(渾)은 절하고 올립니다. 기운이 허하고 손상됨이 날로 더하여 마치 임신부같이 땀을 줄줄 흘리고 있으니, 불쌍하기만 합니다.

〔율곡이 보내온 편지〕

삼가 요즈음 도황(道況)이 어떠하신지요? 그립고 그립습니다. 일전에 노복이 오는 편에 편지 두 통을 받고는 멀리서 그리던 마음이 몹시 위로가 되었습니다.

저는 처첩이 질병을 피해 산중으로 옮겨 가서 사는 바람에 가옥이 무너지고 허술해졌는데, 부인이 두려움이 많으므로 그냥 놓아두고 파주로 돌아갈 수가 없습니다. 반드시 신축 중인 집이 대충 완성되어 처첩으로 하여금 들어가 거처할 수 있게 한 뒤에야 돌아갈 수 있을 것입니다. 돌아가는 날짜가 7월 말경이 될 터이니, 서로 만나기가 요원할 것 같아 생각하매 창망하기만 합니다.

조카들이 귀하께 가서 배운다고 하니 제대로 배울 곳을 찾았다고 하겠습니다. 다만 그놈들을 가르치느라 애쓰실 것이 염려됩니다.

안협(安峽)은 계곡과 산이 참으로 사랑스럽고 전토(田土)도 기름져서 은거할 만한 곳입니다. 일이 이루어지고 이루어지지 않는 것은 힘이 어떠하냐에 달려 있을 뿐입니다. 어군(魚君)은 이미 돌아왔습니까? 이 사람이 거주지를 정한다면 형의 일도 이루어질 것입니다.

저는 애당초 이사할 계획이 없었습니다만, 형제들이 마땅히 파주에 모여야 하는데 사람은 많고 식량은 적으므로 농막을 만들어 몇 달간의 양식을 보탤까 합니다. 형이 만약 거주지를 정한다면 저도 두어 칸 집을 지어 서로 종유하는 장소로 삼을 계획입니다.

계응(季鷹)[28]의 편지를 보매 이사할 의사가 없으니, 한탄스럽습니다. 살 곳을 정하는 일은 모름지기 자신이 해야 합니다. 어군이 만약 돌아오면 삼가 같이 가서 다시 보고 조속히 결정하는 것이 어떻겠습니까? 계응에게 보내는 답장은 마침 인편이 바쁘니, 뒤의 인편을 기다려서 보내야 하겠습니다.

정축년(1577, 선조10) 4월 19일 이(珥)는 올립니다.

〔구봉이 편지 뒤에 쓴 글〕

도굴(道窟)은 바로 파주의 웅담(熊潭)이다. 수석(水石)이 맑거나 시원하지 않으며, 토전(土田)도 비옥하지 않아 이곳은 포기하였다. 그러고는 숙헌과 더불어 다시금 안협의 우미(于糜)에 집터를 잡고 살기로 하였는데, 그보다 먼저 구산(龜山)의 선영 아래에 서실(書室)을 지었다. 그 뒤에 안협에도 집을 지어 이사해 살지 못하였다.

처음에 구산이 바닷가 지역이라 바람이 많이 부는 탓에 병든 사람이 살기에는 적당치 않았으므로, 산수가 좋은 곳에 터를 잡고 살려고 운곡(雲谷)과 병암(屛巖)과 상원(上院) 등지에 10여 곳을 점찍어 두었다. 그러나 물력이 달리고 또 몸에 병이 들어서 끝내는 어느 한 곳도 이루지를 못하였다.

28 계응(季膺) : 구봉의 동생인 송한필(宋翰弼)의 자이다. 송사련(宋祀連)의 4남 1녀 중 막내이다. 생애에 대해서 알 길이 없지만, 구봉과 함께 선조 때의 성리학자, 문장가로 이름이 있었다. 이이는 성리(性理)의 학을 토론할 만한 사람이 이 세상에서 구봉 형제뿐이라고 하였다. 박인로(朴仁老), 조호인(曺好仁), 박준민(朴俊民) 등과 교유하였다. 시 32수와 잡저(雜著)가 《구봉집(龜峯集)》에 부록으로 실려 있다.

숙헌에게 답하는 편지
答叔獻書

〔율곡이 보내온 편지〕

화석정(花石亭)[29]에서 가졌던 좋은 모임은 아득하기가 꿈만 같아, 추억에 잠겨 생각해 보니 창망하기만 합니다. 전번에 심중오(沈仲悟)[30]를 통해 편지를 받고 깊이 위로되었기에 감사드립니다.

요즈음은 도황(道況)이 어떠하신지요? 전일의 모임에서는 연이어 외객(外客)이 찾아와 강론이 진지하지 못하였으니, 한스럽고 한스럽습니다. 저는 볼일이 있어 서호(西湖)에 갔다가 마침 임금의 은명(恩命)을 받아 이조 참의에 임명되었는바, 진퇴가 낭패여서 답답하기만 합니다.

출처(出處)의 의리로 헤아려 본다면 당연히 물러나 돌아가는 것이 합당함을 다시 어찌 의심하겠습니까. 다만 근래에 사세가 날로 잘못되어 가는바, 사림(士林)이 무너지고 국세(國勢)가 위태로움이 오늘날 같은 때가 없습니다.

29 화석정(花石亭) : 경기도 파주시 파평면(坡平面) 율곡리의 임진강 변에 위치한 정자로, 이이(李珥)의 선조인 이명신(李明晨)이 세우고 이이 때에 이르러 중수하였다.

30 심중오(沈仲悟) : 심경(沈憬, 1556~1616)으로, 중오는 그의 자이다. 본관은 청송(青松)이며, 이이의 문인이다. 어려서 부모를 여의고 작은아버지인 병조 판서 심충겸(沈忠謙) 밑에서 성리학 연구에 몰두하였다. 광해군 때 폐비론(廢妃論)이 일어나자 대사헌 한찬남(韓纘男)에게 이 사실을 폭로하였다가 하옥되어 경성(鏡城)에 안치된 지 1년 만에 죽었다.

저 같은 사람은 나라의 두터운 은혜를 받았으니, 마땅히 몸을 잊어버리고서 나라에 목숨을 바쳐야 할 듯합니다. 친구들 가운데에도 이것으로 저를 힐책하는 이가 많은데, 이 또한 일리가 있는 것 같습니다. 모르겠습니다만 그대의 생각에는 어떠한지요? 깊이 생각하여 회답해 주기를 간절히 바라고 바랍니다.

국세가 오늘날보다 한 단계만 더 내려갈 경우에는, 장차 목숨을 버리고 어려움에 달려 나가는 일이 있을 것입니다. 이미 패망한 뒤에 목숨을 버리는 것보다는 차라리 패망하기 전에 미리 구제하는 것이 더 좋을 것입니다.

오늘날의 상황은 저와 함께 계림정자(桂林亭子)에서 이별하던 때와는 너무나도 그 사정이 같지 않으므로 자못 통곡하면서 눈물을 흘리게 됩니다.

10월 13일 이(琠)는 절하고 올립니다. 노복에게 식량을 가지고 가게 하였습니다.

〔구봉이 답하는 편지〕

삼가 멀리서 보내 주신 편지를 받아 보았는데, 백성을 사랑하고 나라를 위해 목숨을 바치려는 뜻이 말 밖으로 넘쳐흘렀는바, 저도 모르는 사이에 길게 탄식하였습니다. 형께서는 일찌감치 과거 시험에 응하여 미처 진퇴를 결정하지 못한 즈음에 관작이 이미 높아졌고 의리는 이미 깊어졌습니다. 그러니 나아가고 물러나는 도리가 초야에서 일어나 도로써 자중하는 자와는 혹 같지 않을 듯합니다.

참으로 능히 시사(時事)에 보탬이 되어서 국맥(國脈)을 늘리고 사림을 부추겨, 당장 죽을 것만 같은 처지에 빠진 백성들을 구해 낼 수 있다면, 형이 아무리 머리가 세어서 홍진을 무릅쓰기를 영무자(甯武子)같이 어리석게 하더라도[31] 역시 부끄러울 바가 없을 것입니다. 다만 모르겠습니다만 위로 임금의 신임을 받지 못하고 아래로 자신을 도와주는 사람이 없으면서도 능히 정책을 펴 나간 자가 있었습니까?

오늘날에 조정에 나가는 것은, 일이 있어서 부르면 나아가서 일을 한다는 의리[32]입니다. 능히 그 일을 해낼 만하면 나가도 됩니다. 그러나 일을 제대로 해낼 수 없는데도 부른다고 하여 달려 나가는 것은, 하찮은 백성도 그렇게는 하지 않습니다.

삼가 가벼이 움직이지 말아 자신의 의리를 온전히 하여, 말세 세상에서 시위소찬(尸位素餐)하는 자들로 하여금 부끄러운 마음이 들게 하시기 바랍니다. 그렇게 하는 것도 임금의 은혜에 보답하는 한 가지 의리입니다. 회린(悔吝)이 동(動)하는 데에서 생기지 말도록 하고,[33] 우물

31 영무자(甯武子)같이 어리석게 하더라도 : 영무자는 춘추 시대 위(衛)나라 대부(大夫)로, 이름은 유(兪)이다. 문공(文公)이 나라를 다스릴 때에는 도가 제대로 행해져서 두각을 나타내지 못하였으나, 성공(成公)이 무도하여 나라를 잃을 지경에 이르렀을 때에는, 남들은 다 그 어려운 상황을 회피했으나 영무자만이 위험을 무릅쓰고 온 힘을 바쳐서 마침내 자신도 살고 임금도 구제하였다. 공자가 "영무자는 나라에 도가 있을 때는 지혜롭고 나라에 도가 없을 때는 어리석었으니, 그 지혜는 따를 수 있을지라도 그 어리석음은 따를 수 없다."라고 칭송하였다. 《論語 公冶長》

32 일이……의리 : 일할 만하여 일하러 가는 것을 말한다. 만장(萬章)이 말하기를 "임금이 서인을 불러서 일을 시키면 가서 일하는데, 임금이 만나 보고 싶어서 부르는데 가서 만나 보지 않는 것은 무슨 이유입니까?"라고 하니, 맹자가 이르기를 "가서 일하는 것은 의리이고, 가서 만나 보는 것은 의리가 아니다."라고 하였다. 《孟子 萬章下》

33 회린(悔吝)이……하고 : 행동을 조심하여 후회하거나 한탄하는 일이 생기지 않게 하라는 뜻이다. 회린은 후회하고 한탄하는 것이다. 주돈이(周敦頤)가 말하기를 "길흉회린은 동하는 데에서 생긴다.〔吉凶悔吝生乎動〕"라고 하였다. 《近思錄 卷5 克己》

에 사람이 있다고 해 우물 속으로 따라 들어가지 않도록 하신다면[34] 몹시 다행이겠습니다.

비루한 저는, 몸은 비록 산야에 있으나 하늘을 우러러보고 땅을 굽어보매, 걱정스러운 마음이 이미 깊습니다. 혹시라도 외적(外敵)이 때를 틈타서 쳐들어온다면, 한 해 내내 굶주림에 시달린 백성들이 능히 윗사람을 위하여 죽음을 무릅쓰고 적과 싸우겠습니까. 비록 숲속에서 편안하게 살면서 두세 명의 도우(道友)들과 더불어 시례(詩禮)를 탐구하고자 하더라도 또한 어찌 그럴 수 있겠습니까.

아직 심각해지기 전에 위태로움을 구제하는 것도 나라를 잊지 않고 상대방을 사랑하는 성대한 마음입니다. 이것은 실로 형이 스스로 헤아리는 데 달려 있습니다. 한번 물러나거나 한번 들어가는 것, 공이 있거나 공이 없거나 간에 그 중도를 얻는 것은 저의 어리석은 소견이 미칠 바가 아닙니다.

다시금 하루 동안 조정에 있으면 하루 동안 있는 만큼의 공이 있고, 한 달 동안 조정에 있으면 한 달 동안 있는 만큼의 공이 있어서, 오고 가기를 빈번하게 하면서도 끝내 하는 일이 없었던 지난날처럼 하지 마시기를 우러러 바랍니다. 참으로 하는 일이 없으면 차라리 하지 않느니만 못합니다. 오늘날의 일은 조정에 나가는 것이 불가한 것이 아니라

34 우물에……하신다면 : 군자답게 처신을 신중하게 하라는 뜻이다. 《논어》 〈옹야(雍也)〉에 "재아(宰我)가 공자에게 '어진 사람은 우물에 사람이 빠졌다는 말을 들으면 그를 건지려고 우물로 들어갑니까?'라고 묻자, 공자가 '어찌 그렇겠는가. 군자는 우물까지 가게 할 수는 있으나 들어가게 할 수는 없으며, 이치 있는 말로 속일 수는 있으나 터무니없는 말로는 속일 수 없다.'라고 하였다.〔宰我問曰："仁者雖告之曰'井有人焉', 其從之也?" 子曰："何爲其然也? 君子可逝也, 不可陷也; 可欺也, 不可罔也."〕"라고 하였다.

나가서도 일하는 바가 없는 것이 불가한 것입니다.

○ 자신의 몸을 잊고서 나라를 위하여 목숨을 바치는 것은, 나라가 망하는 날에는 나라와 함께 죽는 의리만이 있을 뿐입니다. 오늘날에 조정에 나가는 것은 이것과는 다릅니다. 왕윤(王允), 사안(謝安)이 한(漢)나라, 진(晉)나라에서 세운 공[35]과 같은 공을 세우지 못할 경우에는 결단코 나가서는 안 됩니다.

지금 조정에 나가려고 한다는 편지를 받고서는 이미 한 차례 축하하였습니다. 만약 제수하는 명을 받아들이고서 행장을 꾸린다고 듣는다면 장차 두 번 세 번 거듭하여 축하할 것으로, 한 번만 축하하고 그칠 뿐만이 아닐 것입니다. 삼가 답장을 보냅니다.

35 왕윤(王允)……공 : 나라가 혼란스러울 때 조정에 있으면서 온 힘을 다해 일하여 나라를 부지하는 공을 말한다. 《주역》〈둔괘(遯卦) 단(彖)〉에 대한 전(傳)에서 정이(程頤)가 "조금 바로잡음이 이롭다.〔小利貞〕"라는 괘사(卦辭)에 대해 설명하면서, 왕윤과 사안(謝安)이 한(漢)나라와 진(晉)나라에서 공을 세운 것을 예로 들었다. 왕윤은 후한(後漢) 말기의 사도(司徒)였고, 사안은 동진(東晉)의 재상이었다. 왕윤은 역신(逆臣)인 동탁(董卓) 등을 제거하고 한실(漢室)을 부흥하려고 노력하였고, 사안은 안으로는 발호하는 환온(桓溫)을 억제하고 밖으로는 강성한 전진(前秦)의 부견(苻堅)을 막으려고 노력하였다.

제목이 빠진 편지
題缺

-앞부분은 빠져 있다.- 정단몽(程端蒙)[36]의 《성리자훈(性理字訓)》에 “마음이 가는 바와 추향이 기필하는 것이 모두 이것에서 말미암는다. 이것을 뜻이라고 한다.〔心之所之 趨向期必 皆由是焉 是之謂志〕”라고 한 곳에서의 “개유시언(皆由是焉)”이라는 네 글자는 온당치 못합니다. 추향이 기필하는 것이 바로 뜻입니다. 만약 “모두 이것에서 말미암는다.”라고 한다면 이는 마음에 대한 훈(訓)이지 뜻에 대한 훈이 아닐 듯합니다. “개유시언”은 없는 것이 맞습니다.

36 정단몽(程端蒙) : 송나라의 학자로, 자는 정사(正思), 호는 몽재(蒙齋), 파양(鄱陽) 사람이다. 처음에 강개(江介)에게 수학하다가 뒤에 주희에게 배웠다. 사서(四書) 및 주희의 《사서장구집주(四書章句集注)》에 근거하여 명(命), 성(性), 심(心) 등 30개 범주의 성리학 개념을 정리한 《성리자훈》을 저술하였다. 《성리자훈》은 진순(陳淳)의 《북계자의(北溪字義)》보다 먼저 지은 것으로, 후대에 큰 영향을 미쳤다.

호원에게 답하는 편지
答浩原書

말씀하신 "남겨 두어서 바깥의 두려움으로 삼는다.〔留爲外懼〕"라고 한 것[37]은 비록 이 걱정거리를 남겨 두더라도 망하는 데에는 이르지 않는다고 하는 것입니다. 저의 병세는 이와는 다릅니다. 병이 남아 있으면 몸이 죽고 병이 제거되면 몸이 살아납니다. 한번 살아나고 한번 죽는 것은 동시에 있을 수 없습니다. 어찌 이것으로 비유를 해서야 되겠습니까. 비방을 그치게 하는 방도 역시 어찌 몸을 이끌고 높은 산 깊은 골짜기로 들어가 인간 세상과 자취를 끊은 다음에야 제대로 하는 것이겠습니까.

근래에 들어 깊이 생각해 보건대 병을 치료하는 데에는 욕심을 없애는 것보다 더 좋은 방법이 없습니다. 약물을 가지고 치료하는 것은 하책(下策)입니다. 비방을 그치게 하는 데에는 때가 된 뒤에 말하는 것보다 더 좋은 방법이 없습니다. 세상을 피해 숨는 것은 하책입니다.

37 말씀하신……것 : 성혼이 구봉에게 보낸 편지가 남아 있지 않아서 구체적으로 무엇을 말하는지는 분명치 않으나, 대개 성혼이 구봉의 병을 걱정하면서 병이 조금 남아 있는 것은 해롭지 않다는 뜻으로 말한 듯하다. "남겨 두어서 바깥의 두려움으로 삼는다."라는 것은 《춘추좌씨전》 성공(成公) 16년에 나오는 말로, 바깥에 강한 적을 두어서 나라 안에 분란이 일어나지 않도록 하는 정책을 말한다. 성공 16년에 초(楚)나라가 진(晉)나라를 침입하였는데, 진나라의 범 문자(范文子)가 초나라와 싸우려고 하지 않으면서 "오직 성인만이 나라 안과 밖에 모두 우환이 없게 할 수가 있다. 성인이 아닐 경우에는 외우(外憂)가 없으면 반드시 내환(內患)이 생기게 된다. 그러니 어찌 초나라 군사를 그대로 보내 주어서 외구(外懼)로 삼아야 하지 않겠는가."라고 하였다.

참으로 병의 근본 뿌리를 치료하지 않는다면 약물이 무슨 소용이 있으며 피해 숨는 것이 무슨 도움이 되겠습니까. 이 외에 화복(禍福) 따위는 한결같이 하늘이 하는 바에 따를 뿐입니다. 또다시 무엇을 걱정하겠습니까.

호원에게 답하는 편지의 별지
答浩原別紙

〔우계의 물음〕

옛사람이 "성인은 하늘과 더불어 덕을 합한다.〔聖人與天合德〕"라고 하였는데, 하늘은 의심스러운 점이 많습니다. 치란(治亂)이 일정하지 않고, 성인이 직위를 얻지 못하고 장수를 누리지 못합니다. 하늘이 이와 같은 것은 어째서입니까? 몹시 의혹스럽습니다. 운운.

〔구봉의 답〕

정상적인 것에서 벗어나면 변고(變故)가 되는데, 변고에 대처하는 것이 권도(權道)입니다. 성인에게는 변고에 대처하는 권도가 있지만 하늘은 그러한 것이 없습니다. 하늘은 모든 만물에 대해 두루 미치기는 하지만, 마음이 없기 때문입니다.

〔우계가 보내온 편지〕

서로 헤어진 이후로 그리운 마음이 날로 심해지던 차에 홀연 보내주신 편지를 받고 음미하면서 반복해 읽어 보고는 도리(道履)가 순조롭지 못하다는 것을 알았는바, 우러러 걱정되는 마음이 몹시 깊습니다.

저는 형이 돌아간 뒤부터 한결같이 몸이 축나기만 하여 거의 몸을 부지하지 못하고 있습니다. 그믐날에 치통을 얻어서 밤낮없이 끙끙 앓으며 들숨과 날숨이 원활하지 못하여서 기식(氣息)이 끊어지곤 하니, 병든 사람의 정력이 이제 얼마 남아 있지 않습니다. 스스로 고달프기가 이와 같으니, 차라리 죽는 것이 더 나을 것만 같은바, 탄식하고 탄식합니다.

게다가 또 집에 있는 노복마저 병들어 누워서 다 죽어 가면서 날마다 도망칠 궁리만 하고 있습니다. 이 때문에 심부름꾼을 보내어 약을 가져 오게 하고 싶지만 그렇게 하지 못하고 있습니다. 다만 며칠 전부터는 병세가 조금은 편안해졌을 뿐입니다.

통진(通津)으로 가는 것은 일찍이 어느 하루도 잊은 적이 없습니다. 제가 만약 죽지 않는다면 끝내 반드시 그렇게 할 것입니다. 이러한 때에 찾아오셔서 서재 아래에서 밤을 묵는 것은 크게 바라는 바입니다.

지난번 편지에서 "변고에 대처하는 것이 권도이다.〔處變爲權〕"라고 하신 말씀은 정밀하고 심오하며 간략하고 마땅하니, 참으로 옳은 말씀이라 탄복하는 마음을 금치 못하겠습니다. 제가 의당 노형께 절을 한번 올려야 할 것입니다. 이러한 의리를 들을 수 있는 것은 형들 덕분입니다. 천진환(天眞丸)[38]은 잘 받았습니다. 참으로 감사하고 감사한바, 보답할 길이 없습니다.

숙헌(叔獻)은 일이 없는 데서 일을 만들어 내어 물자와 양식이 이미 고갈되었는데도 임진(臨津) 나룻가에 머물러 있으면서 더위를 먹어 병까지 들었으니, 매우 염려가 됩니다.

38 천진환(天眞丸) : 천진원(天眞元)이라고도 한다. 내상병(內傷病)으로 인해 비장과 신장이 모두 허약하여 음식을 먹지 못하고 몸이 여위면서 노곤하며 설사하는 증세를 치료한다. 오랫동안 복용하면 얼굴빛이 붉어지고 윤기가 나며 혈액과 진액이 생기게 된다.

백생(伯生)[39]이 멀리 사람을 보내어 안부를 물어 주었는바, 이 친구의 두터운 후의에 보답할 길이 없습니다. 비루한 저는 매번 그가 소탈하고 담박하여, 부귀를 잃지나 않을까 걱정하는 비루한 자들과는 그 기상이 크게 다른 것을 우러르곤 하였습니다. 그런데 나랏일에 마음을 다하여 당대의 청류(淸流)가 되어 보익(補益)한 바가 작지 않으니, 어찌 좋아하지 않을 수 있겠습니까.

다만 그는 견고하게 응집된 역량이 부족한 탓에 남이 모함하여 선동하는 말에 쉽사리 흔들리곤 하는바, 훌쩍하니 벼슬을 버리고 떠나가서 더욱 믿을 곳이 없게 될까 매우 염려스럽습니다. 그러니 형께서는 부디 힘써 붙들어 주고 보호해 주시기를 간절히 바라고 바랍니다. 이는 세도(世道)에 크게 도움이 되기 때문에 제가 감히 지위를 벗어나서 말씀드리는 것입니다. 저의 뜻을 잘 알아주시기 바랍니다.

어언휴(魚彦休)가 앞서 돌아갈 적에 감사하다는 말을 하기는 하였습니다만, 바라건대 그에게도 저의 말을 전해 주시기 바랍니다. 삼가 살펴봐 주시기 바랍니다. 아침을 굶고서 대충 쓰는 탓에 일일이 다 적지 못합니다.

무인년(1578, 선조11) 6월 5일 혼(渾)은 절하고 올립니다.

39 백생(伯生) : 이순인(李純仁, 1533~1592)으로, 본관은 전의(全義), 자는 백생, 호는 고담(孤潭)이다.

숙헌에게 답하는 편지
答叔獻書

〔율곡이 보내온 편지〕

삼가 도황(道況)이 지금은 어떠하신지요? 전에 제가 해주(海州)에 있을 때 형이 보내 주신 편지를 받고, 도리(道履)가 편치 못하여 왼쪽 팔이 마비되었다는 것을 알고는, 매우 놀라고 걱정스러운 마음을 금할 수가 없었는데, 지금쯤은 좋아졌을 것으로 생각됩니다.

저는 지금 율곡(栗谷)에 있는데, 다음 달 3일쯤에 홀로 되신 형수를 모시고 서쪽으로 갈 참입니다. 여러 가지 일이 바빠서 찾아가 보지 못하겠는데, 형도 나오기가 어려워서 아마도 만나지 못할 것 같아 서운한 마음 이루 말할 수가 없습니다. 형이 만약 평안하거든 26, 7일 사이에 한번 찾아와 주실 수 있겠습니까? 저는 벼슬자리가 아직 체차되지 않은 데에 구애되어 한번 나아가기가 더욱 어렵습니다.

"성품을 이룬다.〔成性〕"라는 말을 매번 "함양하여 비상한 기질을 이룬다.〔涵養成甚生氣質〕"[40]라는 구절에 비례하여 보았기 때문에 기질지성(氣質之性)으로 보았습니다. 이제 보내온 학설을 받아 보고, 또 《주자어류(朱子語類)》를 보니 "성품을 이룬다는 것은 형색(形色)

40 함양하여……이룬다 : 《근사록(近思錄)》 권3 〈치지(致知)〉에 나오는 구절로, 섭씨(葉氏)는 "심생(甚生)이란 비상(非常)이라는 말과 같다."라고 해석하였다. 이이(李珥)는 이 설이 옳다고 하였으며, 이황(李滉)은 "섭씨 주에서는 성(成) 자를 아래 구절에 연결해서 보았고, 《소학(小學)》 주에서는 성 자를 위 구절에 연결해서 보았는데, 섭씨의 주가 옳은 것 같다."라고 하였다. 《沙溪全書 卷19 近思錄釋疑》

을 실천한다는 것과 같다.〔成性猶云踐形〕"라고 하였습니다.[41] 만약 그렇다면 마땅히 본연지성(本然之性)으로 보아야 하겠습니다.

"성성을 잘 보존한다.〔成性存存〕"[42]라고 한 곳에서의 성성(成性)은 바로 혼연하게 이루어진 성(性)이고 "지혜와 예로써 성성한다.〔知禮成性〕"[43]라고 한 곳에서의 성성은 바로 "지혜와 예로써 성품을 이룬다."라는 것으로 글의 뜻은 같지 않으나, 여기에서의 성(性)은 모두 본연지성을 가리키는 것인 듯합니다. 《주자어류》의 글에는 약간 분명치 못한 곳이 있으니, 다시 생각해 볼 계획입니다.

지금 막 교하(交河)로 보낼 편지를 보냈는데, 잘 전해 주시기를 간절히 바랍니다. 존백씨(尊伯氏)[44]께도 문안 인사를 전해 주었으면 합니다. 계씨(季氏)께서도 무고한지요? 그리운 마음이 몹시 간절합니다.

2월 24일 이(珥)는 절하고 올립니다.

41 주자어류(朱子語類)를……하였습니다 : 《주자어류》 권74 〈역(易) 상계 상(上繫上)〉에 나온다. "형색을 실천한다."라는 것은 사람이 품부받은 천부적인 품질을 체현(體現)한다는 뜻이다. 맹자가 말하기를 "형색은 천성이니, 오직 성인인 다음에야 실천할 수 있다.〔形色, 天性也. 惟聖人然後可以踐形.〕"라고 하였다. 《孟子 盡心上》

42 성성(成性)을 잘 보존한다 : 《주역》 〈계사전 상(繫辭傳上)〉에 나오는 말이다. 성성은 이루어진 성, 즉 타고난 성을 뜻한다. 《주역》에 이르기를 "하늘과 땅이 위치를 베풀어 놓음으로써 주역이 그 가운데 행해지는 것이니, 이루어진 본성을 잘 보존하는 것이 도의의 문이다.〔天地設位, 而易行乎其中矣. 成性存存, 道義之門.〕"라고 하였다.

43 지혜와 예로써 성성한다 : 장재(張載)가 이르기를 "지혜와 예가 성을 이루어서 도의가 나온다.〔知禮成性而道義出〕"라고 하였는데, 이 말은 지혜와 예가 서로 바탕이 되어서 그 성품을 이루는 것이 도의가 나오는 바라는 뜻이다. 《性解 卷13 正蒙 至當篇9》

44 존백씨(尊伯氏) : 구봉의 큰형인 송인필(宋仁弼)을 가리킨다.

〔율곡이 보내온 편지〕

작별한 뒤로 소식이 아득하여 그리운 마음이 날로 쌓입니다. 요즘 날씨가 따뜻한데 도황(道況)은 어떠하신지요? 저는 여러 가지 일이 그럭저럭 괜찮으나, 다만 주변에 외우(畏友)가 없어 경계해 주는 말이 끊어지고 학문의 힘이 날로 퇴보하니, 이것이 심히 두려울 뿐입니다.

풍문에 들으니 형이 계씨와 함께 3월 초에 호원(浩原)을 방문하여 이틀 밤을 묵었다고 하는데, 그 자리의 말석에 끼지 못한 것이 한스럽습니다. 《소학집주(小學輯註)》[45]는 잘못된 곳이 많으리라 생각되는바, 삼가 세밀하게 평론하여 찌를 붙여 호원에게 보내 주고, 발문(跋文)도 써 주기를 간절히 바라고 또 바랍니다.

저번에 아무 일이 없는 틈을 타서 해주 일대의 산 북쪽 계곡을 두루 유람하다가 폭포 하나를 발견하였습니다. 길이는 박연폭포(朴淵瀑布)에 준할 만하나, 다만 바위가 높이 우뚝 서 있지 않고 옆으로 누워 있기 때문에 수세(水勢)가 미약하여 바위 위에 퍼져서 흐르는바, 이것이 박연폭포의 장관에 미치지 못하지만 물이 맑고 바위가 깨끗하여 사람으로 하여금 완상하면서 진종일 돌아갈 생각을 잊게 하였습니다.

그곳에 마침 숨어 사는 사람이 있어 그 곁에 집을 짓기를 청하였으며, 고을 선비 가운데에도 도와주는 자가 있습니다. 집이 이루어지

45 소학집주(小學輯註) : 이이가 지은 것으로, 《소학》에 대한 여러 학자의 학설 가운데에서 번잡한 것은 삭제하고 요점만을 모아 편찬한 책이다. 《우계집》 권6에 〈소학집주발(小學輯註跋)〉이 실려 있다.

면 자못 거처하면서 쉴 만한 곳이며, 제가 현재 살고 있는 집과의 거리도 20여 리밖에 되지 않고, 오고 가는 길 또한 평탄합니다. 그러니 형도 계응(季鷹 송한필(宋翰弼))과 함께 한번 이곳으로 와 같이 자면서 바람과 우레 소리를 누운 채 들었으면 합니다.

습여성성(習與性成)이란 말은, 다시 《서경》 〈상서(商書)〉를 상고해 보니 이윤(伊尹)의 말에 "이 불의는 습관이 되어 성품으로 이루어졌다.〔茲乃不義 習與性成〕"라고 하였습니다. 이미 불의로 성품이 이루어졌다고 하였으니, 그것은 기질지성이 분명합니다. 성성(成性)에 대한 의론은 주자(朱子)가 "형색을 실천하는 것과 같다.〔如踐形〕"라고 하였습니다. 그렇다면 성성(性成)에서의 성(性)은 기질지성이고, 성성(成性)에서의 성(性)은 본연지성입니다. 이와 같이 보면 어떻겠습니까? 다시금 생각하여 회답해 주시기 바랍니다.

기묘년(1579, 선조12) 4월 12일 이(珥)는 절하고 올립니다.

〔구봉이 답하는 편지〕

지난봄에 화석정(花石亭)에서 만나기로 했던 약속이 이루어지지 않았기에, 늘그막의 이별 시름이 전보다 더 불어납니다. 현형(賢兄)께서는 이미 숨어 살면서 자취를 숨기고 세상을 잊기로 작정하였습니다. 이에 우리 둘 다 한가로운 사람이 되었는데도 사립문을 나란히 해 살면서 글을 읽자는 처음의 뜻을 이룰 수가 없습니다. 그러니 이 역시 운명인가 봅니다.

저는 뜸을 뜨거나 약을 먹으라는 의원의 말은 시험해 보지도 못한 채 침상에 누워 신음하면서 그저 죽어서 눈이 감기기만을 기다리고 있습니다. 이에 심신이 혼미하여 배운 바를 날로 잊어버리는 탓에 형이

중하게 기대하고 있는 것을 영원히 저버리게 되었는바, 몹시도 부끄럽고 두렵습니다.

편지에서 해주의 산 북쪽에 있는 수석(水石)이 아주 아름다워 완상할 만하다고 하였으며, 또 집을 짓고서 함께 살자는 말이 있었습니다. 제가 참으로 남은 목숨이 있다면, 형의 곁으로 제 동생을 데리고 가서 형의 뜻에 한 차례 부응할 수 있을 것입니다.

근래에 시사(時事)를 보니 날이 갈수록 더욱 시끄러워지는데, 운곡(雲谷)에서는 처자식들과 함께 살아갈 수 없을 것 같습니다. 이에 이번 가을 구봉(龜峯)에 모여 살고자 하는데, 한번 살 곳을 정하고 난 뒤에는 다시는 옮겨 살지 않을 작정입니다.

'성성(成性)'의 성(性)은 본연지성(本然之性)이고 '성성(性成)'의 성은 기질지성(氣質之性)으로 본 형의 견해는 미진합니다. 어찌 한 글자가 아래에 있고 위에 있는 것을 가지고 문득 글 뜻을 구별한단 말입니까. 형은 단지 《서경》 〈상서(商書)〉에 나오는 "이 불의는 습관이 되어 성품으로 이루어졌다.〔玆乃不義 習與性成〕"라고 한 설을 가지고 이런 의론을 만들었습니다.

제가 보기에 이것은 "습관이 배면 저절로 그리되는 것과 같다.〔習慣如自然〕"[46]라는 말과 같은 뜻으로, 습관이 이미 오래되면 도리어 본연(本然)과 같다고 한 것입니다. 본연이라는 것은 본연지성입니다. 주자가 말하기를 "'지혜와 예가 성을 이룬다.〔知禮成性〕'라는 설은 습여성성

46 습관이……같다 : 《의례(儀禮)》 〈학례(學禮) 보부(保傅)〉에 나오는 말로, 공자가 말하기를 "어려서 만들어지면 타고난 천성과 같아지고 오래도록 습관이 배면 저절로 그리되는 것과 같다.〔幼成若天性, 習慣如自然.〕"라고 하였다.

(習與成性)의 뜻과 같으니, 다시 무엇을 의심하겠는가."라고 하였습니다. 주자가 이미 '성성(成性)'과 '성성(性成)'이 똑같다고 하였으며, 또 성성(成性)으로써 본연지성을 논한 것이 한두 번이 아닙니다. 그러니 이것으로 정하고 다른 뜻을 가지지 않는 것이 어떻겠습니까?[47]

《소학집주》는 마땅히 말씀하신 것같이 교정(較正)하겠으며, 저의 견해를 붙여서 호원에게 보내겠습니다. 발문(跋文)도 말씀하신 대로 지어서 올릴 생각입니다.

지금 옛사람들이 '습여성성'에 대해 주석한 것을 보니, 《논어》, 《소학》, 《근사록》, 《성리군서(性理群書)》에서는 혹 본연지성이라 칭하기도 하고 기질지성이라 칭하기도 하여 일정한 견해가 없습니다. 우습고 우습습니다. 이것은 주자의 말로 단정하는 것이 마땅합니다. 삼가 답장을 올립니다.

47 주자가 말하기를……어떻겠습니까 : 구봉과 이이의 '성성(成性)' 논의에 대하여 김장생(金長生)은 "구봉이 인용한 주자의 설은 주자가 말한 본의를 잃은 것 같다. 《주역》에서 말한 '성성(成性)'이란 이미 이루어진 성품을 말한 것이고, 장재(張載)가 말한 '지례성성(知禮成性)'이란 지혜와 예로써 그 성품을 이룬다는 뜻이다. 따라서 주자가 '습여성성(習與成性)'을 인용한 것은 성(成) 자의 뜻이 서로 같다고 여겨서이지, 성(性) 자가 서로 같다는 말은 아니다."라고 하였다. 《沙溪全書 卷11 經書辨疑 小學》

숙헌에게 답하는 편지
答叔獻書

〔율곡이 보내온 편지〕

한번 작별한 후 소식이 끊겨 그리운 마음이 몹시 간절하던 차에 답장을 받으니, 감사하고 위로됨이 참으로 깊습니다. 다만 편증(偏證)이 아직 낫지 않았다고 하는바, 애타는 마음을 무어라 말할 수가 없습니다. 온천에 목욕을 하면 혹시 효험을 볼지도 모르니, 한번 시험해 보는 것이 좋을 듯합니다.

형같이 자품이 높고 식견이 밝으면 크게 진보할 수 있을 텐데, 질병이 뒤흔드는 탓에 편안하게 살면서 학업을 닦고 덕을 증진하지 못하고 있으니, 어찌 운명이 아니겠습니까. 탄식하고 탄식합니다.

저는 모든 일에 다 그럭저럭 보내고 있습니다. 비록 여전히 궁핍하기는 하지만, 산중이라 적적하고 고요하여 인간 세상의 시비가 없으니, 이는 즐거운 일입니다.

"습관이 되어 성품으로 이루어진다.〔習與性成〕"라는 데 대한 논의는 형의 말씀이 저의 의견과 서로 맞지 않습니다. 대저 경의(經義)를 말할 때는 먼저 본문의 뜻을 분명하게 안 뒤에야 다른 것에 미쳐 갈 수가 있는 것입니다.

"습여성성(習與性成)"은 본래 〈상서(商書)〉에서 나왔습니다. 이윤(伊尹)의 뜻은 "태갑(太甲)의 옳지 못한 습관이 오래될수록 익숙해져서 천성에서 나온 것 같다.〔太甲不義之習 久而慣熟 若出於天性〕"라는 것일 뿐, 다른 뜻은 없습니다. 천성이라는 것은 "문왕(文王)의 천성이 총명하다."라고 하는 것과 같습니다. 오늘날 사람들이 다른 사람을 평하면서 "아무개의 성품이 본래 어떻다."라고 할 경우, 이런 것은 바로 기질지성입니다. 만약 이를 본연지성으로 본다면 옳지 못하다는 뜻인 '불의(不義)' 두 글자가 딱 들어맞지 않고, 위아래 문맥이 서로 동떨어져서 의리가 어떠한가는 따지지 않는다고 하더라도 문맥이 이미 통하지 않습니다.

이 밖에 두루 인용한 말은 합당하면 취하고 합당치 않으면 버릴 뿐입니다. 어찌 반드시 그 말에 이끌려 왜곡된 논의를 할 필요가 있겠습니까. 노형은 생각을 잘하시니, 만약 텅 빈 마음으로 선입견을 가지고 주장하지 않으면서 다시 생각해 보면 반드시 환하게 깨우쳐서 의심이 없을 것입니다.

이윤은 악(惡)으로써 성품이 이루어진다고 했고, 정자(程子)는 선(善)으로써 성품이 이루어진다고 하였습니다. 악으로써 성품이 이루어지거나 선으로써 성품이 이루어지거나 간에, 어찌 똑같이 기질지성이 되지 않겠습니까.

주자(朱子)의 설이 비록 이와 같기는 하지만 이는 기록한 것이 잘못되었거나 젊었을 때 한 말인지도 모릅니다. 어찌 이윤이 입으로만 말한 것이 공자가 산삭을 한 것같이 믿을 만하겠습니까. 형의 고견에는 어떻게 생각하십니까? 형이 말한 것같이 "불선(不善)한 습관도 본연지성과 같다."라고 한다면 아마도 의리에 맞지 않을 듯합니다.

교하(交河)에 전한 문기(文記)는 성서(城西)의 작은집에 보내는 것이 좋을 것입니다. 윤생(尹甥)의 혼사를 의논하는 일은 저의 뜻에 아주 합치되는바, 마땅히 잘 권해서 이루어지도록 해야만 합니다.

그러니 형도 유념하는 것이 어떻겠습니까?

계응(季膺)에게는 바빠서 서찰을 올리지 못하였는데, 소회는 위에서 말한 것과 같습니다. 인편이 바쁘다고 서두르기에 이만 줄입니다.

기묘년(1579, 선조12) 5월 12일 이(珥)는 절하고 올립니다.

〔율곡이 보내온 편지〕

형에 대한 그리움이 날로 쌓이던 중에 홀연 호원(浩原)의 인편을 통하여 중원일(中元日)[48]에 보내 준 편지를 받았는바, 그지없이 감사하고 위로됩니다. 그 이후의 도황(道況)이 어떠하신지요? 들으니 또다시 송아지를 핥는 슬픔[49]을 당하였다고 하는데, 참으로 그렇습니까? 그가 몇째 아들입니까? 놀라움과 슬픔을 무어라 말할 수 없습니다. 하늘이 착한 사람을 돕지 않는 것이 어찌하여 이와 같이 극도에 이른단 말입니까. 그저 운명으로 받아들이면서 지나치게 상심하지 않으리라 여깁니다.

저는 전같이 두문불출하고 있으니 별로 이야기할 만한 것이 없습니다. "성품을 이룬다.〔成性〕"라는 말은, 보내온 말도 또한 이치가 없지는 않습니다만, 옛사람이 인용한 문자는 본래의 뜻으로 보아서 맞지 않고 통하지 않은 다음에야 다른 뜻을 구해 보는 것이 옳습니

48 중원일(中元日) : 음력 7월 15일로, 백중(百中)이라고도 하고 백종(百種)이라고도 한다.

49 송아지를 핥는 슬픔 : 아들이 죽은 슬픔을 말한다. 후한(後漢) 때 양표(楊彪)의 아들 양수(楊修)가 조조(曹操)에게 죽음을 당하였는데, 그 뒤에 조조가 양표에게 왜 그토록 야위었느냐고 묻자, 양표가 "늙은 소가 송아지를 핥아 주는 애정을 아직도 지니고 있어서 그렇다."라고 대답한 고사에서 나온 말이다. 《後漢書 楊震列傳 楊彪》

다. 이제 정자(程子)의 "성품이 이루어진다.〔性成〕"라는 말은 본래의 뜻으로 보면 바로 어려서부터 이루어진 습관은 천성과 같다는 뜻입니다. 의미가 아주 잘 통하는데도 다른 뜻을 구해 보려고 하는 것은 무엇 때문입니까? 주자가 논한 본문은 아직 자세히 살피지 못하였는바, 서서히 상고해 볼 계획입니다.

형이 보내온 "마음을 전일하게 해서 글을 읽어 날로 자신의 덕을 새롭게 한다."라는 말은 참으로 제가 가슴속 깊이 새겨야만 할 것인바, 감사하고 또 감사합니다. 다만 가족을 이끌고 산중으로 더 깊이 들어가려고 한다는 것을 알았는바, 이제부터는 서로 만나기가 더욱 어렵겠기에 서운하고 암담한 마음이 드는 것을 금할 수가 없습니다. 단지 형의 물력으로는 이런 일을 치러 내지 못할까 염려됩니다.

배를 타고 양강(楊江)[50]에까지 다다를 계획이 과연 있었는데, 위태로운 기색이 아직도 치성하여 그만 중지하고 만 탓에 한번 만날 수 없게 되었으니, 한탄스러울 뿐입니다.

지난달에 편지를 써서 호원에게 주어 전해 달라고 했는데, 받아 보셨는지요? 계씨(季氏)는 지금 어디에 있는지요? 보내 주신 편지를 받아 보니 깊이 위로가 되고 위로가 됩니다. 경계하고 권면하는 말은 어찌 감히 허심탄회하게 받아들이지 않겠습니까.

저는 나라의 두터운 은혜를 받았기에 항상 이에 보답하려는 생각이 간절하므로, 때로는 경솔히 발언하는 것을 면치 못하고 있습니다. 참으로 이는 굴원(屈原)의 병[51]입니다. 이에 때로는 저도 모르는

50 양강(楊江) : 본래 경기도 양평 근처의 남한강을 말하는데, 여기서는 분명치 않다. 혹 양화강(楊花江)을 가리키기도 한다.

사이에 저 자신에 대해 비웃는데, 더구나 옆에서 보는 식자들이 어찌 비웃지 않겠습니까.

늘 필마를 타고 달려 형이 숨어 사는 집을 찾아가고 싶지만 그럴 수가 없으니, 그저 한갓 그리운 마음만 달려갈 뿐입니다. 서늘한 가을 기운이 점차로 생겨납니다. 삼가 두 분 형께서도 도학을 위해 더욱 몸을 아껴 주시기 바랍니다.

기묘년(1579, 선조12) 8월 6일 이(珥)는 절하고 올립니다.

〔구봉이 보내는 편지〕

중추(仲秋)의 그믐날 형이 6일과 8일에 거듭 보낸 편지를 받고는 멀리 꿈속에서 그리워하던 마음이 위로가 되었습니다. 저는 해를 잇달아 아이가 죽었기에 백발이 머리에 가득합니다. 매번 정 태중(程太中)이 명도(明道) 선생을 잃었던 것[52]을 생각하면서 그저 이치로 돌리고 스스로 보낼 뿐입니다.

오형(吾兄)은 말은 써 주지 않고 계획은 시행되지 않아 사직하고 돌아온 것이 한두 번이 아닙니다. 그런데 지금 또다시 멀리서 글을

51 굴원(屈原)의 병 : 나라를 위해 해야 할 말은 다하는 것을 말한다. 굴원은 전국시대 초(楚)나라의 충신으로, 처음에는 회왕(懷王)의 신임을 받아 삼려대부(三閭大夫)가 되었으나 뒤에 상관대부(上官大夫)의 참언에 의해 면직되었다가 다시 참소를 받고 장사(長沙)로 옮겨지자 멱라수(汨羅水)에 빠져 자결하였다. 《史記 屈原列傳》

52 정……것 : 정 태중은 송나라의 정향(程珦, 1006~1090)으로, 자는 백온(伯溫)이며, 정호(程顥), 정이(程頤) 형제의 아버지이다. 인종(仁宗) 연간에 주돈이(周敦頤)와 교유하면서 두 형제를 그에게 보내어 수학하게 하였다. 벼슬이 태중대부(太中大夫)에 이르렀으므로, 하남(河南)의 태중대부라고 칭해졌다. 정호는 정향보다 5년 먼저 죽었다.

보내어 세도(世道)를 만회하고자 하였습니다. 지난해에는 그 몸이 조정에 있으면서도 능히 해내지 못했으면서 오늘날에는 멀리서 말을 하여 세도를 구하려고 하시는데, 지난해와 오늘날은 쉽고 어려움이 몇백 배도 더 차이가 납니다. 그런즉 이것은 나라를 걱정하는 데 치우쳐서 위험을 무릅쓰고 범하는 데 지나친 것이 아니겠습니까.

이것은 역시 시댁을 떠나 친정으로 돌아간 부인네가 제멋대로 중궤(中饋)[53]를 주관하는 것과 다를 바 없습니다. 그러니 집안사람들의 멸시와 모욕을 당하지 않을 수 있겠으며, 곁에서 보는 자들의 비웃음과 헐뜯음을 당하지 않을 수 있겠습니까.

참으로 능히 주인집으로 하여금 하루아침에 마음을 돌려서 집 안으로 불러들이게 한다면, 집안을 다스리는 절목이 차례대로 거행될 것이며 집안의 노복들이 저절로 배반할 걱정이 없어질 것입니다. 이 때문에 제가 매번 임금의 마음을 바로잡아 주기를 오형께 바라는 것입니다.

오형의 오늘날의 거조는 풍부(馮婦)가 다시 수레에서 내린 것[54]이며, 맹자(孟子)가 재차 당(棠)의 창고를 연 것[55]입니다. 주자(朱子)는 천하

53 중궤(中饋) : 집 안에서 음식을 마련하는 부인네의 일을 말한다. 《주역》〈가인괘(家人卦)〉에 "안에서 밥을 먹이면 마음이 바르고 곧게 되어 좋으리라.〔在中饋, 貞吉.〕"라고 하였다.

54 풍부(馮婦)가……것 : 이전의 버릇을 버리지 못하였다는 말로, 여기서는 이이(李珥)가 조정에 나가 예전에 하던 대로 한 것을 말한다. 진(晉)나라 풍부라는 사람이 호랑이를 잘 때려잡았는데 뒤에 마음을 바꾸어 선비가 되었다. 어느 날 들을 지나가는데 사람들이 호랑이를 산모퉁이에 몰아 놓고서 아무도 접근하지 못하고 있다가 수레를 타고 오던 풍부가 팔뚝을 걷어붙이고 내리자 사람들은 기뻐하였으나 선비들은 옛날 버릇을 버리지 못했다고 비웃었다. 《孟子 盡心下》

55 맹자(孟子)가……것 : 이미 조정에서 물러나고서 다시 조정의 일에 간섭하는 것을

를 편안하게 하는 것을 자신의 임무로 삼아서 장주(章奏)를 잇달아 올렸으나, 혹 장주의 글을 불태우고서 올리지 않은 경우도 있었습니다. 이것은 잘못되는 것은 구할 수 없고 화(禍)에는 심한 것이 있기 때문이었습니다. 화기(禍機)가 헤아릴 수조차 없어서 몹시 염려스럽습니다.

저의 말을 적치(赤幟)[56]로 삼을 것이라는 것은, 오형이 들은 바가 제가 들은 바와 차이가 없습니다. 형의 부인이 임신을 한 경사에 대해서는 이미 7월에 보낸 편지에서 말하였습니다.

저의 말을 적치로 삼을 것이라는 것은 일찍이 계함(季涵)[57]의 편지를 받아 보니, 계함이 스스로 이 말을 하였습니다. 아마도 이와 같을 것인데, 형의 편지에서는 운운하였습니다. 형의 말은 생각건대 반드시 계함으로부터 나왔을 것인데, 계함이 또 한 층을 더 높인 것입니다. 세도가 사사로움이 많음이 송사하는 집에서 다른 사람의 위세를 빌려 도움으로 삼는 것과 같습니다. 그러나 아무개의 말은 반드시 빌리지 않을

말한다. 맹자가 일찍이 제(齊)나라에 등용되었을 때, 흉년이 들자 제왕(齊王)에게 권하여 당읍(棠邑)의 창고를 열어서 빈민을 구제하게 한 적이 있었다. 뒤에 맹자가 조정에서 물러난 후에 또 흉년이 들자, 진진(陳臻)이 맹자에게 말하기를 "나라 사람들이 당신께서 장차 다시 당읍의 창고를 열게 할 것이라고 여기나, 다시 그렇게 할 수 없을 듯합니다." 라고 하니, 맹자가 이르기를 "그렇게 한다면 바로 풍부 같은 사람이 될 뿐이다."라고 하였다. 《孟子 盡心下》

56 적치(赤幟) : 붉은 깃발로, 영수(領袖) 또는 종장(宗匠)을 의미한다. 한(漢)나라의 한신(韓信)이 조(趙)나라와 싸울 때 계략을 써서 조나라 성의 깃발을 뽑고 거기에 한나라를 상징하는 붉은 깃발을 세우게 하여 적의 사기를 꺾어 승리한 고사에서 온 말이다. 《史記 淮陰侯列傳》

57 계함(季涵) : 정철(鄭澈, 1536~1593)로, 본관은 연일(延日), 자는 계함, 호는 송강(松江), 시호는 문청(文淸)이다.

것입니다.

저는 종적은 은미하고 사는 곳은 궁벽해서 사람들의 얼굴을 접하는 경우가 드물며, 아침저녁으로 죽을 날만 기다리고 있습니다. 또한 왼쪽으로 가면 오른쪽이 의심하고 오른쪽으로 가면 왼쪽이 의심하여, 서로 간에 시기하고 의심합니다. 제가 다른 사람의 구설에 오르는 것은, 실로 여러 존형 및 동료들과 더불어 서신을 주고받아서입니다. 혹 옛사람의 글을 읽어서 마음속으로 시비가 이르러 오는 바를 알고 있습니다. 이에 지금 이후로는 입을 꽉 다문 채 바보처럼 지내면서 세상의 칼날을 피하고자 하는바, 혹시라도 산속으로 깊이 들어가 숨어야 할지만을 염려하고 있습니다.

성성(成性)이 본연지성(本然之性)임은 《주역》〈계사전(繫辭傳)〉, 《대학혹문(大學或問)》, 《주자어류(朱子語類)》에 분명하게 실려 있습니다. 성성(性成)이 성성(成性)과 같다는 주자의 말은 《근사록(近思錄)》 제2권에 나오는 "지숭천야(地崇天也)"에 대한 주에 보입니다.

《소학(小學)》에 대해서는 형이 낸 주석에서 이미 다 말해놓았습니다. 의심스러운 곳에 찌를 붙이고, 또한 저 자신의 견해를 기록해서 호원에게 보내어, 그로 하여금 살펴보고서 형에게 전하도록 할 것입니다. 삼가 답장을 보냅니다.

〔율곡이 보내온 편지〕

그립던 중에 8월 29일에 보내 준 편지를 받았습니다. 부지런히 가르쳐 주신 데 대해 감사하고 감사합니다. 편지를 보낸 뒤의 안부는 다시 어떠하신지요? 가을이 깊어져서 추운 기운이 돕니다. 또한 기운이 한쪽으로 치우치고 속이 허한 병이 지금까지도 낫지 않고 있다는 말을 들었는바, 우러러 염려가 되고 염려가 됩니다. 그리고 가을 농사가 부실한 데다 또 장차 가족을 거느리고 산속으로 더 깊이 들어간다는 것을 알았는바, 더욱 창망하여 깊이 걱정됩니다.

저는 전같이 두문불출한 채 지내고 있는바, 달리 말할 만한 것이 없습니다. 보내온 말은 깊고 절실하니, 어찌 감히 흠앙하면서 승복하지 않을 수 있겠습니까. 저도 지나친 충성이 편벽함이 된다는 것을 알지 못하는 것은 아닙니다. 그러나 스스로 능히 억제할 수가 없습니다. 아마도 이제부터는 거의 자처하는 방도를 알 수 있을 것입니다.

보내온 말 중에 "맹자가 제(齊)나라에서 떠나갔다."라는 것은 제가 벼슬을 내놓은 것과는 조금 다른 점이 있습니다. 이러한 곳에 대해서는 지난 자취에 집착해서는 안 되는바, 다시 한번 생각해 보시는 것이 마땅할 듯합니다. 만약 맹자가 다른 나라에 가 있었다면, 제 선왕(齊宣王)이 적군에게 포위가 되었을 때 반드시 달려가서 구원할 리가 없었을 것입니다. 그러나 저 같은 경우는, 임금이 위급한 것을 앉아서 보고만 있을 수 있겠습니까. 이것은 아마도 일률적으로 보아서는 안 될 듯합니다. 그 사이의 곡절은 제가 참으로 중도에 지나쳤던 점도 있었는바, 형의 가르침을 가슴속에 깊이 새겨 둘 생각입니다.

적치라고 운운한 것은 과연 계함이 호원에게 보낸 편지에서 나왔습니다. 기타 운운한 것은 또한 초야에서 뜻을 같이하는 선비들도 모두 그르다고 여겨서 말한 것인데, 형과 호원을 지목하였으니, 이는 형이 반드시 다른 사람에게 다시 말한 것입니다. 이것은 족히 말할 만한 것이 못 됩니다만, 형 같은 이는 이 세상을 피하여 깊이 숨어 사는데도 사람들의 입에 오르내림을 면치 못하고 있으니, 이것은 탄식할 만한 일입니다.

자식을 잃고서 이치로 돌린다는 것은 참으로 힘이 되기가 어렵습니다. 그러나 또한 모름지기 운명을 알고 천리에 순응해야 할 것입니다. 그런데 어찌하여 지금까지도 오히려 잊지 못하고 있단 말입니까.

저는 내년 봄에는 틀림없이 율곡(栗谷)으로 돌아갈 것입니다. 그때에는 약속을 어기지 말고 한 곳에서 만나게 된다면 매우 다행이겠습니다. 나머지는 별지에 썼습니다. 윤담(尹聃)[58]이 가는 편에 다시 편지 한 통을 보낼 것이기에, 일일이 다 적지 않습니다.

기묘년(1579, 선조12) 9월 23일 이(珥)는 절하고 올립니다.

58 윤담(尹聃) : 이이의 손위 누이의 아들이다.

호원의 편지에 답하는 별지
答浩原書別紙

〔우계가 보내온 편지〕

삼가 시황(侍況)이 어떠하신지요? 그리운 마음이 깊고도 깊습니다. 지난번에 성안으로 부지런히 찾아오셔서 두터운 옛정을 받았으나 병으로 인해 이미 곤핍하였으며 지경도 시끌시끌하였습니다. 이에 비록 자상하게 가르쳐 주는 은혜를 입었으나, 갑작스럽게 말을 한 탓에 끝까지 다 이해하지는 못하였습니다. 그리고 단서를 발해 놓고서도 끝까지 다 말을 나누지 못한 것이 많았습니다. 집으로 돌아와서 찬찬히 생각해 보니, 참으로 그리운 마음이 더욱 불어납니다.

삼가 생각건대 서로 강구하는 의리는, 단지 말을 놓는 경중의 즈음에 근기(根機)가 둔한 자의 경우에는 막혀서 끝까지 도달하지 못하는 점이 있습니다. 숙헌(叔獻)같이 아주 뛰어난 사람의 경우에는 한마디 말 이외에 다시 많은 말을 할 필요가 없으나 저의 경우에는 이에 대해서 대충은 말뜻만 이해하였습니다. 뒷날에 생각한 저의 견해는 마땅히 편지를 써 보내어 물어볼 것입니다.

춘천 대장(春川大丈)의 일[59]에 대해서는 그 당시에 말미암은 바에 대해 곧장 말하였을 뿐인데, 물러나서 생각해 보니 자못 옳지 못합니

59 춘천 대장(春川大丈)의 일 : 구체적으로 어떤 일을 말하는지 분명치 않다. 대장은 고려 때 형부(刑部)에 소속된 잡류직(雜類職)으로, 조선 시대의 나장(羅將)과 비슷한 직책인데, 여기서는 큰 어른이라는 뜻으로 쓰인 듯하다.

다. 다행히 저의 뜻을 깊이 살펴 주시어 재차 거론하지 않도록 해 주시는 것이 어떻겠습니까?

제가 도성 안에 있을 적에 어떤 객이, 그대가 지은 "스님은 어느 산에 가서 자고는 아니 오네.〔僧到何山宿未回〕"[60]라는 시구를 읊었습니다. 저는 그 시가 쓸쓸하게 티끌세상을 초월한 것이 몹시 사랑스러웠습니다. 바라건대 한가로운 가운데 때때로 아름다운 시편을 읊어 저의 청광(淸曠)한 기운을 틔워 주시기 바랍니다. 또한 누추한 제 집의 한가롭고 적막한 정취를 한번 읊어서 산중으로 부쳐 주신다면, 참으로 다행이겠습니다.

산수를 찾아 떠도는 발걸음을 이번 가을에도 하실 것인지요? 돌아오는 길에 이곳 우계(牛溪)에도 한번 들른다면, 조용하게 한방에 머물면서 그동안 다하지 못한 회포를 모두 쏟아낼 수 있을 것입니다. 그렇게 되기를 간절히 기원하고 기원합니다.

계응(季膺)에게는 별도로 편지를 보내지 못하였는데, 저의 그리운 마음이 앞에서 말한 것과 같습니다.

가을 8월 4일 혼(渾)은 병든 가운데 써서 올립니다.

〔구봉이 보내는 편지〕

선유(先儒)들의 시 중에서는 주자(朱子)의 시가 가장 뛰어납니다. 이것이 이른바 통하지 않는 곳이 없다는 것입니다. 명도(明道)의 시는 아주 청광(淸曠)하나 전해지는 것이 얼마 없습니다. 이천(伊川)의 경

60 스님은……오네 : 《구봉집》 권1 〈운암. 벗이 지은 시에 차운하다〔雲庵次友人韻〕〉의 시구이다.

우에는 한가로운 말을 하려고 하지 않았기 때문에 시를 거의 짓지 않았습니다. 후학들이 끝내 주자의 시를 배울 수 없다면 아예 짓지 않는 것이 좋을 것입니다.

호원에게 답하는 편지

答浩原書

〔우계가 보내온 편지〕

겨울 추위가 한창 치성해지는데 삼가 정양(靜養)하는 것이 신의 도움을 받아 아주 좋은 것으로 생각되는바, 구구한 저의 우러르는 마음을 말로는 이루 다할 수가 없습니다.

향양리(向陽里)에서 헤어져 돌아온 뒤로 심부름꾼을 보내어 안부를 물을 계획을 일찍이 하루도 잊어 본 적이 없습니다. 그러나 농삿집에서 가을 추수를 하고 세금을 독촉하는 일이 아주 번다하였으며, 또 당형(堂兄)을 귀장(歸葬)하는 데 따른 여러 가지 일을 모두 이곳에서 조처해야 해서, 더욱더 사람을 보낼 수가 없었습니다. 이에 생각하고 있었던 뜻을 저버리고 말았으니, 몹시도 부끄럽고 한스럽습니다.

근래에 들어 따스하던 겨울철의 날씨가 조금씩 추워져서 병든 사람이 몸조리하기가 몹시 어려웠는데, 며칠 전부터는 갑작스럽게 엄한 추위가 찾아와, 더욱더 찬 기운을 쏘일 수가 없게 되었습니다. 모르겠습니다만 존형께서는 근래의 기거가 전에 이별할 때보다 조금은 더 나아지셨는지요?

숙헌 존형의 편지가 이곳에 온 지가 꽤 오래되었는데 이제야 보냅니다. 숙헌에게 편지를 전달받을 때 뜯어보아도 된다는 허락을 받았으므로 감히 봉함을 뜯어 한번 읽어 보았는데, 숙헌의 날카로운 칼날이 노형의 뜻에 완전히 굴복당하여 의미가 화평해졌음을 알고는 지극히 위로가 되었습니다.

그리고 또 향양리에서 한 번 만났던 것은 참으로 얻기 어려운 일이었는데, 손님이 찾아와서 조용하지 못한 탓에 좋은 모양을 이루지 못한 것 같아, 몹시 한스럽습니다. 그러나 며칠 동안 존형을 모시고 있으면서 보통 사람들이 미칠 수 없는 존형의 영특함에 우러러 탄복하였습니다. 작별한 뒤에 생각해 보니 자못 어둡고 가려진 저를 경책하게 되었는바, 참으로 감사하고 다행스러운 마음을 금할 수가 없습니다.

다만 병든 몸이 정신이 혼미해져 죽을 지경이 되었기에 매번 우환과 물욕이 침입해 온 탓에 저상되어 스스로 분발할 수가 없는 것이 걱정됩니다. 그런즉 어찌 날마다 동쪽의 논두렁과 북쪽의 밭두렁 사이에서 서로 어울려 보고 싶어도 보지 못하는 회포를 펼 수가 있겠습니까. 말로는 다할 수가 없어 편지를 쓰노라니 창망하기만 할 뿐입니다. 별지에 몇 가지 여쭈어 볼 것을 적었습니다. 이만 줄입니다.

기묘년(1579, 선조12) 11월 6일 혼(渾)은 재배하고 올립니다.

〔구봉이 보내는 편지〕

삼가 이달 8일에 보내 준 편지 세 통을 받아 보았으며, 이어서 6일에 전담 심부름꾼을 통해 보내 준 편지 두 통을 받아 보았는데, 정의(情義)가 모두 깊었습니다. 석담(石潭) 형의 편지가 아울러 이르렀기에 봉함을 열고서 자세히 읽어 보니, 병이 나은 듯하여 속으로 알고 있던 것에 발전이 있었습니다. 감사하고 감사합니다.

말세의 세상에 비방과 헐뜯음은 혹 자기 스스로가 불러오는 경우가 있고, 혹 다른 사람으로 인해 일어나는 경우가 있습니다. 자기 스스로가 불러오는 것은 의당 경계하여 삼가야 하지만, 다른 사람으로 인해 일어나는 것도 역시 두려워하면서 조심하는 것이 조금이나마 도움이 됩니다. 그런즉 참으로 이를 잘 이용하기만 한다면, 어느 것인들 나를 권면하는 바탕이 되지 않겠습니까.

석담 형은 다른 사람의 말을 잘 받아들이는 것이 다른 사람들보다 특별히 뛰어난데, 상대방과 나의 사이가 막힘이 없고 기상이 화평하지 않다면 어찌 능히 이와 같을 수가 있겠습니까.

노쇠한 나이에 욕심을 끊고 양생을 하는 요결에 대해 말씀하시면서 비단 형체만을 보호할 뿐만이 아니라, 역시 물욕을 능히 제거하는 데 대한 가르침이 있었는바, 고요한 가운데 터득한 것에 대해 몹시 흠앙합니다.

이 한 구절에 대해서는 제가 매번 이치의 자연스러움을 따르면서 인위적인 것을 용납지 말아야 한다고 경계를 하고 있습니다. 그런데도 인욕(人慾)이 항상 이기는 것을 면치 못하고 있으니, 몹시 한탄스럽고도 한탄스럽습니다. 어찌 반드시 미와(微渦)[61]만을 인욕이라고 하겠습니까. 스스로 침실에서의 행동을 돌아본다면, 천리(天理)와 인욕의 경계선이 또한 매우 분명합니다. 그런데도 한결같이 천리에 맡겨 버리지 못하니, 그저 두려울 뿐입니다.

그리고 영원히 끊는 것은 역시 이교(異敎)의 술법이지 우리 유가(儒

61 미와(微渦) : 보조개라는 뜻으로, 여색을 좋아하는 것을 의미한다. 소식(蘇軾)의 〈백보홍이수(百步洪二首)〉에 "시 속에서 무슨 말을 하였는지는 모르겠네만, 양 볼에 피어나는 보조개는 생각나네.〔不知詩中道何語, 但覺兩頰生微渦.〕"라고 하였다. 《東坡全集 卷10》

家)의 이치에 합당하지 않습니다. 이미 천리로써 동하지 못하였다면 형기(形氣)에서 나오는 인욕은 따르고, 가슴속에서 생겨나는 인욕은 능히 제거한다면 거의 이치에 합당하게 될 것입니다.

식욕(食慾) 역시 색욕(色慾)과 같은바, 음식 역시 굳이 억지로 더 먹을 필요는 없으며 적당하게 먹을 뿐입니다. 음식에 대한 걱정은 부족하게 먹는 데 있는 것이 아니라 지나치게 많이 먹는 데 있습니다. 옛사람이 음식을 더 먹으라고 한 말은 아마도 이치에 합당하지 않은 듯합니다.

호원에게 보내는 편지

與浩原書

이번 겨울에는 춥고 따스함이 일정하지가 않아, 병든 사람이 섭양(攝養)을 잘하기가 몹시 어렵습니다. 삼가 편지를 전해 온 뒤에 정양(靜養)하는 것이 어떤지 모르겠습니다. 저는, 죽지 않는 한 가지 일만은 오히려 전날과 같습니다. 문을 닫고 들어앉아 신음 속에서 보내고 있으니, 다른 일을 어찌 또 말하겠습니까.

일전에 심부름꾼을 통해 편지를 보내 주셨는데, 귀장(歸葬)하는 일이 갑작스럽게 닥쳐온 나머지에도 멀리서 아주 정성스럽게 가르침을 내려 주어, 나태함을 일깨우고 번잡함을 씻어 주었으니, 베풀어 주신 것이 적지 않습니다.

저는 형체(形體)의 병과 심성(心性)의 병이 나란히 짝이 되어 서로 부채질하고 있는 탓에, 하루 종일 정신이 혼모하여 청명(淸明)하고 지정(止定)[62]한 경계를 보지 못하겠습니다. 이에 팔짱을 끼고 묵묵히 앉아 있으면 가끔은 수렴(收斂)될 때가 있지만, 한 사물이 와서 부딪치면 문득 흩어지는 것을 깨닫는바, 동(動)하는 가운데에서 정(靜)함은 끝내 얻을 수가 없을 것입니다.

그리고 이른바 수렴한다고 하는 것도 도리어 선학(禪學)과 같아 이(理)가 기(氣)를 이기지 못하고 있으며 노쇠함이 또 박두해 오는바,

62 지정(止定) : 그칠 데에서 그쳐 안정되는 것을 말한다. 《대학장구》 경 1장에 "그칠 자리를 알아야 안정된다.〔知止有定〕"라고 한 데서 나온 말이다.

산속에 오래 머물러 있어서 정성(定性)[63]이 더욱더 빛을 발하고, 약질(弱質)이 도리어 더 건강해지는 존형께 몹시 부끄럽습니다.

〔우계가 보내온 편지〕

밤이 되면 꿈속의 혼이 직접 얼굴을 뵙는 듯하여, 외로운 잠자리에서 이불을 끼고 있으면서 그리운 생각이 멀리 달려갔습니다. 그러던 차에 갑자기 보내 주신 편지를 받고서 급히 펼쳐 빠르게 읽어 보고는, 겨울 추위 속에서도 정양(靜養)이 아주 좋으며 기거(起居)가 마땅하다는 것을 알았는바, 기쁜 마음이 들면서 감사한 마음과 위로되는 마음이 동시에 일어났습니다.

저는 지난달에 여러 차례 제사가 있어 한기(寒氣)를 너무 심하게 쏘인 탓에 몽롱하고 노곤하여 정신이 마치 꿈을 꾸는 듯 흐리멍덩합니다. 뜬 인생이 이 지경에 이르렀으니, 무슨 일을 할 수 있겠습니까.

보내온 편지에서 "고요한 가운데 수양하는 공부가 동(動)함을 만나면 흔들린다."라고 하셨는데, 이것은 참으로 직접 경험하고서 하신 말씀입니다. 저 같은 자는 문을 닫은 채 고요히 앉아 있을 경우, 2, 3일간 찾아오는 사람이 없으면 정신과 의사가 아주 전일해지고

63 정성(定性) : 절대적 본체라 할 천리(天理), 즉 성(性)에 입각하여 외물에 끌리지 않는 경지를 이른다. 송나라 정호(程顥)가 장재(張載)의 정성에 대한 질문에 대답하기를 "이른바 정(定)이란 동하여도 정하고 정(靜)하여도 정하여, 보내고 맞이함이 없고 내외가 없다.〔所謂定者, 動亦定, 靜亦定, 無將迎, 無內外.〕"라고 한 데서 나온 말로, 일이 지나갈 적에 보냄도 없고 일이 올 적에 미리 맞이함도 없는 것이다. 즉 지나간 일을 마음에 두지도 사물의 근원을 앞서서 상상하지도 않는 것이 올바른 마음공부라는 뜻이다.《近思錄 卷2 爲學》

안정이 됩니다. 그러나 혹 쓸데없이 응접을 할 경우에는 밖으로는 기운이 피곤해지고 안으로는 정신이 어지러워져 수습할 수가 없게 됩니다.

이것은 한갓 저 자신이 수양 공부가 힘을 얻지 못해서일 뿐만이 아니라, 아마도 피로한 병이 그렇게 만드는 것인 듯합니다. 마땅히 저의 마음과 저의 기운에 병든 곳이 있는지를 살펴보아야 할 것으로, 저의 학문이 편벽된 것으로 대충 보아 넘겨서는 안 됩니다.

저의 질병은 가을과 겨울이 되면 봄과 여름보다는 다소 덜해지는 듯합니다. 그러나 노형께서 당부하신 말씀은, 어찌 아름다움을 장려하고 잘 이끌어 주어 저로 하여금 스스로 분발하게 하려는 것이 아니겠습니까. 어찌하여 이와 같이 실정에 지나친 말을 하신단 말입니까.

육종용(肉蓯蓉) 값을 다시 보내오셨는데, 어찌하여 이것을 가지고 시장에서 조금이나마 사지 않으셨습니까. 저는 근래에 서울에 있는 높은 관원들과 점차 소원해진 탓에, 서신을 보내어 약을 구하는 것도 역시 할 수가 없습니다. 그러니 어디에서 다시 사인사(舍人司) 관원을 만나 볼 수 있겠습니까.

지난번 편지에 말씀하기를 "〈숙헌에게 보내는 편지〔與叔獻書〕〉에 쓴 '여(與)' 자를 '기상(寄上)'으로 바꾸라."라고 하였는데, 제 소견에는 전혀 옳지 않다고 생각합니다. 《주자대전(朱子大全)》 목록의 서류(書類)를 보면 비록 연평(延平)[64]과 적계(籍溪)[65]에게 올린 편지라

64 연평(延平) : 송나라 학자이며, 주희의 스승인 이동(李侗)의 호이다. 자는 원중(願中), 시호는 문정(文靖)이며 검남(劍南) 사람이다. 나종언(羅從彥)이 양시(楊時)에게 낙학(洛學)을 전수받았다는 이야기를 듣고 나종언에게 가서 배워 양시와 나종언

하더라도 모두 '여(與)' 자를 썼습니다. 그런데 하물며 대등한 붕우 간의 예(禮)에 '상(上)' 자를 쓰는 것이 어찌 옳겠습니까.

기록하는 글의 문체는 편지를 써서 서로 주고받는 예와는 같지 않습니다. 지금 사우(士友)들이 전해 보는 노형의 서찰은 마땅히 "아무에게 준 편지〔與某書〕"라고 기록하는 것이 옳을 것입니다. 어떻게 생각하십니까?

동정(動靜)에 대한 말씀은 가르침을 받고 나니 더욱 분명히 깨닫게 되어 감발되는 바가 많습니다. 잘 살펴 주시기 바랍니다.

오늘 손님이 찾아오는 바람에 혼모함이 특히 심하여 밤이 깊은 뒤 피곤한 가운데 편지를 쓴 탓에 일일이 다 적지 못하였습니다.

기묘년(1579, 선조12) 12월 1일 혼(渾)은 절하고 올립니다. 목면(木綿)은 제가 서울로 보내어 육종용을 사서 보내 드리겠습니다.

과 함께 검남 삼선생(劍南三先生)으로 불렸다. 이정(二程)의 학문이 주희에게 이어지는 교량 역할을 하였다.

65 적계(籍溪) : 송나라 학자이며, 주희의 스승인 호헌(胡憲)의 호이다. 숭안(崇安) 사람으로, 일찍이 태학(太學)에서 공부하고 있던 중 이락(伊洛)의 설을 익혔으며, 그 뒤로는 학문 공부를 하는 데 오로지 마음을 두어 부지런히 학문을 닦으면서 후학을 가르쳤다. 주희가 초년 시절 숭안에 있을 적에 부친의 유언에 따라 그의 문하에 나아가 사사하였다.《宋史 道學列傳 朱熹》

호원에게 답하는 편지

答浩原書

보내 준 〈은아전(銀娥傳)〉을 후세에 전하여 풍속의 교화를 창도하는 것은 오형의 아망(雅望)에 의지하여 하는 것이 마땅합니다. 어찌 저처럼 하찮은 자가 감당할 바이겠습니까. 단지 은아의 행적이 형이 지은 〈은아전〉에는 다 실리지 않은 것이 있으며, 또 형이 부탁한 것을 어기기가 어려워 감히 이렇게 초하여 올리는바, 산삭(刪削)을 가하는 것이 어떻겠습니까?

호원에게 답하는 편지

答浩原書

〔우계가 보내온 편지〕

삼가 3일에 보내 준 서찰을 받들고는 무더운 장마철에 도리(道履)가 마땅하다는 것을 알았는바, 오랫동안 소식이 끊겨 있으면서 걱정하던 마음이 몹시 위로가 되었습니다. 저는 매번 형이 기수(沂水)에 목욕하러 갔을 것[66]이라고 여기고 있었습니다. 그러면서도 다만 편안하다는 소식을 듣지 못하여 염려가 되었습니다. 그러니 어찌 그 걸음을 그만두었다는 것을 알았겠습니까.

지난달 그믐에 서신을 올리면서 오미자(五味子) 몇 되를 보내고 또 계씨(季氏)에게 답하는 편지를 동봉한 다음 습지(習之)[67]에게 부탁하여 전해 주게 하였는데, 아직 받아 보지 못하셨는지요? 습지는 이미 돌아왔습니까? 소식이 한결같이 이처럼 막히니, 몹시 탄식합니다.

66 기수(沂水)에……것 : 세속의 영화를 초탈하여 자연에서 소요하는 것을 말한다. 기수는 산동성(山東省)에 있는 물 이름이다. 공자가 제자들에게 각자의 뜻을 말해 보도록 하자, 다른 제자들은 모두 정사에 참여하는 것을 말하였는데, 증점(曾點)만은 봄날에 동료들과 함께 기수에서 목욕하고 무우(舞雩)에서 바람 쐰 후 노래하며 돌아오겠다고 하니, 공자가 감탄하면서 "나는 증점을 따르겠다." 하였다. 《論語 先進》

67 습지(習之) : 안민학(安敏學, 1542~1601)으로, 본관은 광주(廣州), 자는 습지, 호는 풍애(楓崖)이다. 박순(朴淳)의 문인이며, 이이(李珥), 정철(鄭澈), 이지함(李之菡), 성혼(成渾), 고경명(高敬命) 등과 교유하였다.

저는 가문이 불행하여 종숙부인 대곡(大谷) 선생[68]이 보은(報恩)에서 별세하셨습니다. 천 리 먼 곳에서 부음(訃音)을 접하매 슬피 울부짖으면서 애통한 마음을 견딜 수가 없습니다. 선친의 종형제 가운데 이제 이 세상에 살아 계신 분이 없습니다. 산림(山林)의 높은 의리가 지금 이후로는 적막해지게 되었으니, 애통해하는 심정을 어찌 그칠 수 있겠습니까, 어찌 그칠 수 있겠습니까.

보내 주신 〈은아전(銀娥傳)〉을 개초(改草)한 글은 한번 읽어 보고 저도 모르는 사이에 탄복을 하였습니다. 형의 필력은 금처럼 정밀하고 옥처럼 윤택하니, 참으로 문장가의 솜씨라고 이를 만합니다. 제가 찬술한 바는 참으로 잡일이나 하는 노복의 솜씨이니, 어찌 족히 운운할 것이 있겠습니까.

그리고 사우(士友)들 사이에서 서로 말하여 은아의 의열(義烈)이 이 세상에 환히 드러나도록 해야 합니다. 이 일이 관계되는 바가 어찌 단지 숨겨진 덕(德)의 그윽한 빛을 드러내는 데에 있을 뿐이겠습니까. 세교(世敎)에 도움이 되는 바가 적지 않을 것입니다. 다시금 힘써 드러내어 밝혀서 착한 행실이 끝까지 잘 드러나게 해 준다면 몹시 다행이겠습니다.

숙헌(叔獻)이 상소문을 올린 것은, 어찌하여 그런 일이 있게 되었는지 모르겠습니다. 자못 한탄스럽습니다. 그 말의 옳고 그름을 감히 말할 수가 없으니, 더욱더 사람의 속을 답답하게 만듭니다.

저는 병이 깊으니 무슨 수로 한번 대궐 아래에 나아갈 수 있겠습니

68 대곡(大谷) 선생 : 성운(成運, 1497～1579)으로, 본관은 창녕(昌寧), 자는 건숙(健叔), 호는 대곡이다.

까. 더구나 또 여러 사람의 구설에 올라 한 푼의 값어치도 못 되는바, 예로부터 산림 출신으로서 어찌 이런 일이 있었겠습니까. 참으로 부끄럽고 참으로 부끄럽습니다. 이만 줄입니다.

경진년(1580, 선조13) 6월 14일 혼(渾)은 올립니다. 심부름꾼이 몹시 서두르기에 대충만 적었습니다.

〔구봉이 보내는 편지〕

멀리서 생각건대 거듭 병이 있어 수양하는 데 방해되는 점이 있을 것이기에 우러러 걱정이 되고 걱정이 됩니다. 저는 한질(寒疾)이 점점 더 심해져 병석에 누운 채 문을 닫고 지내고 있는 탓에 인사(人事)가 단절되어 한결같이 청고(淸苦)하게만 지내는바, 가끔은 마음이 혹 안정되기도 합니다. 병이 만약 몸에서 떠나간다면 고요한 가운데 조금은 좋은 뜻이 있을 것입니다. 여기에서 마음을 기르는 것과 병을 요양하는 것이 똑같이 한 방법이라는 것을 알았습니다.

석담(石潭)과는 서신이 막힌 듯하여, 몹시 염려가 되고 염려가 됩니다. 은아(銀娥)가 살던 마을의 사람들과 수령이 전보(轉報)한 은아의 행실을 적은 글을 부쳐 보내니, 한번 읽어 보시는 것이 어떻겠습니까? 이것은 제가 지은 전에 의거하여 전보한 것입니다. 단지 염려되는 바는 말세의 세상에서 착한 행실을 좋아하는 뜻이 도탑지 못하여 방백이 지체한 탓에 밝고도 밝은 은아의 행실이 잡초 사이에서 윤몰되게 하는 것입니다.

제가 석담에 보낸 편지 한 통을 전해 받아 본 사람들이 있다고 들었습니다. 끝부분에서 말한, 이천(伊川)의 집에서 봉사(奉祀)한 한 가지 일에 대해 형이 보기에는 어떻다고 여기십니까? 써서 보내 주신다면 몹시 다행이겠습니다.

저는 지금 고례(古禮)를 모아 그것을 참고하여 《가례(家禮)》에서 이해가 되지 않던 부분을 해석하여, 가숙 안에서 후학들이 보게 할 참입니다. 계함(季涵)이 보낸, 희원(希元)에게서 온 〈예잡록(禮雜錄)〉을 이곳으로도 보내라고 명하는 것이 어떻겠습니까? 혹시라도 참고할 일이 있을 듯하기에 감히 말씀드렸습니다.

〔우계가 보내온 편지〕

말씀하신 명도(明道)와 이천(伊川)의 일은 참으로 온당치 않습니다. 제가 전에 의심하면서 이해하지 못했던 것이 바로 이것입니다. 이천의 아들이 집안에서 전해 온 학문을 제대로 체득하지 못하고서 의리에 어긋나게 대처하였습니다. 이것은 후대의 일이니, 이천과는 상관이 없습니다. 그러나 이천의 아들이 예를 잃은 것도 이천의 잘못입니다. 어떻게 생각하십니까? 잘 살펴보아 주시기 바랍니다. 기운이 몹시 좋지 못하여 대충만 써서 올립니다. 이만 줄입니다.

기묘년(1579, 선조12) 12월 19일 혼(渾)은 재배하고 올립니다.

호원에게 답하는 편지
答浩原書

〔우계가 보내온 편지〕

날씨가 점차 더워지는데 삼가 도리(道履)가 아주 편안할 것으로 생각되는바, 간절하게 그리운 마음이 경계 지역에 가까이 다가갈수록 더욱더 깊어집니다. 전에 두 차례 보내 준 서찰을 받고서 거듭 읽어 보니, 몹시 감사하며 위로되는 마음이 한량없습니다.

매번 심부름꾼을 보내어 안부를 물어서 그리워하는 마음을 조금이나마 펴 보려고 하였습니다만, 장인어른이 병이 나 형포(荊布)[69]가 서울로 친정 부모를 뵈러 가는 바람에, 우거하고 있는 곳의 살림이 더욱더 군박해져 아직까지 그렇게 하지 못하였습니다. 참으로 한탄스럽고 한탄스럽습니다.

저는 홀로 두 딸아이와 함께 살고 있어서 여러 가지 상황이 더욱더 좋지 못하며 병으로 인해 점점 더 몸이 심하게 수척해집니다. 옛사람이 마땅히 환난에 대처하는 법을 배워야 한다고 말한 것[70]을 금년에

69 형포(荊布) : 가시나무로 만든 비녀를 꽂고 베로 만든 치마를 입는 것으로, 부인의 검소한 덕을 말하는데, 여기서는 구봉 자신의 아내를 뜻하는 말로 쓰였다.

70 옛사람이……것 : 옛사람은 정이(程頤)를 가리킨다. 정이가 일찍이 부주(涪州)에 유배되었다가 뒤에 풀려 돌아왔는데, 풍채와 용모와 안색과 수염과 머리털이 모두 평소보다 좋아졌다. 이에 문인이 연유를 묻자 "이것은 학문의 힘이다. 대체로 학자들은 환난과 빈천에 대처하는 법을 배워야 하고, 부귀영달 같은 것은 굳이 배울 것이 없다.〔學之力也. 大凡學者, 學處患難貧賤. 若富貴榮達, 卽不須學也.〕"라고 하였다. 《心經 正心章》

참으로 한 차례 시험해 보았습니다.

그리고 신박(申樸)[71]이 신 도사(申都事)의 뜻으로 답해 오기를 "강가에 있는 집은 이미 다른 사람에게 빌려주었다."라고 하였습니다. 대개 신 도사의 외할머니가 돌아가시기 전에 그 조카에게 빌려주었다고 합니다. 삼가 바라건대 잘 알아보는 것이 어떻겠습니까? 이곳은 알맞지 않으니 몹시 한스럽습니다. 모르겠습니다만 앞으로 어떻게 할 계획이신지요?

서울로 보낸 저의 편지는 이미 받아 보셨는지요? 근래에 날씨가 아주 뜨겁지는 않으니, 혹시라도 작은 수레를 타고 느릿느릿 들판으로 나들이를 나갔다가 제가 사는 집으로 들러 줄 수는 없습니까? 간절히 바라기는 하면서도 감히 그렇게 해 달라고 말하지는 못하겠습니다. 존백씨(尊伯氏) 어르신께는 서장을 올려 감사의 말씀을 드리겠으나 저의 속마음을 말씀드려 주시는 것이 어떻겠습니까?

저는 생질녀의 상을 당하였는데, 지난달 28일에 죽었으며 그다음 날에 부음을 들었습니다. 이에 이달 3일부터 포대(布帶)의 상복을 입었습니다. 대개 오복(五服)의 경우에는 부음을 들은 날부터 달수를 헤아립니까, 성복한 날부터 달수를 따집니까? 또 예경(禮經)을 보면 이성(異姓)의 경우에는 출입에 따른 강복(降服)이 없습니다.[72]

71 신박(申樸) : 대본에는 '申撲'으로 되어 있다. 국립중앙도서관 소장본 《만력이십삼년을사증광사마방목(萬曆二十三年乙巳增廣司馬榜目)》(의산古6024-118)에 근거하여 '撲'을 '樸'으로 바로잡아 번역하였다. 신박(1555～?)은, 본관은 고령(高靈), 자는 질부(質夫)이다. 통훈대부 신여량(申汝樑)의 아들로, 1605년(선조38) 증광시에 합격했다. 신여량이 성혼(成渾)의 장인이므로 신박과 성혼은 처남 매부 사이이다.

72 예경(禮經)을……없습니다 : 예경은 《의례(儀禮)》를 가리키고, 이성은 성씨가 다

이 때문에 시마복(緦麻服)으로 강복하지 않고 원래의 복인 소공복(小功服)을 입었습니다. 이상의 두 단락에 대해서 삼가 정론(定論)을 가르쳐 주시기를 간절히 바라고 바랍니다. 이만 줄입니다.

경진년(1580, 선조13) 윤4월 13일 혼(渾)은 재배하고 올립니다.

〔우계가 보내온 편지〕

'축저(築底)'[73] 두 글자가 무슨 뜻인지 모르겠습니다. '저(底)' 자가 실자(實字)입니까, 허자(虛字)입니까? 그 뜻에 대해 상세히 가르쳐 주시기 바랍니다.

그리고 숙헌(叔獻)이, 서모(庶母)에 대한 예(禮)를 논한 존형의 편지에 대해 적어 보내 준 답서를 받아 보니, 그 내용이 대부분 정(情)을 위주로 하였고 예(禮)에 근거하지 않았습니다. 그리고 대충대충 말한 탓에 정밀하고 상세함이 부족하니 매우 아쉽습니다. 그 답서를 지금 이미 받아 보셨는지요? 숙헌은 이에 대하여 마음을 비우고서 받아들이는 뜻이 부족하니, 모름지기 옛 책을 널리 상고하여 옛 사실에 근거해 굴복시켜야 할 것이요, 말로 논쟁하기는 어려울 것입니다.

른 사람을 말하고, 출입은 자기 집안의 소속으로 들어오거나 다른 집안의 소속으로 나가는 것으로 출가하거나 출가하기 전을 말한다. 강복은 원래 정해진 상복보다 한 단계 낮추어 입는 것으로, 시집간 딸이 친정 부모의 상을 당했을 때와 양자로 간 아들이 본생부모의 상을 당했을 때 기년복을 입는 사례가 여기에 속한다.

73 축저(築底) : 송나라의 어록(語錄)에서 쓰는 말로, 축(築)은 궁극의 뜻이고, 저(底)는 근본이라는 말과 같다. 근본이 되는 궁극에 도달하여 다시는 더 갈 곳이 없는 것을 뜻한다. 《宋子大全 隨箚 卷3 卷之三十書》

숙헌이 말한, 순(舜) 임금이 고수(瞽瞍)의 조회를 받았다는 비유[74]는 옳지 않은 듯합니다. 가장이 살아 있을 때에 첩이 낳은 자식 중에 아내를 얻은 자가 있으면, 첩의 아들과 며느리는 여러 아들과 여러 며느리의 대열에 있을 수 있으나, 첩은 그 사이에 끼일 수가 없습니다. 그런즉 평상시의 예는 때로 자식이 정위(正位)에 있는 경우가 있습니다. 사실(私室)에 있을 때에는 스스로 어머니를 공경하는 예를 다할 수 있으나 가장을 모시고 있을 경우에는 그렇지 않을 듯합니다. 그렇다면 "비첩(婢妾)들은 부녀(婦女)의 뒤에 선다."라는 것은, 비단 상례(喪禮)에만 그러한 것이 아닐 것입니다. 저의 비루한 소견은 이와 같은데 어떠한지 모르겠습니다.

인륜은 위로는 아버지와 어머니가 있고 아래로는 아들과 며느리가 있습니다. 그 사이에 만약 첩의 자리를 놓는다면 적처(嫡妻)에게 핍박당하여 쓸데없는 자리가 됩니다. 숙헌은 평소 언제나 상례(喪禮)에 비첩이 부녀의 뒤에 선다는 말을 의심하여 –원문 1자 결락– 서모를 주부(主婦)의 앞에 놓으려고 하였습니다.[75] 전부터 소견이 이와

74 숙헌이……비유 : 고수는 순 임금 아버지의 별명이다. 맹자의 제자인 함구몽(咸丘蒙)이 맹자에게 묻기를 "속담에 '훌륭한 덕을 간직한 사람은 군주가 신하로 대할 수 없고, 아버지가 자식으로 대할 수 없다. 순 임금이 남면하고 즉위하자, 요(堯) 임금은 제후들을 거느리고 북향하여 조회하였고, 고수 역시 북향하여 조회하였다.' 하니, 이 말이 사실입니까?"라고 묻자, 맹자가 "이는 군자의 말이 아니다."라고 부정하였다. 이이(李珥)는 이 말을 인용하여 서모를 주부의 뒤에 놓는 자들의 비유로 삼았다.

75 숙헌은……하였습니다 : 이때 이이가 해주(海州)의 석담(石潭)에 사당을 세우고 큰형수인 곽씨(郭氏)로 하여금 신주를 받들고 와서 거처하게 하였으며, 또 사마씨(司馬氏)의 삭망에 참배하는 의식을 행하면서 서모로 하여금 주부의 자리에 있게 하였다. 《牛溪集 年譜》

같았던바, 비단 오늘날에만 그러한 것이 아닙니다. 어찌 잘못된 것이 아니겠습니까. 삼가 이에 대해서도 가르쳐 주시는 것이 어떻겠습니까? 지난번 편지에서 여쭌 상례(喪禮)에 대해서도 인편을 통해 답하여 주신다면 몹시 다행이겠습니다.

저는 며칠 전부터 몸이 너무 피곤하여 몹시 답답합니다. 계응(季膺) 존형께서는 지금 어디에 있는지요? 마음은 앞에서 말한 바와 같기에 따로 편지를 쓰지 못하겠습니다. 이만 줄입니다.

경진년(1580, 선조13) 윤4월 18일 혼(渾)은 절하고 올립니다.

〔구봉이 보내는 편지〕

이미 서울에서 전해 온 편지를 받았는데, 또다시 심부름꾼을 통해 전해 온 편지를 받들었는바, 더욱더 도타운 뜻에 감사드립니다. 혼자서 황폐한 집에 머물며 아이들을 기르면서도 도리어 환난에 대처하는 도를 배우고 있다고 하였는바, 한편으로는 위로하는 동시에 한편으로는 경하드립니다. 그 어느 것인들 배우는 것이 아니겠습니까.

이성(異姓)에게는 강복하는 법이 없다는 물음은, 참으로 예에 따르는 것이 마땅합니다. 달이 장차 다 끝나 가는 즈음에 상을 당하였을 경우 성복하는 달부터 달수를 따지느냐는 물음은, 아마도 옳지 않은 듯합니다. 기년복(朞年服)은 중한 복인데도 이미 죽은 달부터 달수를 따집니다. 그런즉 다른 복에 대해서야 또 무엇을 의심하겠습니까. 이 또한 끌어대서 확장해서는 안 될 것입니다.

숙헌이 서모를 받드는 예에 대해서는 전후로 그와 주고받은 편지를 한 통으로 만들어서 올립니다. 숙헌이 정이 너무 앞서는 탓에 예를 잃었으니, 어쩌면 좋단 말입니까.

호원에게 보내는 편지

與浩原書

마음에는 생소함과 익숙함이 있는데, 익숙함은 이치를 따르고, 생소함은 바로 이것과는 반대됩니다. 말〔馬〕을 부리는 경우에도 생소함과 익숙함이 있습니다. 생소한 말은 끝내는 익숙하게 됩니다. 이것은 길들임이 그 성과를 얻은 것입니다. 우리 사람들이 마음을 다스리는 것이 도리어 말을 길들이는 것만도 못한 것은, 전적으로 도를 따르지 않거나 가끔은 익숙해질 때가 있더라도 매번 도로 생소해지는 걱정이 있어서입니다. 나이가 쉰이나 되었는데도 그 생소함이 처음과 같은바, 생각하노라니 마음이 근심스럽고 두려워집니다.

숙헌에게 답하는 편지
答叔獻書

삼가 윤4월 7일에 보내 주신 편지를 받들었는데, 도리(道履)가 신(神)의 도움으로 편안하다니, 우러러 위로가 됩니다. 토정(土亭)의 아들이 호랑이에게 잡아먹혔다니,[76] 소식을 듣고는 몹시 놀랍고 슬펐습니다. 예전에는 효자에게 순종하는 호랑이가 있었는데, 지금은 도리어 무덤을 지키면서 여묘살이하는 효자를 잡아먹다니, 호랑이도 옛날과 지금이 다른 것입니까?

지금 봉흔(奉訢)이 형을 헐뜯은 상언(上言)을 보았는데,[77] 때를 틈타서 괴이한 짓을 하는 것이 형에게야 무슨 손상이 되겠습니까. 단지 세도만을 탄식할 뿐입니다. 형이 지금 호남 관찰사가 되었는데, 형의 병이 극도에 이르렀음을 알겠는바, 우습고 우습습니다.

저는 금년에는 이미 구봉(龜峯) 근처에 있는 자그마한 샘 곁에 터를

76 토정(土亭)의……잡아먹혔다니 : 토정은 이지함(李之菡)의 호이다. 이지함의 둘째 아들 이산휘(李山輝)는 음악을 잘 알기로 세상에 알려졌는데, 이지함이 죽은 뒤 여묘살이를 하다가 호랑이에게 물려 일찍 죽었다. 《畸翁漫筆》

77 지금……보았는데 : 대본에는 '今見奉之訢兄上言'으로 되어 있다. 편지를 정서하는 과정에서 생긴 오류로 보아 '訢'을 '訴'로 바로잡아 번역하였다. 이이(李珥)는 자신과 정치적으로 대립하고 있던 송응개(宋應漑)로부터 "향리에 있을 때도 염치로 자기 자신을 지키지 못하여 열읍에서 뇌물이 그의 집에 모여들었고, 재물과 이익을 다투는 일이면 송곳 하나 칼 한 자루도 양보하지 않았으며, 첨지 봉흔(奉訢)의 대대로 경작하던 토지를 무리한 방법으로 빼앗았고, 그의 형이 봉흔의 종을 타살(打殺)하였다."라는 비방을 받은 적이 있다. 《宣祖實錄 16年 7月 16日》

잡고 살기로 정하고서 집터를 다듬고 연못을 팠습니다. 가을쯤에는 마땅히 초막을 짓고 옮겨 가서 살 것입니다. 이에 지난날에 산수(山水)의 좋고 나쁨을 품평하면서 집터를 고르던 것이 모두가 쓸데없는 일이 되고 말았습니다.

이 이후로는 초가집 안에서 편안한 마음으로 한결같이 담박하게 지내면서 졸(拙)함을 지키며 죽을 날을 기다릴 것입니다. 산은 선묘(先墓)에 연해 있고, 문은 척박한 밭에 임해 있으니, 남쪽 들판과 북쪽 언덕에서 형제들과 더불어 지팡이를 짚고 서로 어울리면서 소요한다면 저의 일은 다 끝난 것입니다. 달리 또 무엇을 바라겠습니까.

《소학집주(小學輯註)》는 이미 저의 견해를 덧붙여서 호원(浩原)이 있는 곳으로 보냈습니다. 형이 서모를 떠받드는 예는 끝내 마땅함을 얻을 수가 없습니다. 정이 지나쳐서 예를 잃었기에 감히 옳다고는 하지 못하겠습니다. 삼가 답장을 보냅니다.

〔율곡이 보내온 편지〕

무더위가 요즈음 들어 아주 심한데 도리(道履)가 신의 도움으로 화평할 것으로 생각됩니다. 지난 윤달 22일에 부친 편지를 받고서는 반복해 읽어 보면서 손에서 놓지 못했습니다. 삼가 건강이 좋지 못한데 약도 효험을 보지 못하고, 목욕도 할 형편이 되지 못한다는 것을 알았는바, 깊이 걱정이 되어 속이 탑니다. 생각건대 따뜻한 물에 목욕하는 것이나 차가운 물에 목욕하는 것이나 모두 위험한 방법이니, 몸을 잘 조섭하면서 약을 복용하는 것만 같지 못할 것입니다.

댁의 아드님은 나이가 많은데도 성동(成童)이 되지 못하였으니, 이는 자못 괴이하고 한탄스러운 일입니다. 그러나 모든 것이 운명이니, 어찌하겠습니까. 봉흔이 올린 상언(上言)을 베껴서 보내 주기까지 하였는바, 깊이 감사드리고 감사드립니다. 비록 모함하고 기만한 말이기는 하지만 대개 제가 스스로 자초하였으니, 무엇을 원망하고 허물하겠습니까. 옛사람 가운데에는 자기 이름을 더럽히면서 아우의 명성을 드날려 아우로 하여금 벼슬을 얻게 한 이가 있습니다. 저 또한 제 이름을 더럽히더라도 형의 굶주림을 구제한다면 참으로 마음에 달갑게 여길 것입니다.

그리고 선산 곁으로 거처를 정했고 계씨(季氏)도 그곳으로 와서 산다고 하니, 형제간의 단란한 즐거움이 어찌 깊지 않겠습니까. 좋은 산과 물은 참으로 손에 넣기가 어렵습니다. 저도 종전부터 부지런히 찾아다녔는데, 이제야 겨우 그 계획을 이루게 되었습니다. 형의 계획도 이제 이루어졌으니, 어찌 고향을 떠나 객지에서 우거하고 있는 저보다 낫지 않겠습니까.

저는 가을 중간 즈음에나 고향으로 돌아가 성묘하려고 하는데, 그때는 혹 만나 볼 수 있을 것입니다. 서모(庶母)의 위차(位次)에 대해서는 끝내 의거할 만한 예를 찾지 못하였는바, 사람으로 하여금 고민되게 합니다. 이에 우선 오늘날의 소견에 따라 임시의 제도로 삼았습니다. 이 뒷날에 학문이 진보되면 아마 서로 강론하여 귀일될 수 있을 것입니다. 계씨는 그곳으로 왔습니까? 역시 문안 인사를 올려 주시기 바랍니다. 이만 줄입니다.

경진년(1580, 선조13) 5월 20일 이(珥)는 절하고 올립니다. 마른 조기 온전한 것 10마리와 흠이 있는 것 20마리를 삼가 올립니다.

공택[78]의 물음에 답하는 편지
答公澤問

보내온 편지에서 "사단(四端)은 이(理)에서 발하고, 칠정(七情)은 기(氣)에서 발한다."라고 한 설은 아주 온당치 못하네. 사단과 칠정이 어느 것인들 이와 기가 발한 것이 아니겠는가. 따로 떼어서 말하면 사단이고 통틀어서 말하면 칠정인 것이네. 사단은 거듭 이(理)의 측면에서 따로 떼어 말한 것이고, 칠정은 이와 기를 모두 통틀어서 말한 것이네.

〔공택이 보내온 편지〕

《근사록》에서 정사를 논한 부분의 11판(板)을 보면 "모름지기 일에 나아가 배워야 한다. 어찌 반드시 책을 읽은 뒤에야 학문을 하겠는가.〔須是就事上學 何必讀書然後爲學〕"라고 한 말이 있는데, 이 단락의 글 뜻은 전혀 이해하지 못하겠습니다. 만약 이 설과 같다면 일에 임해 상량을 하면서 그 이치를 얻는 것이 바로 일에 나아가서 배우는 것이고, 글을 읽고 깊이 생각을 하면서 의리를 강명(講明)하는 것은 바로 글을 읽으면서 학문을 하는 것입니다. 이것은 판연히 다른 두 가지로 행하는 것인바, 아마도 온당치 못한 듯합니다.

78 공택(公澤) : 구봉의 제자인 허우(許雨)의 자이다. 자세한 이력은 미상이다.

〔구봉이 보내는 편지〕

글을 읽고 일에 응하는 것이 두 가지 일임을 말하는 것이 아니네. 또한 사람들로 하여금 글을 읽지 말라고 가르치고자 하는 것도 아니네. 오늘날 세상에서 어떤 사람은 혹 앉아서는 능히 글을 읽으면서도 나가서는 일에 응하는 법이 깜깜한 경우가 있는데, 이것은 비록 글을 읽었더라도 역시 취하여 쓸 바가 무에 있겠는가. 글을 읽으면서 이치를 궁구하는 것은 본디 일에 응하고 상대를 접할 때 각각 그 이치에 마땅하게 하고자 해서이네. 이 단락의 말은 일에 응하는 곳이 중한 것이네. 이와 같이 보는 것이 어떻겠는가?

호원에게 답하는 편지
答浩原書

〔우계가 보내온 편지〕

장맛비가 처음으로 갰는데, 삼가 도리(道履)의 기거가 좋을 것으로 생각됩니다. 소식이 끊어진 지 이미 오래되었기에 그리운 정을 금할 수가 없습니다.

저는 지난달 초에 사당(祠堂)에 와서 세사(歲事)를 행하고는, 큰비를 만나는 바람에 도로가 통하지 않아 우거하고 있는 집으로 돌아가지 못하다가, 어제 가솔을 이끌고 이곳으로 왔습니다. 이로부터 더욱더 고향집과는 멀어져 길이 막히게 되었는바, 사람으로 하여금 더욱더 서글픈 마음이 들게 합니다.

지난달에 숙헌이 형에게 보내는 편지가 이곳으로 왔는데 큰 장맛비가 내려 산이 무너지고 골짜기가 쓸려 나갔으며 도로가 막힌 탓에, 아직까지 형이 있는 곳으로 보내지 못하고 있다가 지금에야 비로소 싸서 보냅니다. 서모(庶母)에 대한 예를 논한 것이 보고 싶었기에 감히 편지를 뜯어보았습니다. 꾸짖지 말아 주신다면 몹시 다행이고 다행이겠습니다.

저는 근래에 몸이 더욱 수척해져 뼈만 남아서 잠시만 움직여도 곧바로 기진맥진하곤 합니다. 이에 책을 보고 글자를 쓰는 것마저도 종일토록 힘쓸 수가 없으니, 자못 걱정스럽습니다. 이렇게 산다면 비록 백 년을 산들 무슨 보탬이 있겠습니까.

금년은 수재(水災) 때문에 백성들의 살아갈 길이 참으로 막막하니, 어떻게 구제해야 할지 모르겠습니다. 전답의 곡식들이 모두 모래와 돌에 휩쓸려 나가고, 강가는 여러 날 동안 침수되어 가을철의 수확을 기대할 수가 없습니다.

숙헌은 석담(石潭)에 있는 집 앞 세 칸짜리 정자가 거센 물결에 떠내려갔으며, 유실된 밭곡식이 거의 50여 섬에 이른다고 합니다. 가을이 오면 당장 굶주릴 것인데, 하늘은 어찌하여 이와 같이 현자를 곤궁하게 한단 말입니까. 몹시 침통하고 한탄스럽습니다.

또 숙헌이 저에게 《소학집주》의 발문(跋文)을 지어 달라고 요청하였는데, 감히 사양할 수가 없었습니다. 이에 감히 존형이 지은 것을 모방하여 짓고서는 삼가 먼저 좌전(座前)에 올려 보이는바, 잘 수정해 주시는 것이 어떻겠습니까?

저의 문장은 본래 졸렬하여 다시 고쳐 달라고 청할 만한 것이 못됩니다. 그러면서도 고쳐 주기를 바라는 까닭은, 그 의론이 어떠한가를 보려고 해서일 뿐입니다. 삼가 바로잡아서 다시 이곳으로 돌려보내 주시는 것이 어떻겠습니까?

앞서 보내 주신 어물(魚物) 세 가지를 이제야 받았습니다. 우포(牛脯) 7개와 건어편(乾魚片) 1개를 버들고리 속에 넣어 두었습니다. 삼가 웃으며 살펴 주시기 바랍니다.

계씨(季氏)는 초정(椒井)에서 돌아왔는지요? 과연 신묘한 공효가 있습니까? 나머지 많고 많은 사연은 다 쓰지 않고 이만 줄입니다. 가을쯤에 향양리(向陽里)로 가서 오랫동안 머물면서 감히 그곳으로 오시도록 통지하여 3, 4일 정도 깊은 정을 나누고자 합니다. 간절히 바라는 바는 오직 이것에 있습니다.

경진년(1580, 선조13) 7월 2일 혼(渾)은 절하고 올립니다.

〔구봉이 보내는 편지〕

일전에 교하(交河)로부터 전해 온 편지를 받들었는데, 시원스럽게 위로가 된 끝에 홀로 계상(溪上)으로 들어갔다가 장맛물로 인해 길이 막혀서 돌아오지 못하였다고 듣고는, 몹시 걱정이 되었습니다. 지금 보내 준 편지 받들고 보니 내외 친족들이 다 모여서 사묘(祠廟)를 알현하고 어린아이들을 어루만져 주었으며, 문정(門庭)을 깨끗하게 소제하여 집안을 다스리는 것이 예전과 같다고 하였는바, 우러러 축하하고 축하합니다.

장맛비가 걷히고 서늘한 기운이 돌기에 바야흐로 가까운 시일 안에 향양리에 모여서 강론할 생각을 하고 있던 차에, 곧바로 산속으로 깊이 들어가 거리가 멀어졌다고 들었는바, 그리워하는 마음을 정성스럽게 하지 못하여 제때에 서두르지 못한 것이 몹시 한스럽습니다.

저는 갈수록 더 노쇠해져서 눈은 어지럽고 정신은 곤핍하여 총명이 날로 쇠해진다는 것을 깨닫겠는바, 이는 참으로 학문 공부를 제대로 하지 못한 소치입니다. 멀리서 생각건대 오형께서는 능히 엄하고 부지런하여, 병은 날로 회복되고 기운은 날로 건장해질 것으로 여겼습니다. 그런데 몸이 수척해졌다는 말이 이처럼 극도에까지 이르렀는바, 편지를 받아 보고는 의심을 하면서도 탄식하였습니다.

해일(海溢)이 일어나고 산이 무너져서 쓸려 나가거나 깔려서 죽은 자가 원근에 서로 잇따르고 있습니다. 재변이 일어나게 한 자는 백성들이 아닌데도 재변을 먼저 당하는 자는 백성들이니, 그저 슬플 뿐입니다.

숙헌은 풍년이 든 때에도 곤궁하게 지내는 사람인데, 집이 쓸려 나가고 곡식이 유실되어 하늘이 아주 심히 곤궁하게 하였다고 하는바, 몹시 염려가 되고 염려가 됩니다. 듣건대 형이 사는 곳도 농작물이 자못 침수되었다고 하는데도, 그에 대해서는 언급하지 않고, 단지 숙헌의 처지만을 걱정하고 있으니, 형은 참으로 다른 사람을 위하는 정성은 깊으면서 자신에 대해서는 담박한 사람이라고 할 만합니다.

듣건대 경연 석상에서 상께서 숙헌에게 시골에 살면서 치부하였느냐고 하문하셨다고 하는데, 오랫동안 경악(經幄)에서 모시고 있었는데도 윗사람과 아랫사람 간에 서로 잘 모르는 것이 과연 이와 같단 말입니까. 한탄스럽고 한탄스럽습니다.

그 뒤에 "바닷가의 땅은 숙헌과는 관계가 없고 끼닛거리마저도 잇기가 아주 어렵다."라는 내용으로 해명을 하여 성상의 의심을 풀어 준 근신(近臣)이 있었다고 합니다. 그러나 이 역시도 말단의 일입니다. 당초에 바로잡지 못하고 말단에 와서 구제하려고 하였으니, 역시 무슨 보탬이 있겠습니까.

보내 주신 《소학집주》의 발문은, 말뜻이 화평하여 아주 좋습니다. 다만 이것은 바로 《소학》에 대한 발문이어서 《소학집주》에 대해 말한 것이 조금은 부족한 듯합니다. 그러니 다시금 몇 마디 말을 더 이어 붙여서 본래의 뜻에 합치되도록 하는 것이 어떻겠습니까? 글을 고쳐 달라는 부탁은 감히 명을 받들 수가 없어서 감히 그대로 돌려보냅니다.

숙헌이 서모(庶母)의 위차에 대해 논하면서 예에 대해 강론한 것이 몹시 엉성한데도 오히려 자신의 소견을 고집하고 있으니, 한 차례 대면하여서 바로잡아 주고자 합니다.

전후로 고기와 어물을 보내 주셨는데, 은근하고 간절한 마음이 이에까지 이르렀는바, 크게 마음을 써 주신 데 대해 우러러 감사드립니다. 이생(李生)에게 부쳐 보낸 편지는 아직까지 받아 보지 못하였습니다. 나머지는 뒷날 편지에서 말씀드리겠습니다. 삼가 답장을 올립니다.

허공택 우에게 답하는 편지

答許公澤雨

〔허공택이 보내온 편지〕

장자(張子)가 말하기를 “태허로 말미암아 ‘천’이라는 이름이 있고, 기화로 말미암아 ‘도’라는 이름이 있고, 태허와 기화를 합하여 ‘성’이라는 이름이 있고, 성과 지각을 합하여 ‘심’이라는 이름이 있다.〔由太虛有天之名 由氣化有道之名 合虛與氣有性之名 合性與知覺有心之名〕”라고 하였는데,[79] 저는 위 세 구절에 대해서는 대충 그 뜻을 알겠습니다만 아래 한 구절에 대해서는 깨닫지 못하겠습니다. 이미 “성은 지각 운동이다.〔性則知覺運動〕”라고 하였으니,[80] 이것은 모두가 성

79 장자(張子)가……하였는데 : 장자는 송나라의 학자인 장재(張載)를 가리킨다. 이 내용은 《맹자》〈진심 상(盡心上)〉에 “자신의 마음을 극진히 하는 자는 자신의 본성을 아는 것이니, 본성을 알면 곧 하늘을 아는 것이다. 자신의 마음을 보존하여 자신의 본성을 관리하는 것은 하늘을 섬기는 일이며, 요절하고 장수하는 것을 의심하지 않아서 몸을 닦고 기다리는 것은 명을 확립하는 일이다.〔盡其心者, 知其性也. 知其性, 則知天矣. 存其心, 養其性, 所以事天也; 殀壽不貳, 修身以俟之, 所以立命也.〕”라고 한 구절에 대한 주희의 《집주(集註)》에서 장재의 말을 인용한 곳에 나온다.

80 성(性)은……하였으니 : 《맹자》〈고자 상(告子上)〉에 “그렇다면 개의 성이 소의 성과 같으며, 소의 성이 사람의 성과 같단 말인가.〔然則犬之性猶牛之性, 牛之性猶人之性與?〕”라고 하였는데, 이에 대한 주희의 《집주》에 “사람과 물이 태어날 때 이 ‘성’을 가지고 있지 않은 것이 없으며, 또한 이 기를 가지고 있지 않은 것이 없다. 그러나 기로 말한다면 지각과 운동은 사람과 물이 다르지 않은 듯하지만, 이(理)로 말한다면 인의예지의 본성을 품부받음이 어찌 물이 얻어 온전히 할 수 있는 것이겠는가.〔人物之生, 莫不有是性, 亦莫不有是氣. 然以氣言之, 則知覺運動, 人與物若不異也; 以理言之,

(性) 가운데의 물사(物事)입니다. 그런데 지금 "성과 지각이 합하였다."라고 한 것은 어째서입니까?

〔구봉이 답하는 편지〕

성(性)은 이(理)이고 지각(知覺)은 기(氣)이며, 성은 정(靜)이고 지각은 동(動)이며, 성(性)은 성(性)이고 지각은 정(情)이네. 지각을 하게 하는 이는 비록 성에 있더라도 지각을 하는 것은 기(氣)이네. 이에 대해서는 심통성정(心統性情)의 설[81]을 보면 잘 알 수 있을 것이네.

則仁義禮智之稟, 豈物之所得而全哉?〕"라고 하였다.

81 심통성정(心統性情)의 설 : 심(心)이 성(性)과 정(情)을 통괄한다는 설이다. 인성(人性)의 문제는 중국 사상가들의 보편적 의제였는데, 맹자는 "성은 심에 있다."라고 하였고, 순자(荀子)는 "성이 변화하는 것은 모두 심의 작용에서 말미암는다."라고 하였으며, 송나라 이후에는 심과 성의 관계에 대하여 성이 심에 있다는 심통성정설과 성이 바로 심이라는 심성무별설(心性無別說)과 심이 성에 있으며 심이 바로 성의 성분이라는 설이 있었다.

호원에게 답하는 편지
答浩原書

〔우계가 보내온 편지〕

주자(朱子)가 〈악기동정설(樂記動靜說)〉에서 말하기를 "사물이 이르러 와서 아는 것은 마음이 감응한 것이다. 좋아하고 싫어하는 것은 정이다. 드러나는 것은 그것이 동한 것이다.〔物至而知者 心之感也 好之惡之者 情也 形焉者 其動也〕"라고 하였습니다.[82] 지금 기선악(幾善惡)[83]의 기(幾) 자는 마음이 감응하는 처음에 해당합니까, 정(情)이 동한 데에 해당합니까?

82 주자(朱子)가……하였습니다 : 《예기》 〈악기(樂記)〉에 "사람이 나면서 고요한 것은 하늘의 성이다. 사물에 감응하여서 동하는 것은 성의 욕이다.〔人生而靜, 天之性也; 感於物而動, 性之欲也.〕"라고 하였다. 이에 대해서 어떤 사람이 주희에게 묻기를 "사물이 이르러 와서 알고, 안 이후에 좋아하고 싫어함이 드러납니다. 이것은 어째서입니까?〔物至而知, 知而後好惡形焉. 何也?〕"라고 하자, 주희가 말하기를 "사물이 이르러 와서 알고, 아는 것은 마음이 감응한 것이다. 좋아하고 싫어하는 것은 정이다. 드러나는 것은 그것이 동한 것이다. 좋아하고 싫어하는 것이 자연스러운 절도가 있는 것은 성이다.〔物至而知, 知之者, 心之感也. 好之惡之者, 情也. 形焉者, 其動也, 所以好惡而有自然之節者, 性也.〕"라고 하였다. 《朱子大全 卷67 樂記動靜說》

83 기선악(幾善惡) : 주돈이(周敦頤)가 지은 《통서(通書)》 〈성기덕(誠幾德)〉에 "성은 함이 없으나 기에는 선과 악이 있다.〔誠無爲, 幾善惡.〕"라고 하였다. 이 대목에 대해 주희는 "기라는 것은 처음 발동할 때의 미세한 움직임이니, 선과 악이 이때부터 나누어지게 된다.〔幾者, 動之微, 善惡之所由分也.〕"라고 해석하였다. 《近思錄 卷1 道體》

〔구봉이 답하는 편지〕

기(幾)와 감(感)은 바로 한가지 일로, 모두 동(動)에 속합니다. 주자가 호오(好惡)의 정(情)을 감(感)과 기(幾)의 조금 뒤에다가 놓은 것은 동(動)상에서의 등급을 극도로 따져서 논한 것입니다. 지금 사람들이 매번 기(幾)를 가지고 정(靜)에 속하게 하고자 하는데, 논하는 것이 대부분 미진합니다. 삼가 깊이 살펴보시기 바랍니다.

정계함[84]에게 답하는 편지
答鄭季涵書

엊그제 서울로 가는 인편을 통하여 편지 한 통을 부쳐 보냈는데, 어제 저녁에 하문하신 것을 받들었는바, 피차간에 같이 그리워하는 마음을 품고 있다는 것을 여기에서 알 수가 있습니다.

별지(別紙)에서 말씀하신 바는 어둡고 어리석은 저의 병통을 그려 내기를 명경지수(明鏡止水)같이 하여, 털끝 하나조차도 형적을 숨길 길이 없었습니다. 저를 사랑하는 것이 두텁고 저를 염려하는 것이 깊어서 지극한 정성을 하나도 남기지 않고 다 쏟아 털끝만치도 막히는 바가 없게 하여 반드시 함께 군자가 되고자 하는 옛 친구가 아니라면 어찌 이 정도에까지 이를 수가 있겠습니까. 혹 존형께서 본 바가 이보다 더 큰 것이 있어서 우선 작은 것을 가지고 시험해 보아 제가 받아들이는 것이 어떠한가를 살펴보신 것은 아닙니까?

저는 글을 읽음에 정견(定見)이 없고, 몸을 수렴함에 적공(積功)이 없는 탓에 인간 세상에서 억제하기 어려운 대단한 물욕은 별로 없습니다. 그러면서도 또한 범상한 데에서 훌쩍 뛰어넘어 도를 자임하면서 날로 조예가 깊어지는 힘도 없습니다.

이것은 저의 기질이 가볍고 얕으며 예전의 잘못된 습관이 온 몸을 두르고 있는 데에서 말미암으며, 또한 저 자신의 병통이 말미암아서

84 정계함(鄭季涵) : 정철(鄭澈, 1536~1593)로, 본관은 연일(延日), 자는 계함, 호는 송강(松江), 시호는 문청(文淸)이다.

오는 바를 실제로 보지 못한 것입니다. 그러면서 시골구석에서 형적을 숨기고 있어서, 더욱더 붕우 간에 서로 장점을 보고 배우는 것이 없는 탓에, 날로 퇴보한다는 것도 깨닫지 못한 채 나이가 쉰 살이 다 되었습니다. 그런데 어쩌면 그리 다행스럽게도 오늘날에 이처럼 지극한 논의를 들을 수 있게 되었단 말입니까.

제가 스스로 구하고 돌이켜 보면서 스스로 터득하지 못하고 있던 것을 몇 글자밖에 되지 않는 짧은 편지 한 장에서 마치 폐간(肺肝)을 들여다보는 것같이 환하게 알게 되었습니다. 이것은 참으로 제가 일찍이 서적을 보고서는 터득한 적이 없던 것입니다. 참으로 이 외에도 빠진 바가 있으면 계속해서 말씀해 주시어, 상대방을 성취시켜 주는 어짊을 끝까지 다하시기 바랍니다. 그럴 경우 마땅히 가슴속에 깊이 새기고서 기어이 날로 새로워져, 다시금 지금까지와는 완전히 다른 사람이 될 것이며, 역시 후한 기대를 헛되게 하지 않을 것입니다.

다른 사람에게 미쳐 가는 것이 명백하고 드러나기가 이미 이와 같으니, 스스로를 다스리는 정성이 절실함을 역시 잘 알 수가 있습니다. 다시금 존형께서 날이면 날마다 맹렬하게 힘을 쏟으면서 조금도 끊김이 없게 하여 말은 의리가 아니면 입에서 발하지 않고, 일은 바른 것이 아니면 마음속에 담아 두지 마시기 바랍니다. 또한 작위와 봉록을 사양하는 용기를 술과 여색에 옮겨 적용하고, 주거나 받는 것을 엄격히 하는 절조를 가지고 희롱이나 모욕을 끊으며, 이미 능한 것을 믿지 말고 미치지 못하는 것을 두려워하여, 악을 미워하는 강한 성격을 억누르고 착한 점을 취하는 도량을 넓히며, 청백(淸白)을 좋아하여 행동을 편벽되게 하지 말고, 동료들을 업신여겨 말을 함부로 하지 마시기 바랍니다. 그리하여 각각 덕성을 모으고 심신을 수렴하는 데 힘을 쏟으신다면 몹시 다행이겠습니다.

머리가 다 센 오랜 친구가 이제 한 사람의 엄한 스승이 될 줄을 어찌 알았겠습니까. 저는 엄한 스승을 얻었으니 의당 스스로 힘쓰는 바가 있을 것이고, 형은 엄한 스승이 되었으니 반드시 스스로 권면하는 바가 있을 것입니다. 이는 이미 저 자신을 스스로 격려하는 것으로 또다시 형도 그렇게 하기를 바라는 것입니다.

숙헌에게 보내는 편지

與叔獻書

중추(仲秋)에 존형이 보내 준 서찰 두 통을 받아 보고는 답장을 써서 호원(浩原)을 통해 올렸는데, 두 달이 넘어 가도록 소식을 듣지 못하였는바, 중간에서 지체되어 다른 사람이 보지나 않았을까 깊이 염려가 됩니다.

듣건대 윤생(尹生)이 서울로 왔다고 하는바, 형을 그리워하면서 만나보지 못하였기에 윤생을 보고픈 그리움이 형을 보고픈 것만 같습니다. 윤생이 말하는 것을 전해 들으니, 금년에는 수확은 적고 용도는 많아서 한 해 동안 먹고살 길이 없다고 하였습니다. 군자가 염려하는 바가 비록 여기에 있지는 않지만 역시 염려하지 않을 수가 없습니다.

제가 운곡(雲谷)에 집을 짓는 일은, 겨울이 되기 전까지 다 지으려고 했는데 차질이 났습니다. 이에 도로 구봉(龜峯)으로 돌아와서는 문을 닫고 들어앉아 신음하고 있는데, 왼쪽 몸이 좋지 못한 것이 연말이 되어서는 더욱더 심해져, 몸을 구부리고 펴는 것을 몸 한쪽 편에만 내맡기고 있습니다. 한 몸이면서도 두 몸으로 나뉘어져서 한쪽은 죽고 한쪽은 살아 있으니 참으로 불쌍하기도 합니다. 호서에 있는 좋은 땅은 병으로 인해 멀리까지 가기가 어려운 탓에, 한쪽 귀퉁이에서 굶주림을 참으면서 지내고 있는바, 인간 세상에서 먹고사는 것이 어느 것인들 운명이 아니겠습니까.

일전에 호원과 더불어 향양리(向陽里)에서 서로 만났습니다. 그때 형이 새로 편찬한 《순언(諄言)》[85] 한 질을 보았는데, 형의 재기(才氣)로 만든 듯하였는바, 형에 대하여 의아한 생각이 들었습니다. 혹 주회암(朱晦庵)이 《주역참동계고이(周易參同契考異)》를 지은 유의(遺意)가 있는 것은 아닙니까? 거듭 세도(世道)를 위하여 탄식하는 바입니다.

다른 생각을 가진 사람을 굴복시켜서 같은 생각을 가지도록 하려는 것은, 노자(老子)의 본뜻을 잃은 것입니다. 그리고 우리 유도(儒道)에서도 구차스럽게 함께한다는 혐의가 있으며, 주석 또한 억지로 끌어다가 붙인 것입니다. 형은 끊긴 학통(學統)을 다시 이을 것으로 기약하였으니, 의당 여기에는 생각이 미칠 겨를이 없어야만 하는데도 여지가 있어서 문묵(文墨)을 희롱하였습니다. 이것은 제가 형에게 바라는 바가 아닙니다.

그리고 집 안에 있는 옛 서책을 다 뒤져서 호원을 시험해 보려고 하였습니다. 이것이 비록 지난날에 장난삼아 한 일이기는 하지만, 아마도 다른 사람을 대할 때 정성으로 대하는 도리가 아닐 듯합니다.

형이 지은 《소학집주》 역시 미진한 곳이 많습니다. "자식이 어버이를 섬길 적에 누차 간해도 들어주지 않거든 목 놓아 울면서 뒤따른다.〔子之事親也 三諫而不聽 則號泣而隨之〕"라고 한 데 대해서 형은 그저 '수행(隨行)'으로 주석을 달았습니다. 그러나 저는 미자(微子)가 한 말은 단연코 그렇지 않다고 여깁니다.

《소학》〈계고(稽古)〉를 보면 미자가 말하기를 "자식이 세 번 간하여도 들어주지 않으면 따르면서 울부짖고, 신하가 세 번 간하여도 들어주지 않으면 그 의가 떠나갈 만하다.〔子三諫不聽 則隨而號之 人臣三諫不聽 則其義可以去矣〕"라고 하였습니다. 그러니 '수지(隨之)'는 단지 떠나

85 순언(諄言) : 이이가 지은 《도덕경(道德經)》에 대한 주해서(註解書)이다.

가지 않는 것인바, 수(隨) 자 아래에 행(行) 자를 놓은 것은 아마도 본래의 뜻이 아닐 듯합니다.

그리고《예기》〈곡례(曲禮)〉의 전문(全文)에 "다른 사람의 신하가 된 자의 예는 세 번 간하여도 들어주지 않으면 떠난다. 자식이 어버이를 섬김에 세 번 간하여도 들어주지 않으면 목 놓아 울면서 뒤따른다.〔爲人臣之禮 三諫而不聽 則逃之 子之事親也 三諫而不聽 則號泣而隨之〕" 라고 하였으니 본문의 뜻이 또 이와 같습니다.《소학집주》에는 이와 같은 부분이 많이 있는바, 서로 만나서 강마하기를 기다린 다음에 간행하는 것이 좋을 것입니다.

듣건대 형이《격몽요결(擊蒙要訣)》을 간행하라고 허락하였다고 하는데,《격몽요결》가운데 속례(俗禮)에 대해 말해 놓은 부분의 경우에는, 제가 항상 불만스러운 뜻을 많이 가지고 있었습니다. 형께서는 그 부분에 산정(刪正)을 가하셨습니까? 그렇지 않다면 단지 한집안에서 자제들이 보게 하는 것은 괜찮지만, 아마도 세상에 통행하는 정례(定禮)로 삼게 해서는 안 될 듯합니다.《소학집주》를 간행하는 것은 다시금 십분 상의해서 하여《격몽요결》을 간행하는 것처럼 경솔하게 하지 않는다면 천만다행이겠습니다.

형은 항상 정이천(程伊川)이 정명도(程明道)의 아들에게 귀종(歸宗)하지 않은 것[86]에 대해 의심하였습니다. 제가 지금《가례(家禮)》를

86 정이천(程伊川)이……것 : 귀종(歸宗)은 본래 양자(養子)로 갔던 아들이 그 양자를 파하고 본집으로 돌아오는 것을 말하는데, 여기서는 적자(嫡子)의 자리를 본래의 적자에게 돌려주는 것을 말한다. 정이가 죽기 직전에 자신의 맏아들인 정단언(程端彦)을 적손(嫡孫)으로 세우라고 하고는 바로 죽었다. 상을 마친 뒤에 정이의 형인 정호의 장손(長孫)인 정앙(程昻)이 적손이 되려고 하자, 후사성(侯師聖)이 "명도가 그 아버지

보니, 거기에 이르기를 "지금은 적자(嫡子)를 세우는 법이 없어서 아들이 각자 후사(後嗣)가 될 수 있음은 장자(長子)와 소자(小子)가 차이가 없다."라고 하였습니다. 그리고 주자는 한(漢)나라 때부터 당시에 이르기까지 종법(宗法)[87]이 폐해진 것을 한탄하였습니다. 또《의례경전(儀禮經傳)》[88]을 보면, 송(宋)나라 석조인(石祖仁)의 조부인 석중립(石中立)이 죽고 나서 숙부인 석종간(石從簡)이 성복한 뒤에 잇달아서 죽자 석조인이, 자신이 이미 적장손이니 조부의 승중복(承重服)을 입게 해 달라고 청하였습니다.[89]

태중(太中)보다 앞서 죽었기 때문에, 태중을 이어 제사를 주관한 사람은 이천이었다. 이제 이천을 이을 사람이 정단언이다."라고 하고는 정단언을 적손으로 세웠다. 이에 대해서 어떤 사람이 후사성에게 "명도가 죽었으니 그의 장자를 세우는 것이 마땅하지 않은가?"라고 물으니, 후사성이 "사당을 세운 것은 이천에게서 시작되었고, 또 명도의 장자는 죽은 지 이미 오래되었다. 하물며 옛날에 '제후가 탈종(奪宗)하고 서성(庶姓)은 탈적(奪嫡)한다.'라는 설이 있으니, 의리로 일으킬 수가 있다. 더구나 사당을 세운 것이 이천에게서 시작된 데이겠는가."라고 하였다.《二程外書 卷7 胡氏本拾遺》

87 종법(宗法) : 대종가(大宗家)와 소종가(小宗家)의 계통을 밝히는 규칙으로, 한 가문에서 많은 소종가가 생길 때 대종가가 소종가를 통할하기 위해 만든 것이다.

88 의례경전(儀禮經傳) : 송나라 때 주희(朱熹)가 편찬한《의례경전통해(儀禮經傳通解)》이다.

89 송(宋)나라……청하였습니다 :《의례경전통해속》의 〈상복도식(喪服圖式)〉에 "송나라 인종(仁宗) 황우(皇祐) 원년에 석조인이 아뢰기를 '조부 석중립이 죽고 나서 숙부 석종간이 성복한 뒤에 죽었습니다. 제가 적장손이니, 태상예원(太常禮院)에 내려서 복을 승중할지를 결정하여 주소서.'라고 하니, 박사(博士) 송민구(宋敏求)가 논의하기를 '지금 석중립의 상에 주상(主喪)이 없는데, 석조인이 명색이 적손이면서 승중하지 않아서야 되겠습니까. 또 삼년상에는 반드시 시일이 오래 지나야 복(服)이 변하는 법입니다. 지금 석중립의 장사를 지내기도 전에 석종간이 죽었으니, 이는 시일이 오래되지 않아 복이 변하지 않은 것입니다. 어찌 승중하는 바가 없을 수가 있겠습니까. 이제

이것으로 보건대 비록 적손이 있더라도 서자(庶子)가 아버지의 후사가 될 수 있는 것으로, 종법이 폐지된 지 이미 오래되었던 것입니다. 당시의 제도가 이미 이와 같았으므로 정이천의 집에서는 아마도 함부로 고칠 수가 없었을 것입니다.

《가례》의 종법에 대해서는 주자도 예(禮)를 아껴서 양(羊)을 보존하는 것[90]이라고 말하였습니다. 그런즉 비록 《가례》에 실려 있다고 하더라도 그것을 행할 수 없었다는 것을 잘 알 수가 있습니다. 존형께서는 어떻게 생각하시는지요?

《가례》 가운데에 "자신이 서자일 경우에는 장자를 위하여 삼년복을 입지 못하는 것[91]은 반드시 꼭 그러한 것은 아니다.〔庶子不得爲長子三年 不必然也〕"라는 글에 대해서는 오랫동안 이해하지 못하고 있다가, 지금 정이천의 일을 인하여 이것까지 아울러서 알게 되었습니다.

아, 하나의 실제 소견이 있으면 의심스러웠던 다른 것까지도 풀리는바, 하루아침에 이치를 보게 되어 참으로 그 실제가 있게 됩니다.

석조인은 마땅히 관인(官印)을 풀고 그 장사로 인하여 참최 삼년복(斬衰三年服)을 입어야 합니다.'라고 하니, 송민구의 의론대로 하라고 조칙을 내렸다."라고 하였다. 승중복(承重服)은 아버지를 대신하여 조부모의 상에 입는 복으로, 이때에는 가복(加服)을 하여 삼년복을 입는다. 승중은 제사를 받드는 중한 책임을 진다는 뜻이다.

90 예(禮)를……것 : 명실상부하지는 못하나 형식만이라도 남겨 두어 옛 제도를 보존하자는 취지를 뜻한다. 《논어》 〈팔일(八佾)〉에 "자공(子貢)이 곡삭(告朔)의 예에 바치는 희생양을 없애려고 하니, 공자가 '사(賜)야, 너는 그 양을 아끼느냐? 나는 그 예를 아낀다.' 하였다."라고 한 데서 나온 말이다.

91 자신이……것 : 《의례》 〈상복(喪服)〉의 전(傳)에는 "자신이 서자일 경우에는 장자를 위하여 삼년복을 입지 못하니, 할아버지를 이은 정체(正體)가 아니기 때문이다.〔庶子不得爲長子三年, 不繼祖也.〕"라고 하였다.

그러니 여러 갈래로 나뉜 것을 분석할 때 저절로 어려운 일이 없을 것입니다. 그런데 병으로 인해 한 침상에 폐기되어 있는 탓에 죽을 때가 되어서도 오히려 혼모하기만 하니, 다시금 무슨 희망이 있겠습니까.

《소학집주》에 대해서는 이미 저 자신의 견해를 표하여 호원에게 보내 놓았습니다. 발문은 다 짓는 대로 올리겠습니다.

○ 유작(游酢)[92]이 지은 〈서명도선생행장후(書明道先生行狀後)〉에 "호주 종사(鄂州從事)가 이미 아버지를 먼저 여의고 나서 할머니의 상을 당하였는데, 자신이 적손이면서도 승중을 하지 못하였다. 이에 선생이 국전(國典)을 유추하여 알려 주었는데, 이것이 비로소 천하의 일정한 관습이 되었다."라고 하였습니다. 그런즉 정명도가 이미 옛날의 법을 준행하였는데도 이천의 집에서 준행하지 않은 것에 대해서도 의심이 없을 수가 없습니다. 이 어찌 정 태중(程太中)[93]이 당시의 국법을 인해서 정이천에게 유명(遺命)을 내려 그로 하여금 제사를 주관하게 한 것이 아니겠습니까.

92 유작(游酢) : 송나라의 학자로, 자는 정부(定夫)・자통(子通), 호는 치산(廌山)・광평(廣平), 시호는 문숙(文肅)이다. 정호(程顥)를 사사하였으며, 사양좌(謝良佐), 양시(楊時), 여대림(呂大臨)과 함께 '정문 사선생(程門四先生)'으로 일컬어졌다. 저서에 《유치산집(游廌山集)》이 있다.

93 정 태중(程太中) : 송나라의 정향(程珦, 1006~1090)으로, 태중은 그의 직명이다. 178쪽 주52 참조.

민경초[94] 씨에게 올리는 편지

上閔景初氏書

삼가 정성(定性)[95]이 더욱 밝아졌을 것으로 생각됩니다. 저는 가을 사이에 운곡(雲谷)을 오가면서 편한 길을 택해 빨리 가는 바람에 찾아뵙지 못하였는바, 도(道)를 사랑하는 데 정성이 없음을 여기에서 잘 알 수가 있습니다.

지난번에 찾아뵈었을 적에 기(幾) 자를 정(靜)에 포함하시기에 제가 몹시 의아하게 생각하였습니다. 그 뒤에 한번 찾아뵈었을 적에는 미처 한마디 말을 꺼내기도 전에 기(幾) 자를 정에 포함해서는 안 된다고 말씀하셨습니다. 이에 저는 천박한 저의 견해가 선생 및 장자(丈者)의 소견과 서로 부합하는 것을 몹시 다행으로 여겼습니다.

그런데 지금 또 어떤 사람이 와서 전하기를 "선생께서 또다시 기(幾) 자를 정(靜)에 포함하려고 하신다."라고 하였는바, 또다시 저의 마음속에 실망스러운 생각이 들지 않을 수가 없었습니다. 어찌하여 하나의 기(幾) 자를 가지고 혹 동(動)에 포함하고 혹 정(靜)에 포함해서 분분

94 민경초(閔景初) : 민순(閔純, 1519~1591)으로, 본관은 여흥(驪興), 자는 경초(景初), 호는 행촌(杏村)·습정(習靜)이다. 어려서는 신광한(申光漢)의 문하에서, 장성한 뒤는 서경덕(徐敬德)의 문하에서 수학하였는데, 서경덕으로부터 주정(主靜)의 설(說)을 듣고 크게 감화되어 자기가 처하던 재(齋) 이름을 '습정(習靜)'이라 하였다 한다.

95 정성(定性) : 절대적 본체라 할 천리(天理), 즉 성(性)에 입각하여 외물에 끌리지 않는 경지를 말한다. 192쪽 주63 참조.

하여 일정함이 없게 하십니까.

무릇 스스로 동하고 정하지 못하는 것은 이(理)이고, 능히 동하고 정함이 있는 것은 기(氣)입니다. 선(善)은 이(理)이고, 선악(善惡)은 기(氣)입니다. 조짐이 없어서 보거나 들을 수 없는 것은 이이고, 조짐이 있어서 보거나 들을 수 있는 것은 기입니다.

기(幾)가 비록 동의 기미이기는 하지만, 동의 기미라고 한 이상 정에 속하게 해서는 안 된다는 것이 분명합니다. 그리고 이(理)가 발현하는 곳이라고 하는 것은 괜찮지만, 만약 이 이가 있고 이 기(氣)가 없다고 한다면 그것은 불가합니다. 어찌 기가 없는데 이가 능히 발현하는 경우가 있겠습니까.

기(幾)가 있기 전에는 오직 이(理)라고만 할 수 있을 뿐입니다. 이것이 이른바 성무위(誠無爲)[96]라는 것입니다. 기(幾)가 있다면 기(氣)가 없다고 할 수가 없습니다. 이것이 이른바 기선악(幾善惡)이라는 것입니다. 만약 기(幾) 자를 가지고 정(靜)에 속하게 한다면, 이것은 기(幾)를 태극(太極) 속에다 넣는 것입니다. 태극의 속에는 한 가지 물사(物事)도 붙일 수가 없습니다. 기(幾)를 태극 속에다 붙인다면 어찌 그것을 일러 태극이라고 할 수가 있겠습니까.

성인(聖人)의 기(幾)에 불선함이 없는 것은 기(氣)의 맑음을 얻어서이고, 중인(衆人)의 기(幾)에 선도 있고 불선도 있는 것은 기가 맑음을 얻거나 탁함을 얻어서입니다.

96 성무위(誠無爲) : 여기에서 말한 성(誠)은 진실무망(眞實无妄)한 것으로 사람이 하늘로부터 받은 성(性)을 말한다. 이 성은 실리(實理)의 자연(自然)이므로 어떤 작위(作爲)가 없다는 뜻이다. 217쪽 주83 참조.

주자(朱子)가 기(幾)를 논할 때는 선과 악을 겸하여 거론한 곳이 많고 선만을 홀로 거론한 곳은 적습니다. 선과 악을 겸하여 거론한 것은 이(理)와 기(氣)를 전체적으로 말한 것이고, 선만을 홀로 거론한 것은 이 한쪽 편만을 뽑아내어 말한 것입니다. 이가 비록 선하기는 하지만 기(氣)에는 선과 악이 없을 수가 없습니다. 그러므로 처음에 겨우 동하는 곳에서 잘 따져 보고 잘 살펴보아, 불선한 것으로 하여금 선한 것으로 돌아가게 해야 합니다.

그 나머지 선유들이 기(幾)에 대해서 논한 허다히 많은 말은, 의당 주염계(周濂溪)가 말한 '기선악'을 위주로 참고해서 살펴보아야 합니다. 이미 '기선악'이라고 하였으니, 기(幾)가 홀로 선하다고 할 수가 있겠습니까. 기(幾)를 선악의 앞에다가 붙여서 정(靜)에 포함하고자 한다면 '기선악'은 문리를 이루지 못하는바, 장차 어떻게 해석하겠습니까? 기(幾)가 정(靜)이면 기(幾)가 성무위인 것입니다. 그렇다면 그 앞에 있는 '성무위'는 또 쓸데없이 붙여 놓은 것이 아니겠습니까. 이것은 또 어떻게 볼 것입니까?

삼가 문자로 말한 것 이외에 반드시 실제의 견해가 있을 것으로 생각되는바, 아끼지 말고 모두 다 말씀해 주신다면 몹시 다행이겠습니다.

김희원[97]에게 답하는 편지

答希元書

많은 말을 써서 보낸 편지를 보니, 학력이 더 불어난 것이 있는바, 탄복하고 탄복하네. '기선악'에 대한 한 가지 설은, 민경초(閔景初) 어르신께서 처음에는 이론(異論)을 가지고 있는 것을 보고는 몹시 괴이하게 여겼는데, 중간에는 서로 부합하게 되었네. 그러나 끝에 가서는 또 서로 이견이 있었네. 민씨 어르신은 학문이 독실하고 나이도 많은데도 견해가 또 이와 같은바, 그 나머지 다른 사람들이야 무슨 말을 하겠는가.

지난밤에 편지 한 통을 써서 바야흐로 서로의 이견을 합하여 귀일되게 하려고 하였네. 그러던 차에 지금 경초 어르신이 보내온 편지를 보니, 거기에서 또다시 기(幾) 자에 대해 언급하였는데, 다른 사람이 다른 의론을 가지고 있어서 감히 자신이 옳다고 주장하지 않음이 또한 나와 마찬가지였네. 이것은 재주가 뛰어나고 학문이 높은 사람은 하기가 어려운바, 참으로 좋고 좋네.

무릇 천지 사이에는 체(體)와 용(用), 합(闔)과 벽(闢), 동(動)과 정(靜) 이외에 다시 다른 도리는 없는 법이네. 동이 아니면 바로 정이고 정이 아니면 바로 동인바, 어찌 동도 아니고 정도 아니면서 동과 정 사이에 붙어 있는 물사(物事)가 있겠는가.

기(幾) 한 글자에 대해서는 그분께서도 역시 동(動)의 기미(幾微)라

97 김희원(金希元) : 김장생(金長生)이다. 152쪽 주26 참조.

는 것을 알고 있으시네. 그렇다면 이미 동의 기미라고 말하고서도 도리어 그것을 일러 정(靜)이라고 할 수 있겠는가. 이미 정(靜)이 아니라고 말한다면 태극(太極)이라고 해서는 안 되고, 성무위(誠無爲)라고 해서는 안 되고, 오직 이(理)라고 해서는 안 되고, 기(氣)가 없다고 해서는 안 되고, 정(情)이 아니라고 해서는 안 되고, 홀로 선하다고 해서는 안 되고, 선과 악이 없다고 해서는 안 되네.

생각건대 성인(聖人)은 기(氣)의 맑음을 얻었고, 기(幾)에 선하지 않음이 없으며, 성인 이하의 사람은 선과 악의 두터움과 박함이 모든 사람이 다 같지 않네. 이와 같은 곳은 마음이 비록 어둡고 의혹되었더라도, 실제로 체험하고 깊이 생각해 보면 저절로 일정한 견해가 있게 되네. 그러니 제아무리 나 자신의 소견을 버리고 다른 사람의 소견을 따르고자 해도 그렇게 할 수가 없네.

늙은 나는 몸 반쪽에 기운이 통하지 못함이 근래 들어서 더욱 심해졌네. 게다가 왼쪽 이마저 쑤시고 아픈바, 끝내는 앞으로 살아 있을 날이 얼마 없다는 것을 알 수가 있네. 물이 있고 대나무가 자란 곳에다가 초가집을 지을 계획을 아직 이루지 못하고서, 좁다란 방 안에 틀어박혀서 병으로 신음하고 있으니, 오만 가지 일을 어찌 말하겠는가. 비록 병으로 인해, 뜻을 오로지하여 글을 읽으면서 인사(人事)를 일절 다 사절하지는 못하지만, 또한 고요한 가운데 한 가지 맛은 있네. 그러니 모름지기 한번 이곳으로 찾아와서 침상을 나란히 마주 대하고 밤이 깊도록 대화를 나눠 보는 것이 어떻겠는가?

사당(祠堂)은 의당 가까운 곳에 있어야 한다는 것은 주자(朱子)가 한 말이네. 주자가 말하기를 "가묘(家廟)는 사람이 살고 있는 곳에 지어야 한다. 귀신은 사람에게 의지하는바, 울타리 밖에 사당을 지어서는 안 된다."라고 하였네. 이에 대해서는 《주자어류》에 상세하게 나오네.

보내 준 두 질의 여섯 책은 나의 서가에 없는바, 몹시 감사하네. 그리고 붓과 종이 두 가지와 맛난 과자 한 봉을 보내 주었는데, 나를 돌보아 줌이 이에 이르렀으니, 무어라 할 말이 없네. 밤이 깊어 심부름꾼이 재촉하기에 일일이 다 적지 못하네.

김희원의 《심경》 문목에 대해 답하는 편지[98]

答希元心經問目書

〔사계의 물음〕

"도심은 은미하다.〔道心惟微〕"라는 것에 대해, 주자(朱子)는 "미묘하여 보기가 어렵다."라고 하였고, 율곡 선생은 "이(理)란 소리도 없고 냄새도 없기에 은미하여 보기가 어렵다. 그러므로 미(微)라 한다. 비유하자면 먼 산은 본래 희미하여 보기 어려운데, 눈이 어두운 사람이 보면 희미한 것이 더욱 희미하게 보이지만 눈이 밝은 자가 보면 희미한 것도 또렷이 보이는 것과 같다."라고 하였습니다.

그러나 제 견해로는 그렇지가 않습니다. 도심(道心)이 일어나는 것은 불씨가 처음 불붙고 샘이 처음 솟아나는 것과 같아 일어나는 것이 작은 까닭에 은미하여 보기 어려운 것입니다. 그러므로 이를 제대로 다스릴 줄 모르면 은미한 것은 더욱 은미해지게 되며, 인심(人心)으로 하여금 항상 도심의 명을 따르게 하면 은미한 것이 또렷

98 김희원(金希元)의……편지 : 《심경》 권1 인심도심장(人心道心章)에 "인심은 위태하고 도심은 은미하니, 오직 정밀하고 일관되게 하여 참으로 그 중도를 잡아야 한다.〔人心惟危, 道心惟微. 惟精惟一, 允執厥中.〕"라고 한 구절에 대한 주희의 주석에 대해 김장생(金長生)과 구봉이 문답한 내용이다. 이는 본디 《서경》 〈대우모(大禹謨)〉에 나오는 구절로, 순(舜) 임금이 우(禹)에게 전해 준 심법이라고 한다. 후대에 주희 등 송유(宋儒)가 이것을 요(堯), 순, 우 세 성인이 서로 도통(道統)을 주고받은 '십육자심전(十六字心傳)'이라고 강조한 뒤부터는 이것이 개인의 도덕 수양과 치국(治國)의 원리로 숭상되어 왔다.

해질 것입니다. 이것이 이른바 “확충하여 가득 차게 한다.〔擴而充之〕”라는 것입니다.

〔구봉의 답〕

두 설이 모두 미진하네. 이(理)는 본래 은미하지 않은데 기(氣) 가운데에 있기 때문에 은미하여 보기가 어려운 것이네. 이것은 일반 사람의 입장에서 말한 것이네. 성인에게야 어찌 일찍이 은미함이 있겠는가.

기질의 자품(資品)은 모든 사람이 같지 않아, 성인 이하의 사람은 도심이 은미한 자가 있고, 은미한데 또 은미한 자가 있고, 또 은미한데 또다시 은미한 자가 있네. 그러나 아무리 지극히 은미한 자일지라도 끝내 민멸될 리는 없네. 그러니 진실로 이를 잘 확충해 나간다면, 도리어 상성(上聖)과 더불어 그 또렷함을 함께할 수 있네. 이것이 바로 주자가 말한 “은미한 것이 또렷이 나타난다.”라는 것이네. 그러니 성인은 은미하지 않다는 것을 대개 알 수가 있네.

성인은 그 또렷한 것을 온전히 한 분이네. 학자는 또렷하기를 구하는 사람이네. 은미함으로부터 또렷이 나타남에 이르기까지 내가 가감하는 것이 없네. 그런즉 이것이 과연 본래 은미한 것이겠는가. 이보다 더 또렷한 것이 없으나, 기 가운데에 있기 때문에 은미하게 된 것이네.

숙헌(叔獻)은 이가 소리도 없고 냄새도 없다는 이유로 이는 본디 은미하다고 말하였고, 그대 또한 발한 것이 은미하고 작음만 말했을 뿐 은미하고 작은 까닭은 말하지 않았으니, 모두가 잘못되었네. 그리고 도심이 은미한가 또렷한가는 인심이 편안한가 위태로운가와 더불어 서로 줄기도 하고 늘기도 하는 것이네. 인심이 위태로운 자는 도심이 은미하고 도심이 또렷한 자는 인심이 편안하네.

〔사계의 물음〕

도심(道心)과 인심(人心) 두 가지가 방촌(方寸) 속에 뒤섞여 있다는 것은, 저의 생각으로는 형기(形氣)로 인하여 발하는 때도 있고 성명(性命)으로 인하여 발하는 때도 있지만 두 가지가 발하는 것이 모두 방촌의 가운데서 나오기 때문에 뒤섞여 있다고 말한 것입니다.

율곡 선생이 말하기를 "인심과 도심은 모두 용(用)을 가리켜 말한 것이다. 만일 앞에서 말한 것과 같다면 미발(未發)의 경계를 범한 것이다. 두 가지가 발하는 바가 모두 하나의 일에 있다. 인심에서 발하였다가 도심이 되는 경우가 있고, 도심에서 발하였다가 인심이 되는 경우가 있다.……"라고 하였습니다.

"인심에서 발하였다가 도심이 되었다."라는 것은 옳지만 "도심에서 발하였다가 인심이 되었다."라는 것은 온당치 못한 듯합니다. 만일 도심이 변하여 인심이 된다면, 이는 곧 인욕(人慾)이 되는 것입니다. 무릇 인심을 말하면서 역시 인욕을 겸하여 말할 수가 있습니다. 그러나 이 책의 경우에는 주자가 인욕으로 말을 한 것을 끼워 넣지 않았습니다. 모르겠습니다만 어떻게 생각하시는지요?

〔구봉의 답〕

그대가 논한 "그것이 발하는 때이다."라고 하는 등의 말은 불가하네. 그러므로 미발(未發)의 경계를 범한 듯하네. 숙헌이 말한 "두 가지가 모두 한 가지 일에서 나온다."라는 것은 전혀 알 수가 없네. 두 가지가 다만 하나의 마음에서 나온 까닭에 뒤섞여 있다고 말하는 것이네.

소리, 색깔, 냄새, 맛에 의한 것을 인심(人心)이라 하고 인, 의, 예, 지에서 나온 것을 도심(道心)이라 하네. 이를 능히 잘 다스리면 공리(公理)가 사욕(私慾)을 이겨서 도심이 주가 되고, 이를 능히 잘 다스리지 못하면 사욕이 공리를 이겨서 인심이 주가 되는데, 이것이 점차 변하여서 인욕이 되어 금할 수가 없게 되네.

지금 《심경(心經)》의 경우에는 선악을 버리고 도심과 인심이 발한 것으로만 공평하게 말하였는데, 어떻게 이처럼 말할 수 있겠는가. 그리고 그대가 숙헌의 "인심에서 발하였다가 도심이 되는 경우도 있다."라는 말을 옳다고 하였는데, 이 또한 옳지 않네. 인심도 성현에게 본래 있는 마음인데 어떻게 반드시 도심으로 변할 수 있겠는가. 그렇다면 성인에게는 인심이 없단 말인가?

〔사계의 물음〕

도심은 사단(四端)이고, 인심은 사단과 칠정(七情)의 총칭입니다. 칠정은 선악을 겸하였는데, 주자가 인심을 훈(訓)하면서 전적으로 선을 말하고 악을 말하지 않았습니다. 이것은 어째서입니까?

〔구봉의 답〕

주자는 단지 형기상(形氣上)에서 비록 성현이라도 없어서는 안 되는 마음을 거론하여, 이것으로 인심에 대해 훈(訓)하였네. 그러고 나서 또다시 '위태(危殆)'를 붙여 놓았으니, 선과 악이 뒤섞여서 나온다는 것을 잘 알 수가 있네.

〔사계의 물음〕

서산 진씨(西山眞氏)가 말하기를 "소리, 색, 냄새, 맛의 욕망은 모두 기(氣)에서 발하니 이른바 인심이다. 인, 의, 예, 지의 이치는 모두 성(性)에서 근원하니 이른바 도심이다."라고 하였습니다. 제가 생각하기에 도심은 심(心)의 용(用)이고, 인, 의, 예, 지는 심의 체(體)입니다. 그러니 인, 의, 예, 지를 가지고 도심이라고 해서는 안 됩니다.

또 말하기를 "인, 의, 예, 지의 이치는 성에 근원하였다."라고 하였는데, 이 네 가지 이외에 또 이른바 성이라는 것이 별도로 있습니까? 그렇다면 성에 근원하였다고 말해서는 안 됩니다. 그리고 인심과 도심이 발하는 바를 이(理)와 기(氣)에 나누어 속하게 하는 것은 아마도 온당치 못한 듯합니다.

〔구봉의 답〕

진씨가 말한 이(理) 자에 대한 설명은 옳지 않네. 이 이 자를 '단(端)' 자로 보면 옳게 되네. 심(心)은 이와 기가 합한 것이며, 인심과 도심은 모두 이 심(心)에서 발하네. 그런즉 참으로 이와 기로 나누어 속하게 해서 말하면 안 되네. 그러나 인심과 도심에 지각(知覺)이 같지 않은 곳은 또한 형기(形氣)와 성명(性命)으로 나누어 말하지 않을 수 없네. 서산 진씨의 설은 글자를 놓은 것이 온당치 못한 곳이 있는데, 역시 전사(傳寫)하면서 잘못된 듯하네.

정계함에게 답하는 편지

答鄭季涵

정계함이 이때 강원도 관찰사가 되었다.[99]

멀리서 편지 한 통을 보내 저를 위로해 주었으므로, 이별 시름이 활짝 개는 것만 같습니다. 청조당(聽潮堂)[100] 못에 있는 연꽃이 이제 지려고 합니다. 지난해에는 고요한 가운데 《심경(心經)》을 펼쳐서 읽었는데, 지금은 그러지를 못하고 있어 참으로 탄식할 만합니다.

벗님께서는 지금 이미 조정에 나가 왕의 신하가 되었는데, 지난날에 글을 읽은 바와 강구한 바를 잊지 않고 조정의 정사에서 시행하는 바가 있습니까? 저는 들판에 사는 농사꾼이 되었기에 관찰사의 한 마음의 향배에 우리 백성들의 생사가 달려 있다는 것을 잘 알고 있습니다. 관찰사가 잘 보살펴 주지 않으면 백성들은 반드시 죽게 되어 있습니다. 그러니 벗님께서는 힘쓰시기 바랍니다.

보내온 편지에서 "머리털이 희어지는 것이 한가롭게 지낼 때보다

99 정계함(鄭季涵)이……되었다 : 계함은 송강 정철(鄭澈)의 자이다. 정철은 1580년(선조13) 1월 강원도 관찰사에 제수되었다.

100 청조당(聽潮堂) : 경기도 고양시의 심학산(尋鶴山) 자락에 있던 정자로, 중종 때 강원도 관찰사를 지낸 신자건(愼自健)이 지었다. 김정국(金正國)의 《사재집(思齋集)》 권1에 "감사 신자건이 관직에서 물러나 시골에서 쉬면서 심악산(深岳山)의 남쪽에 별장을 지어 놓고는 산을 등지고 강물을 굽어보면서 소요를 하며 늘그막을 보냈다."라고 하였다. 심학산은 구봉이 살던 구봉산(龜峯山)의 오늘날 이름이며, 심악산이라 불리기도 한다.

더 빠르다."라고 하였는데, 그 말을 듣고는 몹시 축하하였습니다. 한 방면을 전적으로 떠맡고 있으면서 백성들을 상처 입은 사람을 보살피듯이 어루만지고 있으니, 벗님께서는 아주 괴롭겠지만 홀아비나 과부들은 소생될 것입니다. 다른 사람을 사랑하기를 덕으로써 하니, 감히 축하하지 않을 수 있겠습니까. 오직 끝까지 능히 잘하여 신라의 예전 풍습을 오늘날에 다시금 진작하기 바랍니다.

봉가(奉哥)가 율곡에 대해서 헐뜯은 바[101]는 비단 바닷가 땅 한 가지 일만이 아닙니다. 명예를 도둑질하고 형세를 믿는다고까지 하였습니다. 그런 말들이 율곡에게야 무슨 해가 되겠습니까마는, 시사(時事)가 안타깝습니다. 듣건대 경연 석상에서 상께서 율곡에게 치부(致富)를 했는지를 하문하셨다고 합니다. 율곡은 아침 끼닛거리마저도 자주 떨어지는 판인데, 도리어 부유하다는 비난을 받았습니다. 이 세상의 어느 비방인들 이와 같지 않겠습니까.

이번 가을에는 산 아래에 초막을 지으려던 저의 계획을 과연 이루었습니다. 그러니 마땅히 처자식을 거느리고 가서 함께 농사를 지을 것입니다. 이제부터는 고관으로 있는 벗님과는 소식을 주고받는 것이 점차 뜸해질 것이니, 늙은이의 회포를 어찌 견디겠습니까.

편지를 보니 "조정에서 물러나 시골로 돌아갈 계획이 있는데, 어떤 일로 인하여 지체되고 있다."라고 말하였는데, 그 어떤 일이라는 것이 반드시 보통 일은 아닐 것입니다. 그 일에 성과가 있기를 고대하겠습니다. 나머지 많고 많은 사연을 어찌 다 적겠습니까. 삼가 답장을 올립니다.

101 봉가(奉哥)가……바 : 봉가는 봉흔(奉訢)을 가리킨다. 206쪽 주77 참조.

구봉집

제5권

현승편 하
玄繩編 下

현승편 하 玄繩編下

호원에게 답하는 편지
答浩原書

〔우계가 보내온 편지〕

해가 넘어가도록 눈이 쌓였습니다. 삼가 고요히 수양하는 도리(道履)가 매우 좋을 것으로 생각됩니다. 부러우면서 흠모하는 마음을 이루 다 말할 수가 없습니다. 저는 26일에 성지(聖旨)를 받았는데 병을 이유로 사직하는 것을 허락하지 않았으므로 전과 마찬가지로 서둘러 길을 나서려고 합니다.

오늘날은 생사와 안위를 돌아볼 겨를조차 없습니다. 그런데 말을 빌릴 수가 없어서 아직까지도 출발하지 못하고 있으니, 더욱더 황공하고 답답합니다. 말을 빌리고 병든 몸을 싣고 갈 도구를 내일 대충 마련한 다음 2일 길을 나서서 향양리(向陽里)에서 묵을 참입니다.

앞서의 편지에서 노형이 벽제(碧蹄)로 찾아와 주기를 간절히 원하였는데, 저의 걸음이 조금 지체되고 날씨가 조금 따스해지리라고 여겼기 때문입니다. 지금은 이와 같이 낭패를 당하여 목숨을 내놓고 가고 있으니, 어찌 감히 오형(吾兄)께 눈과 추위를 무릅쓰고 먼 길을 와 달라고 청할 수가 있겠습니까. 그리고 오형께서도 어찌 길을 나서

지 않아야 하는 날에 길을 나서서 폐질(廢疾)이 든 사람을 돌아보려고 하겠습니까. 몹시 서글프고 서글픕니다.

저는 등이 시린 증상이 특히 심하여 몸이 으스스 춥고 아프며 이와 같이 땀이 흐르니, 비록 길을 가는 도중에 죽지 않고 서울에 이른다 하더라도 한번 대궐 아래에 나아가 글을 올려 물러날 것을 청하지 못할까 걱정입니다.

그런데 근래에 서울 소식을 들어 보건대, 조정에 있는 신하들 가운데 원대한 생각을 가진 사람이 없어서 이 못난 천신(賤臣)을 성상 앞에서 추어올린 자가 있었다고 합니다. 만일 상께서 잘못 은혜를 내리시어 한번 인견할 것을 허락하신다면, 반드시 허심탄회하게 묻는 고사(故事)에 따라 물어보실 것인데, 어리석고 누추한 저로서는 어떻게 응대해야 할지 모르겠습니다. 삼가 존형께서 어떻게 말해야 하는지 적어 보내 주시기를 간절히 바라고 또 바랍니다.

오늘날에 가장 시급한 일은 오직 근본을 배양하고 확립하여 군주의 덕을 이루어 주는 것이고, 조정의 득실에 대한 것은 오히려 두 번째 의리에 해당됩니다. 더구나 초야에 있는 사람이 갑자기 시사에 대해 언급해서는 안 되지 않겠습니까. 삼가 분명하게 회답해 주시기를 간절히 바랍니다.

상소 초고도 부쳐 보내니 답을 해 주시되, 2일 향양리에서 묵을 때까지 도착하지 못하겠으면 곧바로 서울로 보내어, 계씨(季氏)로 하여금 제가 묵고 있는 집으로 전해 주시게 한다면, 몹시 다행이겠습니다. 나머지는 이만 줄입니다.

경진년(1580, 선조13) 섣달그믐에 혼(渾)은 절하고 올립니다. 숙헌(叔獻)은 27일 이미 도성에 들어갔습니다. 그가 보내온 편지를 오형께 전해 드립니다. 3일 벽제에서 묵으려고 합니다.

〔구봉이 보내는 편지〕

멀리서 자주 안부를 물어 주시니 감사하고 감사합니다. 삼가 거듭 안거(安車)[1]로 부르는 명을 받들고는 얼음을 뚫고 길을 열고서 병든 몸을 무릅쓰고 대궐로 나아간다는 것을 알았습니다. 의리를 중히 여기고 목숨을 가벼이 여기시니, 기쁘면서도 걱정이 됩니다.

멀리서 생각건대 성조(聖朝)에서 형을 10년 동안 간절히 기다리다가 공경을 다하여 가까이 나오게 하였으니 좌우가 적막한 가운데 성상의 말씀이 간곡하실 것입니다. 이러한 때에는 마음이 깨끗해지고 물욕이 사그라질 것입니다. 형께서 이러한 기회를 틈타신다면 정론(正論)을 아뢰고 세도(世道)를 바로잡는 것이 이 한 걸음에 달려 있을 것입니다. 숙헌이 명을 받들고 서울로 달려가는 도중에 보낸 편지를 받아 보고 몹시 기뻤습니다. 오늘날에 두 형이 함께 조정에 나가는 성대한 일을 보게 되었으니, 깊이 축하드립니다. 도리어 걱정되는 것은 근본을 믿지 못하고서 말단만을 숭상하는 것입니다.

숙헌에게는 별도로 서신을 보낼 겨를이 없습니다. 저의 이러한 뜻을 가지고 서로 면려하신다면 몹시 다행이고 다행이겠습니다.

1 안거(安車) : 턱이 낮으며 바퀴가 작아 요동이 적은 수레로, 나이 많은 선비를 초빙하는 데 사용하였다.

숙헌에게 답하는 편지

答叔獻書

삼가 이달 8일에 보내 준 편지를 받아 보고 마음이 몹시 위로가 됩니다. 지난번 가형에게서 소식을 듣기를, 형이 녹봉을 나누어 저를 도와줄 것이라고 하였습니다. 이것은 형이 오랫동안 머물러 있겠다는 뜻입니다. 형은 하는 일 없이 녹만 축내는 자가 아니니, 몹시 축하합니다.

지난번 편지에서 "정성을 다해 건의해서 임금의 뜻을 돌리겠습니다." 라고 한 것은, 혹시 그런 날이 오면 온 나라가 다시 소생할 것입니다. 어찌 녹봉을 나누어 받아먹으면서 구차스럽게 살아가는 병이 든 저뿐이겠습니까.

다만 현재 농가의 상황을 보건대 잇달아서 기근과 흉년을 만난 탓에 죽거나 떠도는 자가 절반이 넘습니다. 상원(上元)에 달을 관찰한 늙은 농부 역시 흉년이 심할 것이라고 말하였습니다. 올해 풍년이 든다고 하더라도, 새 곡식이 나오기도 전에 백성들이 거의 다 굶어 죽을 것입니다. 그런데 또다시 가을 추수를 못할 정도로 흉년이 든다면 살아남는 백성이 얼마 없을 것이니, 무슨 수로 나라를 다스리겠습니까.

오형께서도 이 백성 가운데 한 사람으로서 일찍이 직접 곤궁함을 겪었지만 제 곤궁함보다는 덜하였습니다. 저는 형보다 훨씬 더 곤궁했기에 백성들의 정상을 상세하게 알고 있습니다. 이에 애오라지 다시금 운운하는 것입니다.

아, 어리석은 백성들 가운데 능히 굶주림을 견디고 운명을 편히 여기면서 다른 사람을 원망하지 않고 다른 사람을 허물하지 않는 자가 몇이나 되겠습니까. 백성들이 죽기 싫어 도적이 된다면 이들을 다 죽일 수도 없을 것이고 외적들이 그 틈을 타고 쳐들어온다면 곧 아무런 조처를 취할 수 없을 것입니다.

백성들의 부모가 되어서 마음을 쓰지 않아서야 되겠습니까. 성상을 면대하고 나서 이에 대해 조처할 방도를 생각해 보는 것이 어떻겠습니까? 흉년이 든 고을의 진상(進上)을 감하더라도 차리는 팔진(八珍)[2]은 얼마 안 줄 것입니다. 조부(租賦)를 면제하더라도 경상비를 제외하고 잘 절약하여 쓴다면 지탱해 나갈 수 있을 것입니다.

옛날에 제왕들이 흉년을 만나서 공구수성(恐懼修省)하는 방도로는 임금의 수라상에 두 가지 반찬을 겸하지 않는 것, 누대(樓臺)를 새로 칠하지 않는 것, 활쏘기를 할 때 예를 시행하지 않는 것, 조정의 도로[3]를 수리하지 않는 것, 관직을 비워 두지 않되 새 자리를 만들지 않는 것,[4] 귀신에게 기도하되 따로 제사를 지내지 않는 것[5], 곡식을 빌려주는 것, 세금을 줄여 주는 것, 형벌을 완화해 주는 것, 부역을 줄여 주는 것, 금령을 풀어 주는 것, 시장에서 세금을 면제해 주는 것, 길례(吉禮)를 간편하게 치르게 하는 것, 상례(喪禮)를 간편하게 치르게 하는 것,

2 팔진(八珍) : 여덟 가지 맛있는 음식으로, 순오(淳鰲), 순모(淳母), 포돈(炮豚), 포장(炮牂), 도진(擣珍), 지(漬), 오(熬), 간료(肝膋)를 말한다. 《禮記 內則》

3 조정의 도로 : 대본에는 '迎道'로 되어 있다. 《춘추곡량전(春秋穀梁傳)》 양공(襄公) 24년에 근거하여 '迎'을 '廷'으로 바로잡아 번역하였다.

4 새……것 : 대본에는 '不封'으로 되어 있다. 《춘추곡량전》 양공 24년에 근거하여 '封'을 '制'로 바로잡아 번역하였다.

5 임금의……것 : 오곡이 익지 않은 것을 대침(大侵)이라고 하는데, 그때 행하는 예절이다. 《春秋穀梁傳 襄公24年》

악기를 연주하지 않는 것,[6] 혼례를 간편하게 하여 혼인을 쉽게 하는 것, 옛날 모시던 귀신을 찾아 제사를 지내 주는 것, 도적을 없애는 것 등[7]이 있습니다. 이러한 것들은 그 절목이 많기는 하지만, 대개는 자신을 봉양하는 것을 줄이거나 덜고 자신을 책하면서 하늘을 섬기고 쓸데없는 낭비를 막고 진구(賑救)하는 정책을 많이 펴는 것일 뿐입니다.

또한 부유한 백성들에게 쌀을 바치는 대신 자급을 내려 주는 것은, 주자(朱子)라도 하지 않을 수 없었던 것입니다. 그런데 지금은 이러한 정책을 하나도 펴지 않고 있습니다. 이는 어린아이가 우물 속으로 들어가는 것을 보고서도 측은지심(惻隱之心)이 우러나지 않는 것입니다. 그러니 한심하지 않습니까?

대인(大人)으로서 임금의 마음을 바로잡는 것은 참으로 오형에게는 첫째 가는 일의 다음일 것입니다. 그러나 오늘날 오형의 일은 실로 맹자가 제(齊)나라와 양(梁)나라에서 한 것과는 다릅니다.[8] 나라의 은혜를 받고 본 조정에 서 있으면서 보답할 방법을 생각하지 않아서야 되겠습니까.

6 악기를……것 : 대본에는 '蓄樂'으로 되어 있다. 《주례》 〈지관 대사도〉에 근거하여 '蓄'을 '蕃'으로 바로잡아 번역하였다.

7 곡식을……등 : 《주례》 〈대사도〉에 나오는 흉년을 구제하기 위한 황정십이사(荒政十二事)의 조목이다.

8 오늘날……다릅니다 : 이이(李珥)의 처지는 임금이 자신의 말을 들어주지 않는다고 하여 훌쩍 떠나 다른 나라로 갈 수 있었던 맹자와는 다르므로 끝까지 조정에 남아서 임금을 설득해야 한다는 뜻이다. 맹자는 양 혜왕(梁惠王)과 제 선왕(齊宣王)의 초빙을 받아 왕도 정치를 주장하다가 자신의 주장이 받아들여지지 않자 다른 나라로 떠나갔다. 《孟子 梁惠王, 公孫丑》

제 아들 취대(就大)가 금년에 열다섯 살이 되었기에 머리에 관(冠)을 씌우고자 합니다. 자설(字說)을 지어 권면해 주시기 바랍니다. 아들놈은 배운 바는 없으나 달리 세루(世累)도 없어서 종신토록 수양하는 것이 적격인 자입니다. 형 덕에 처음과 끝을 이루기를 바랄 뿐입니다. 삼가 답장을 보냅니다.

호원에게 답하는 편지
答浩原書

〔우계가 보내온 편지〕

삼가 이달 6일에 보내 준 수찰(手札)을 받고 깊이 완미하면서 거듭해서 읽어 보고는 봄 날씨가 화창한 가운데 정양(靜養)하는 것이 아주 좋다는 것을 알았는바 부러우면서 흠모하는 마음을 금치 못하겠습니다. 더구나 말뜻이 아주 탈속하고 시원해서 혼모함을 깨우기에 충분한바 펼쳐서 읽어 본 이후로 가슴속에 깊이 새겨 마지않았습니다.

저는 도성 안으로 들어와서 70여 일 동안이나 머물러 있는데, 인사가 몹시 소란스러워 정신이 날로 흐릿해졌는바, 집에 있을 때에 비하여 기력이 10분의 7, 8은 손상되었습니다. 고요한 가운데서도 매번 병으로 수척하던 자가 갑작스럽게 움직였으니, 이 지경에 이른 것은 역시 마땅한 것입니다.

다만 나라에서 사람을 제대로 가려 뽑지 않고 특별한 예(禮)를 가하는 일을 만났는바, 저는 속박당한 형세가 되어 수족이 모두 노출된 탓에 황공하여 몸 둘 곳이 없습니다. 시골로 돌아가고 싶어도 돌아갈 수가 없고 서울에 머물러 있자니 편치가 않으니, 사세를 헤아려 보건대 참으로 걱정스럽고 한탄스럽습니다. 며칠 뒤에 봉사(封事)를 올려 아뢰고서 돌아가려고 하는데, 향양리(向陽里)로 돌아가 있게 되면 형에게 소식을 전하겠습니다.

청신한 형의 시는 뜻이 지극하고 문장과 글귀가 고매하니, 보통 사람들이 미칠 수 있는 바가 아닙니다. 반복하여 읽어 보고 음미하노라니 감사한 마음을 금치 못하겠습니다.

숙헌(叔獻)은 현훈증(眩暈症)을 얻어 증세가 대략 청주(淸州)에 있을 때와 같습니다. 지금 비록 아문(衙門)에 달려 나가기는 하나, 기운은 역시 맑지 못합니다. 비단 몸에 질병이 있을 뿐만 아니라, 조정 신하들 사이에 위태로운 기미와 실패할 징후가 있어 수습할 수 없을 듯합니다. 그러니 이 형에 대한 우려가 어찌 끝이 있겠습니까.

세상일을 천명에 내맡긴다면 또한 일이 한결 줄어들 것입니다. 그러나 내외와 본말에서 의지할 만한 곳이 적으니, 설령 제가 몸이 건강하여 벼슬하였더라도 또한 반드시 마음에 병을 얻었을 것입니다. 삼가 잘 살펴 주시기 바랍니다. 이 말은 비밀로 하여 널리 전하지 말아야 할 것입니다.

어전에 나아가 탑전(榻前)에서 한 말은 몹시 조리가 없었으니 어찌 볼만한 것이 있겠습니까. 집으로 돌아가는 날에 마땅히 봉사 초고와 함께 올려 드릴 것입니다.

신사년(1581, 선조14) 3월 21일 혼(渾)은 재배하고 올립니다.

〔구봉이 답하는 편지〕

동(動)과 정(靜)이 똑같은데도 형이 조정에 나간 뒤부터 하루도 감히 잊은 적이 없습니다. 오형께서는 동한 것이 혹 정한 때보다 더 어려움이 있는 것은 아닙니까? 듣건대 성상을 접견한 뒤로 성상의 뜻이 귀결되는 곳이 있어 성상으로 하여금 일어나 앉게 하였으며, 늠인(廩人)이 곡식을 잇달아서 보내온다고 하니,[9] 거룩한 시대에 어진 이를 공경하는

9 늠인(廩人)이……하니 : 임금이 군자를 우대하여 곡식을 대 주는 것을 말한다. 늠인

예가 오형으로부터 시작되어, 축하하고 축하합니다.

오래전부터 서신 한 통을 보내 소식을 전하고자 하였는데, 형이 있는 곳에 일이 많다고 들었으며 또한 형의 움직임에 대해서는 사람들마다 모두 와서 전하는바 산중에서 살 때같이 반드시 서찰을 받아 보고서야 비로소 소식을 알던 때와는 같지 않았습니다. 이에 지금은 우선 서신을 보내는 것을 멈추었으니 혹시라도 의아하게 생각하지 마시기 바랍니다. 듣건대 형께서 제가 서신 한 통 보내지 않는다고 책하였다고 하기에 감히 저의 생각을 말씀드리는 것입니다.

은 곡식의 출납을 맡은 관원이다. 《孟子 萬章下》

숙헌에게 보내는 편지
與叔獻書

삼가 듣건대 한번 조정에 발걸음을 하고 난 뒤로는 신채(神采)가 예전 같지 않다고 하는데, 응접하는 번거로움이 산속에 고요히 있을 때와 같지 않아서 그런 것입니까, 아니면 이미 조정에 나간 지 여러 달이 되었는데도 시행한 바가 없어서 처음에 품은 뜻에 부끄러운 마음이 있어서 그런 것입니까?

오형께서는 조정에 나아가고 나아가지 않는 것을 일찍이 도가 행해지느냐 행해지지 않느냐를 가지고 결정하려고 하였습니다. 그런데 오늘날에 나가서는 오랫동안 대사간의 직책을 맡고 있었는데도, 임금이 말은 들어주지 않고 계책은 써 주지 않아 위로는 서로 믿는 실재가 없고 아래로는 시기하고 싫어하는 자취가 많습니다. 그런데도 그저 억지로 조정 반열에 있으면서 조금이나마 나아지기를 기대하고 있으니, 역시 구차하지 않습니까. 서로 만나 보는 것을 기약할 수 없기에 감히 편지로 말씀드립니다.

호원(浩原)은 스스로 진퇴를 결정하지 못하고 공연스레 초수(楚囚)[10]의 신세가 되어 서울 집에 병들어 누워 있다고 하니, 몹시 한탄스럽고 한탄스럽습니다. 삼가 절하고 올립니다.

10 초수(楚囚) : 타향을 떠돌면서 고향을 그리워하는 신세를 말하는데, 여기서는 성혼이 시골로 돌아오지 못하고 서울에 머물러 있는 것을 뜻한다. 본디 춘추 시대 초(楚)나라 악관(樂官)인 종의(鍾儀)가 진(晉)나라에 잡혀 가 갇혀 있을 때 진 혜공(晉惠公)이 그에게 거문고를 주니, 그는 그곳에서도 고향 초나라의 음악을 연주했다는 고사에서 온 말이다. 《春秋左氏傳 成公9年》

숙헌에게 답하는 편지
答叔獻書

〔구봉이 보내는 편지〕

멀리서 오늘날의 일을 보니, 시론(時論)이 오형을 비난하는 것이 마땅합니다. 그러나 임하(林下)에서 오형을 비난하는 것에 대해서는 저 역시 의심이 없을 수가 없습니다. 자못 미루고 지체하면서 구차하게 영합하는 듯한 의심이 있다고 하는데, 이것이 비록 백성을 사랑하고 사물을 사랑하는 마음을 스스로 그만둘 수 없는 성대한 마음이기는 하지만, 어찌 같은 조정에서 의론을 달리하면서도 끝내 능히 일을 이룰 수 있겠습니까. 일찌감치 임하로 돌아와서 자신을 닦는 것이 합당할 뿐입니다. 시사에는 아무런 도움이 없으면서 형의 마음에 해만 있을까 몹시 두렵습니다. 저는 형이 조정에 나간 이래로 비방이 날로 쌓이는 것도 과연 어떤 도리인지 알지 못하겠습니다. 삼가 답장을 올립니다.

〔율곡이 보내온 편지〕

일찍이 서울에 들어온 것을 알고 조용히 만나 회포를 풀려고 생각했는데, 갑자기 시골로 돌아갔다는 소리를 듣고는 몹시 서운하였습니다. 그러던 차에 지금 정이 듬뿍 담긴 편지를 받고는 세 번이나 반복해 읽어 보노라니, 감사하고 위로가 됩니다. 다만 건강이 좋지 못하고 아들의 피부병도 낫지 않았다니, 매우 걱정됩니다.

가까운 시일에 만약 물길을 거슬러 올라와 한양에 온다면 피곤함을 씻는 만남이 될 것으로, 기다리고 또 기다리겠습니다. 다른 곳으로 이사해 살려는 계획은 어찌 능히 이룰 수 있겠습니까. 형이나 저나 모두 반평생을 지낸 처지라, 힘이 드는 일을 하려고 하면 겁부터 나니, 한탄스럽습니다.

저는 계획을 잘못하여 한번 우리 안에 들어왔는데, 일은 제 마음대로 안 되고, 떠나가려고 하면 또 구구하나마 납약(納約)[11]의 뜻이 있으니, 참으로 닭의 갈비가 먹을 것도 없으면서 버리기는 또 아깝다는 격입니다.

근일에 공안(貢案)을 고치고 주현(州縣)을 합병하고 감사(監司)를 오래 맡기자는 세 가지 일로 차자를 올리니, 상께서 곧바로 물리치지는 않고 대신들에게 명해서 의논케 하여 가망이 있을 듯하였습니다. 그런데 좌의정이 병으로 인해 불참하여 논의가 아직까지 결말이 나지 못하였으니, 또한 마가 낄까 걱정됩니다.

저는 금년 봄에 현훈증(眩暈症)을 얻은 이후로 기운이 아직까지 회복되지 않아 파리하고 노곤하기만 합니다. 형의 경계와 격려는 삼가 마음속에 깊이 새기겠습니다. 구차한 저의 행적은 참으로 편지에서 말씀하신 것과 같습니다. 다만 옛사람 중에도 일이 행해질 조짐을 보이기 위해서 떠나가지 않은 경우가 있었으므로,[12] 감히 선뜻

11 납약(納約) : 서두르지 않고 찬찬히 임금을 계도해 나가는 것을 말한다. 《주역》 〈감괘(坎卦) 육사(六四)〉에 "맺음을 들이되, 통한 곳으로 하면 끝내 허물이 없으리라. 〔納約自牖, 終无咎.〕"라고 하였는데, 군주를 선도(善道)로써 깨우치고자 하면 군주가 밝게 아는 것과 관심이 있는 곳으로부터 해 나가야 한다는 뜻이다.

12 옛사람……있었으므로 : 옛사람은 공자를 가리킨다. 공자가 도(道)가 행해지지 않는데도 다른 나라로 떠나가지 않은 이유에 대해서 만장(萬章)이 맹자(孟子)에게 묻자, 맹자가 답하기를 "도를 행할 수 있는 조짐을 보이신 것이니, 조짐이 족히 행할 수 있는데

물러가지 못하고 친구들로부터 사방에서 책망을 받고 있으니, 탄식할 일입니다.

호원은 진퇴양난의 처지에 빠져서 병들어 여관에 누워 있으니, 참으로 걱정입니다. 이쪽의 별지에서 말한 《강목(綱目)》의 낙장에 대한 일은, 교서관에 아는 자가 없으니 아마도 도모하기가 쉽지 않을 듯합니다. 그러나 힘을 쓸 계획은 하고 있습니다. 건치(乾雉) 한 마리와 밀과(蜜果) 30개를 올립니다. 제 동생이 유고가 있어 재랑(齋郎) 자리를 버리려고 하는바, 지금 이후로는 과자를 얻기가 어렵습니다.

6월 9일 이(珥)는 절하고 올립니다.

도 도가 행해지지 않은 뒤에는 떠나가셨다.〔爲之兆也. 兆足以行矣, 而不行而後去.〕"라고 하였다. 《孟子 萬章下》

호원에게 보내는 편지
與浩原書

지난번에 숙헌(叔獻)이 보낸 편지를 받고 오형께서 물러나 쉴 길이 없다는 것을 알았는바, 몹시 염려가 되고 염려가 됩니다. 유자(儒者)에게 귀한 것은 집에 들어와서는 스스로를 다스리는 성과가 있고, 조정에 나아가서는 다른 사람에게 은택이 미치는 바가 있는 것입니다.

만약 한갓 형적(形迹)에만 구애되어 오랫동안 임금의 은혜를 받고 있거나, 마음은 산야에 가 있으면서 몸은 작록에 매여 있거나, 몸은 조정에 끼여 있으면서 입은 청포(青蒲)[13]를 다물고 있다면, 이것이 무슨 출처입니까. 어찌하여 평소에 강마하였던 선현의 사업을 가지고 날마다 진달하면서 일을 할 만하면 조정에 머물러 있고 할 만하지 못하면 시골로 돌아와 진퇴를 스스로 결정하지 않으십니까?

듣건대 숙헌이 머지않아 정승이 될 것이라고 하니, 나라를 위해서는 참으로 다행입니다. 그러나 숙헌 자신을 위해서는 불행입니다. 주공(周公)이 돌아가신 뒤에 유자를 정승으로 삼았다는 말은 들어 보지 못하였습니다.

단지 수많은 창생의 목숨이 경각에 달려 있는바, 인인(仁人) 군자(君

13 청포(青蒲) : 임금의 침실에 까는 푸른 털자리라는 설과 임금의 침실에 그어 놓은 푸른색의 한계선이라는 설이 있는데, 흔히 신하로서 임금에게 과감하게 진언하는 것을 뜻하는 말로 쓰인다. 한 원제(漢元帝)가 태자를 폐하고 정도왕(定陶王)을 태자로 책봉하려 하자, 사단(史丹)이 와내(臥內)로 들어가 청포 위에 엎드려 울면서 태자를 폐하고 다른 사람을 세우는 것은 옳지 않다고 간한 고사가 있다. 《漢書 史丹傳》

子)가 마땅히 마음을 써야 하니, 어느 겨를에 다른 것을 논하겠습니까. 오직 서로 권면하여 온 세상 사람들이 손을 이마에 대고서 간절히 바라고 있는 바를 허망하게 하지 마시기를 바랍니다. 삼가 답장을 보냅니다.

숙헌에게 답하는 편지
答叔獻書

듣건대 오형께서 이미 문형(文衡)을 맡았으며, 또 장차 정승이 될 것이라고 합니다. 문형은 사문(斯文)을 부식(扶植)하는 중요한 직임입니다. 어찌 사화(詞華)를 숭상하면서 세상의 요구에 응할 뿐이겠습니까. 그리고 삼대(三代) 이후로는 유자(儒者)를 정승으로 삼은 경우를 보지 못하였는데, 이는 삼대 이후로는 다시는 삼대의 정치가 없었기 때문입니다. 유자를 정승으로 삼는다면 어찌 삼대의 정치를 이루지 못하겠습니까.

유자에게 귀한 것은, 한 번 나가고 한 번 물러나는 것을 반드시 도에 맞게 하면서 털끝만치도 이익을 도모하거나 공을 헤아리는 생각이 없는 것입니다. 삼대의 사업을 자신의 임무로 삼지 않는다면 감히 그 자리에 있을 수가 없는 것입니다.

참으로 혹 그렇지 않다면, 이는 왕량(王良)이 속임수를 써서 말을 모는 것[14]이고 대장(大匠)이 규구(規矩)를 고치는 것이니, 한심한 생각

14 왕량(王良)이……것 : 정도(正道)를 행하지 않고, 편법(便法)을 행한다는 뜻이다. 왕량은 춘추 시대 말을 잘 몰았던 사람이다. 왕량이 일찍이 조 간자(趙簡子)의 행신(幸臣) 해(奚)를 태우고 사냥을 하면서 말을 법대로 몰자, 해가 온종일 짐승 한 마리도 잡지 못하고는 왕량을 천하의 천공(賤工)이라고 하였다. 그 뒤에 왕량이 다시 해를 태우고 고의로 말 모는 법도를 지키지 않고 짐승을 속여서 만나게 해 주자, 해가 하루아침에 짐승을 열 마리나 잡고는 왕량을 천하의 양공(良工)이라 하였다. 이에 왕량을 자기의 어자(御者)로 삼고자 하자, 왕량은 "내가 법대로 말을 몰면 온종일 짐승을

이 들지 않을 수 있겠습니까. 후세의 유자를 보면 고요할 적에는 도를 담론하고 의리를 지키다가도, 한번 움직여 조정에 나가기만 하면 문득 처음의 뜻을 잃어버립니다. 감히 저의 속생각을 말씀드렸습니다. 삼가 절하고 올립니다.

한 마리도 잡지 못하고, 속여서 만나게 해 주면 하루아침에 열 마리나 잡으니, 나는 그런 소인의 수레를 몰 수 없습니다."라고 하면서 거절하였다. 《孟子 滕文公下》

숙헌에게 보내는 편지

與叔獻書

듣건대 형이 올린 상소[15]에서 말한 "부박한 의론으로 인하여 정치가 어지러워진다.〔政亂浮議〕"라는 한 조항에 대하여, 심지어 군자의 말이 아니라고 배척하기도 하고 또 다른 지적을 하면서 비방한 것이 한둘이 아니라고 합니다.

조정에 나가서 한 일이 없고 도리어 배척만 당하였습니다. 숲속에서 글을 읽으면 저절로 좋은 경계가 있을 것인데, 어찌하여 조정에서 하필 머뭇거리고 돌아보아서 안으로는 자신의 덕을 손상하고 밖으로는 뭇사람들의 기휘를 불러온단 말입니까. 옛사람의 출처는 아마도 이와 같지 않았을 듯합니다. 성군께서 비록 특별히 예우한다고 하더라도 계책은 시행해 주지 않으니, 이 역시 지우(知遇)라고는 할 수가 없을 것입니다.

〔율곡이 보내온 편지〕

삼가 보내 준 편지를 받고 감사와 위로를 느낍니다. 지난번에 보내 주신 수찰을 받고는 다시 답서를 보냈으며 또한 건어물을 보냈는데 아직까지 도착하지 않았습니까? 저는 조정에서 분주하게 사람들을 따라다니고 있는바 다른 것은 말할 만한 것이 없습니다.

말씀하신 유자(儒者)의 사업은 참으로 본디 그와 같은 것이니,

15 상소 : 이이가 임오년(1582, 선조15)에 올린 〈진시폐소(陳時弊疏)〉로, 《율곡전서》 권7에 수록되어 있다.

어찌 감히 마음속에 새겨 두지 않을 수 있겠습니까. 다만 도리(道理)는 천차만별인 법입니다. 옛사람 가운데에는 천민(天民)[16]으로 자처하면서 반드시 도가 크게 행할 것을 본 다음에야 세상에 나간 자도 있고, 점차 세도(世道)를 구제하여 납약자유(納約自牖)[17]한 자도 있었습니다. 갑자기 삼대의 정치를 늘어놓으면서 건의하다가 시행되지 않으면 곧 떠나 버리는 것은 아무래도 오늘날에 맞는 의리가 아닐 듯합니다.

호원이 한결같이 물러나게 해 주기만을 요구하는 것도 지나치게 고집을 부리는 것 같습니다. 대저 억만창생이 물이 새는 배를 타고 있는 실정인데, 이를 크게 구제해 주는 책임이 실로 우리 무리에게 있습니다. 이 때문에 제가 차마 떠나지 못하고 조정에 있는 것입니다. 말씀하신 일은 풍천(豐川)[18]을 보게 되면 간곡하게 부탁하겠습니다.

11월 15일 이(珥)는 재배하고 올립니다.

16 천민(天民) : 임금을 도와 세상을 태평성대로 만들 큰 인재를 뜻한다. 이윤(伊尹)이 "나는 천민 가운데 선각자이다. 내가 장차 이 도로써 이 백성들을 깨우쳐야 할 것이니, 내가 이들을 깨우치지 않고 누가 하겠는가.〔予, 天民之先覺者也. 予將以斯道 覺斯民也. 非予覺之, 而誰也?〕"라고 한 데서 나온 말이다.《孟子 萬章上》

17 납약자유(納約自牖) : 255쪽 주11 참조.

18 풍천(豐川) : 풍천 수령을 지낸 사람을 가리키는 듯하다.

숙헌에게 답하는 편지
答叔獻書

〔우계가 보내온 편지〕

서로 간에 생각하는 것이 깊던 차에 삼가 지난달 28일에 보내 주신 수찰을 받고서 서너 번이나 거듭해 읽어 보매, 몹시 위안이 되었으며, 감사한 마음과 부끄러운 마음을 금치 못하였습니다. 삼가 겨울철에 정양(靜養)하는 도리(道履)가 아주 편안하다는 것을 알았는바, 기쁘고 경하하는 마음을 금할 수 없습니다.

저는 28일에 도성 문을 나와 영서(迎曙)[19]에 있는 윤면천(尹沔川)의 농사(農舍)에 우거하고 있습니다. 파산(坡山)과 향양리(向陽里) 두 곳이 모두 전염병이 돌아 가솔들이 모두 병을 피해 다시 성안으로 옮겨 왔습니다. 이에 저는 방황하다가 돌아갈 곳이 없어서 이곳으로 온 것입니다. 병이 든 사람이 한겨울 추운 때에 살 곳을 잃었는바, 안위 따위는 치지도외할 뿐입니다.

저는 지난달 1일에 글을 올려 물러나게 해 줄 것을 청하였습니다. 상께서는 저를 돌려보내려고 대신들에게 내려 의론을 수렴하게 하였습니다. 그런데 대신들은 내보내지 말 것을 건의하고, 심지어는 관직을 높여 줄 것을 청하기까지 하였습니다. 이에 성상께서는 좋아하지 않으면서도 우선은 그 뜻에 따라 자궁(資窮)에까지 벼슬이 뛰

19 영서(迎曙) : 서울시 은평구 역촌동에 있던 역(驛)이름으로, 벽제, 파주, 장단, 개성으로 이어지는 교통의 요지였다.

어올랐습니다. 그리고 대신들이 또 땔감과 숯을 지급해 줄 것을 청하자, 상께서 또 허락하셨습니다.

제가 당초에 물러날 것을 청하여 반드시 돌아갈 뜻을 품었던 것은 겨울철 추운 날씨에 방 안에 칩거하면서 봉직하지도 못한 채 공연히 국가의 은전만 받아서입니다. 이것이 머물러 있을 수 없는 첫째 이유입니다.

그리고 경연에 출입하라는 상의 명이 있기는 하였으나, 저는 그만한 명예와 지위가 없습니다. 저는 적임자가 아니니, 이에 대해서는 진실로 논할 것이 못 됩니다. 그러나 국가에서 이렇게 좋은 문로(門路)를 열어 놓아 훗날의 현자를 기다리고 있는데, 제가 첫 번째로 이 자리를 차지하게 되었으니, 감히 구차하게 그 사이에 무릅쓰고 나아갈 수가 없습니다. 저 때문에 이 뒤에 진짜 현자가 제대로 시작할 수 없게 된다면 이는 국가의 막대한 치욕이 될 것입니다. 이것이 머물러 있을 수 없는 두 번째 이유입니다.

제가 아뢴 형편없는 말을 상께서 채택하여 받아들이실 가망이 없는바, 감히 말씀드리지 못하겠습니다. 그런데 뜻밖에도 이로 인하여 국가에서 현자를 우대하는 성대한 은전을 독차지하여 땔감과 숯을 제급(題給)받았으며, 물러날 것을 구하다가 승진하게 되어 직명이 크게 뛰어오르게 되었습니다. 그런즉 사사로운 의리로 헤아려 볼 적에 단연코 이를 받아서는 안 되는바, 황공하고 답답하여 어찌할 바를 모르겠습니다.

이에 20일에 사양하고 면직해 달라는 내용으로 상소를 올리면서 저의 정상에 대해 모두 말하였는데, 그 끝부분에는 "신이 형세가 궁하고 이치가 다하였으므로 차라리 필부(匹夫)가 도망하는 행동을 하여, 목을 늘이고 명령을 어긴 죄를 받아서 분수와 의리에 편안한 바를 구할 것입니다. 신의 뜻은 이미 결정되었습니다.……"라고 하였는데, 성상께서는 여전히 윤허하지 않고 계십니다.

제가 밤낮으로 고심하면서 생각해 보건대 추운 겨울에 병든 몸으로 칩거하고 있으면서 날마다 성상의 은혜를 누리며, 병이 들어 편안히 누워 지내면서 은혜로 돌보아 주시는 것을 달갑게 여기는 것은, 전혀 의리가 없는 짓입니다. 그러니 단지 도망쳐 숨겠다는 말에 의거하여 병든 몸을 이끌고 도성 문을 나가느니만 못할 것입니다. 이렇게 하면 대략 처음에 마음먹었던 것을 이룰 수가 있어서, 서울에 머물러 있는 것보다는 다소 나으므로 결단코 이번에 물러나려는 것입니다.

그러나 임금의 은혜가 끝이 없는데 조금도 보답하지 못하고 있는 바, 임금을 그리워하고 연연해하며 부끄럽고 황공한 마음을 잊을 수가 없습니다. 그러니 마음이 어찌 편안할 수 있겠습니까. 아, 미천한 신하가 나라를 저버림이 이에 이르러 극에 달하였습니다. 이곳에 머물러 있으면서 항양리의 돌림병 기운이 조금 누그러지기를 기다려 병든 몸을 이끌고 그곳으로 돌아가고자 할 뿐입니다.

그리고 이미 도성의 문을 나왔으니 가슴속이 시원해져야 할 것입니다. 그런데도 임금에 대한 정을 잊지 못함이 이와 같아서 시골에 있으면서 아무 일 없이 지내느니만 못한바, 우습기만 합니다. 물정(物情)이 어찌하여 이와 같단 말입니까. 괴롭고 괴로운바, 고상하고 한가로이 지내는 방도가 아닙니다.

겨울철 날씨가 따뜻하여 여역이 크게 유행하고 있는데, 곳곳이 다 그렇습니다. 파산의 옛집에서도 죽은 사람이 셋이나 되어 온 집안 사람들이 다 도망쳐 피한 탓에 제사를 오랫동안이나 지내지 못하고 있는바, 상심을 금치 못하겠습니다. 갈림길에서 머뭇거리며 고개를 빼들고 파산 쪽을 바라만 볼 뿐입니다.

여역을 치료하는 약재는 지금 가지고 있는 것이 없습니다. 다만 듣건대 인동초를 진하게 달여서 처음 여역에 걸렸을 적에 들이마셔 서너 차례 땀을 쭉 빼고 나면 완전히 치료가 된다고 합니다. 청원향(淸遠香) 몇 개를 보내 드리니, 삼가 잘 받아 주시기 바랍니다.

제가 머물러 있는 곳은 이에 도성으로 들어오는 길 가입니다. 혹시라도 서울에 오실 경우에는 하룻밤을 묵으면서 말을 나누고 가시기 바랍니다. 그럴 경우 다 죽어 가는 잔생(殘生)의 다행스러움을 어찌 다 말할 수 있겠습니까. 이만 줄입니다.

12월 1일 혼(渾)은 절하고 올립니다.

초혼장(招魂葬)에 대한 일[20]은 그 당시에 제가 해서는 안 된다는 내용으로 그 집에 알렸으므로, 그 집에서 봉분을 만들지 않았습니다. 숙헌(叔獻)은 근래에 공사 간에 일이 아주 많아서 곤욕을 치르고 있는 탓에 어지럼증이 다시 도져 정고(呈告)하고서 출사하지 않는다고 합니다. 바라건대 형께서 가끔 경책(警責)하는 말을 보내 주어, 그로 하여금 '수시재상(隨時宰相)'이 되지 않게 한다면 몹시 다행이겠습니다.

20 초혼장(招魂葬)에 대한 일 : 성혼의 이웃 중에 물에 빠져 죽은 아버지의 시신을 찾지 못한 사람이 있는데, 초혼(招魂)하여 묘를 쓰려고 하면서 이것이 예에 합당한지 성혼에게 물었다. 성혼이 이를 다시 구봉에게 물었는데, 구봉이 "초혼장을 지내면서 묘를 쓰는 것은 합당치가 않다."라는 내용으로 답하였다. 자세한 내용은 《구봉집》 권6 〈예문답(禮問答)〉에 나온다.

〔구봉이 보내는 편지〕

삼가 바깥 일이 수고롭고 소란스러워 병이 도진 것이 가볍지 않다는 편지를 받아 보았는바, 멀리서 염려가 되고 염려가 됩니다. 오늘날 음양(陰陽)의 진퇴(進退)와 생민(生民)의 휴척(休戚)이 모두 형의 한 몸에 달려 있어 기대하는 바가 몹시 중한바, 십분 신중히 조섭하시기 바랍니다.

먹을 보내 주셨는데, 깊이 돌보아 주는 것에 대해 몹시 감사드립니다. 이것으로 저 자신의 허물을 기록하여 규계(規戒)로 삼겠습니다.

지금 호원이 저에게 보낸 편지를 보니, 형이 수시재상이 될까 염려하여, 경책해 주라고 저에게 부탁하였습니다. 수시재상은 곧 시속에 따라 부앙하는 자입니다. 형이 어찌 이런 모양일 리가 있겠습니까.

다만 저는 거친 들판에 살고 있어서 형과는 날로 더 멀어져 갑니다. 그러나 호원은 형과 함께 조정에 있으니, 근간의 일에 대해서 잘 알고서 이런 말을 하였을 것입니다. 혹 형이 일을 할 때 평이하게 중도를 얻고자 하는 바람에 도리어 엄정하고 신중하게 해 늠연하여 감히 범할 수 없는 기상이 적은 것은 아닙니까?

영달해도 도를 떠나지 않는 것[21]은 옛사람도 어렵게 여겼습니다. 다시금 공무에서 물러난 여가에 날마다 경전을 읽어서 처음에 먹었던 마음을 저버리지 않는다면, 몹시 다행이고 다행이겠습니다. 대소(大小)와 청탁(淸濁)을 아울러서 다 용납한다면, 어찌 이런 이치가 있겠습니까. 다시 잘 헤아려 보시기 바랍니다. 삼가 답장을 보냅니다.

21 영달해도……것 : 《맹자》 〈진심 상(盡心上)〉에 "선비는 빈궁해도 의를 잃지 않고, 영달해도 도를 떠나지 않는다.〔士窮不失義, 達不離道.〕"라고 하였다.

호원에게 보내는 편지

與浩原書

숙헌이 답장을 보내 주어 형이 다시 도성 안으로 들어갔다는 것을 알았으며, 또 경연 석상에 나아가 물러가게 해 주기를 청하여 윤허를 받고서 훌쩍 도성을 떠나 돌아갔다는 것도 알았습니다. 이에 다행스러움과 불행스러움에 걱정과 기쁨이 반반씩입니다.

숙헌이, 매번 형의 출처가 이치에 따르는 것이 아닌 듯하여, 자못 과재(果哉)[22]의 행동이 있다고 하였습니다. 저 역시 그렇게 생각합니다. 다만 옛날 군자들이 나아가고 물러간 것을 두루 보건대, 자신이 한 말이 쓰이지 않는데도 자신의 몸에 작록(爵祿)을 두르고 달가운 마음으로 대궐 안에 머물러 있던 자는 없었습니다. 이에 매번 이 설을 가지고 숙헌에게 말해 주었습니다.

지금 시골로 돌아가도록 허락받았으니, 능히 옛사람이 기뻐하면서 다행스러워한 상황이 되지 않겠습니까. 다만 우리 임금이 어진 이를 좋아하는 정성은 거짓으로 꾸미기를 기다리지 않으니, 실로 우리 동방 수백 년 이래에 일찍이 볼 수 없었던 성대한 일입니다. 그런데 마침내

22 과재(果哉) : 세상일이야 어찌 되든 자기만 피하여 사는 은자(隱者)를 뜻하는 말이다. 공자(孔子)가 천하를 경륜할 뜻을 지니고 위(衛)나라에서 경쇠를 치고 있을 적에, 삼태기를 메고 문 앞을 지나가던 한 은사(隱士)가 그 소리를 듣고는 "자신을 알아주지 않으면 그만두면 될 텐데.〔莫己知也, 斯已而已矣!〕"라고 하자, 공자가 "과감하기도 하구나. 그렇게 처신한다면야 어려울 것이 하나도 없으리라.〔果哉! 末之難矣.〕"라고 하였다.《論語 憲問》

쓸데없는 형식적인 것이 되고 말았습니다. 이것은 깊이 걱정해야 할 나라의 불행이 아니겠습니까.

말세의 세상에서 벼슬길에 나가기를 구하는데, 형이 스스로 자신의 지조를 지키는 것이 혹 중도에 지나치다고 하더라도, 그 소문을 듣는 자들이 척연히 염치를 기르고 절조를 가지는 것은 오늘날에 형으로 말미암아 시작될 것입니다. 그러니 이 역시 성상의 특별한 대우에 보답하는 한 가지 일이라고 할 수 있을 것입니다.

호원에게 답하는 편지
答浩原書

〔우계가 보내온 편지〕

여름철 날씨가 점차 뜨거워져 가는데, 삼가 복차(服次)[23]의 기거가 어떠하십니까? 우러러 염려가 되고 염려가 됩니다. 삼가 지난 7일에 보내 준 편지를 받고 거듭해서 읽어 보매 감사하고 위로가 되었습니다. 다만 경외(京外)의 지역에 여역(癘疫)이 발생하여 온 집안사람들이 구봉촌(龜峯村)으로 옮겨 갔다는 것을 알았는바, 저로 하여금 몹시 염려하게 합니다. 모르겠습니다만 모든 일이 이제 안정되어서 큰 걱정거리는 없습니까?

저는 진관(津寬)[24]에 머문 이후로 크게 몸을 상하였는데, 겨울철에도 조금도 소생하지 못하다가 봄철에 들어서는 뼈가 다 드러날 정도로 초췌해졌습니다. 이에 보는 자들이 깜짝 놀라 탄식할 정도로, 병석에 누워 있지 않을 뿐입니다.

형포(荊布)[25]는 병을 치료하기 위해 도성 안으로 들어갔다가 이곳으로 돌아온 뒤로는 기운이 다 빠져 쓰러져 있는데, 지금도 역시

23 복차(服次) : 서간문에서 상중(喪中)에 있는 상대방이 평교일 경우를 가리키는 말로, 윗사람일 경우에는 복전(服前)이라고 한다.

24 진관(津寬) : 진관사(津寬寺)가 있는 서울시 은평구 진관동 지역을 말한다.

25 형포(荊布) : 가시나무로 만든 비녀를 꽂고 베로 만든 치마를 입는 것으로, 부인의 검소한 덕을 말하는데, 여기서는 성혼 자신의 아내를 뜻하는 말로 쓰였다.

소생하지 못하고 있습니다. 이 병에 들고서 어찌 능히 살아날 가망이 있겠습니까. 내외가 병들어서 각자 따로 있어 서로 보살필 수가 없는 탓에 여러 가지 근황이 더욱더 군박하기만 합니다. 이 때문에 괴로운 일이 더 불어나, 형용이 도리어 지난해 여름에 방문하였을 때보다도 더 초췌합니다.

한가로이 집 안에 거처하고 있더라도 오히려 몸을 지탱할 수가 없는데, 성상께서 글을 내려 초청한 것이 지금까지 세 차례나 됩니다. 성상의 말씀이 아주 정녕하고 간절하여 마치 한 집안의 부자간에 주고받는 것과 같은바, 미천한 신하인 제가 읽어 보고는 저도 모르는 사이에 감격의 눈물을 흘렸습니다. 저의 병든 상황이 이와 같은즉 본디 감히 엄한 전지를 받들 수가 없습니다만, 신하 된 자의 분수와 의리로 볼 때 감히 집에 계속 누워 있을 수가 없기에, 병든 몸을 이끌고 서울로 들어와서는 대궐 아래로 나아가 굳게 사양하고자 하였습니다.

비록 그렇지만 저의 병든 상황을 가지고 말한다면, 서울로 들어가면 반드시 죽을 것입니다. 어째서 그렇겠습니까? 집에 있으면서도 오랫동안 앉아 있을 수가 없는데, 오래도록 앉아 있으면 얼굴빛이 파래지고 기운이 고갈되어 스스로 지탱할 수가 없기 때문입니다. 이와 같이 병든 몸으로 감히 서울로 들어간다면, 외람됨을 무릅쓰고 자리를 차지하는 죄가 아마도 또다시 심해질 것입니다.

율곡은 너그러움이 날로 심해지니, 본디 말할 가치도 없습니다. 비루한 저에게 반드시 서울에 오도록 애써 권하면서 "신하로서 이와 같이 해서는 안 됩니다.……"라고 책망하는데, 이 말은 아마도 옳지 않은 듯합니다.

옛날에 최여지(崔與之)는 임금의 소명을 받고서 열세 번이나 상소를 올리고 나아가지 않았습니다.[26] 최여지는 대신의 지위에 있는 자로서 제수받은 관직이 승상(丞相)이었습니다. 대신으로서 부름을 받았는데도 오히려 이와 같았는데, 더구나 파리하여 장차 죽게 된 일개 필부의 경우이겠습니까.

의리는 정미(精微)하여 만나는 경우에 따라 일정하지 않으니, 어찌 일찍이 정해진 규칙이 있겠습니까. 출처와 진퇴는 오직 의리가 있는 바대로 할 뿐입니다. 어찌 반드시 임금의 명령을 듣고 바삐 달려가는 것만을 신하의 분수와 의리에 당연하다고 하겠습니까.

지금 저의 질병이 이처럼 심한데도 반드시 살아서 갔다가 죽어서 돌아오려고 하니, 이는 애당초 목숨을 버리고 의리를 취할 자리가 아닙니다. 그런데 구구하게 조정에 나갔다가 쓰러져 죽는다면, 어찌 맑은 세상의 일대 치욕이 되지 않겠습니까. 이 때문에 여러 번 생각하고도 결정하지 못하고 있습니다. 제 마음속으로는 나아가고 싶지 않습니다만, 이제 이 문제를 형에게 물어서 결정하려 하니, 부디 저를 위하여 결정해 주시는 것이 어떻겠습니까? 한결같이 의리의 바름을 가지고 다 죽어 가는 사람을 구해 주시기를 간절히 바라고 바랍니다.

성지(聖旨) 두 통을 등서해 보내니, 한번 읽어 보시는 것이 어떻겠

26 최여지(崔與之)는……않았습니다 : 최여지는 남송(南宋) 때 사람으로, 자는 정자(正子), 호는 국파(菊坡), 시호는 청헌(淸獻)이다. 최여지가 촉(蜀) 지방의 안무사(按撫使)로 있으면서 정사를 잘하였는데, 조정에서 예부 상서(禮部尙書)로 부르고 참지정사(參知政事)에 제수하였으나 사직소를 열세 번이나 올리고 나아가지 않았다. 《宋元學案 卷79》

습니까? 성상께서는 대개 어리석은 저를 등용해 쓰시려고 합니다. 그러나 저의 병든 상황이 이와 같아서 거기에 보답할 길이 없습니다. 이에 한밤중에 슬퍼하면서 개연히 눈물만 흘릴 뿐입니다. 이만 줄입니다.

계미년(1583, 선조16) 4월 21일 혼(渾)은 절하고 올립니다.

〔우계가 보내온 편지〕

저의 일 가운데 끝내 조처하기가 어려운 것은 비단 이 소명(召命)만이 아닙니다. 이번에 비록 상소를 올려 물러가게 해 주기를 요청해 윤허를 받기는 하였습니다만, 당상관의 중한 직질(職秩)은 체차하여 바로잡도록 허락받지 못하였습니다. 그런즉 집에 있으면서 상소 한 통을 올려 체차하여 바로잡아 주기를 요청하더라도 즉시 따라 줄 가망은 없을 듯합니다. 그렇다면 집 안에 누워 있으면서 분분하게 상소를 올리는 것이 마땅하겠습니까.

만약 집에 있는 것이 온당치 못하다고 한다면, 끝내는 대궐 아래로 나아가 굳게 사양하는 데 이를 것입니다. 그런데 대궐 아래에 나아가 서너 차례 상소를 올린 뒤에도 만약 체차하여 바로잡는 은혜를 받지 못할 경우에는, 내팽개치고서 집으로 돌아오는 것도 감히 할 수 없습니다. 그리고 성상의 명을 받들어서 작위를 받는다면, 이는 또 처음에 먹었던 마음이 아닙니다.

이러한 따위의 절목은 갖가지로 곤란하니, 속히 죽는 것을 제외하고는 편안하게 지낼 수 있는 길이 없는바, 몹시 답답하기만 합니다. 바라건대 형께서 평탄한 한 길을 가르쳐 주어, 병든 이 몸으로 하여금 쓸데없는 걱정을 하느라 속이 타지 않도록 해 주시기를 간절히 바라고 또 바랍니다.

두 번째로 올린 상소에 대한 비답에,

"그대가 그동안 올린 상소를 보고는 내 마음이 몹시 서운하였다. 지금 나는 그대가 경륜을 펴기를 기다려서 함께 이 시대의 어려움을 헤쳐 나가고자 한다. 지금은 뜻 있는 선비가 무언가 일을 해야만 하는 때이다. 그대는 선뜻 생각을 바꾸어서 속히 역마를 타고 올라오라.……"

하였습니다.

세 번째로 올린 상소에 대한 비답에,

"그대의 상소를 보고서 그대의 몸에 병이 있어 곧바로 올라오지 못했다는 것을 알았다. 지금은 날씨도 따뜻하니 그대는 모름지기 병을 잘 조리하고서 올라오라. 비록 누워서 계책을 올린다고 한들 역시 안 될 것이 무에 있겠는가. 내가 그대를 기다리는 것은 굶주리고 목마른 사람의 심경과 같은데, 한번 가서 영영 돌아오지 않고 있다. 이것이 어찌 그대가 원하는 바이겠는가. 더구나 지금 병조 판서는 바로 그대의 오랜 친구이다. 내가 지금 그대를 발탁하여 병조 참지로 삼은 것이 어찌 아무런 뜻이 없이 그런 것이겠는가. 마음을 같이하고 덕을 같이해야 하는 것이 바로 오늘날에 있다. 그런데 그대는 어찌하여 선뜻 생각을 바꾸고 올라와, 자리를 비워 놓고 기다리고 있는 나의 기대에 부응해 주지 않는가. 그대는 다른 생각은 하지 말고 억지로라도 길을 떠나야만 할 것이다.……"

하였습니다.

〔구봉이 보내는 편지〕

긴 여름날 강 마을에서 한낮에도 사립문을 닫고 지내던 차에 서찰을 가지고 오는 심부름꾼이 멀리서 도착하였습니다. 편지 가득 괴로운 말이 담겨 있는데, 모두가 진퇴 문제로 인해 마음이 편안하지 않은 의리에 대한 말인바, 걱정스럽고 걱정스럽습니다. 혼미하기 그지없는 저로서 지금 형이 세 번 생각하고서도 결정할 수 없는 문제에 대한 물음을 받고는, 망연하여 답할 바를 알지 못하겠습니다.

형의 병세가 수레를 타고 서울로 올라가 몸조리를 하고서 입대(入對)할 만하다면, 형이 어찌 감히 전에 없는 특별한 은혜를 받고서도 이를 사절한 채 스스로 편안히 지낼 수 있겠습니까. 참으로 그렇지 않다면 비록 조정에 들어가 은혜로운 명에 절하려고 해도 스스로 그럴 수 없을 것임은 다른 사람에게 물어보기를 기다리지 않고서도 잘 알 수가 있습니다.

생각건대 존형께서 조처하기 곤란하여 결정할 수 없는 요지는, 크나큰 예우를 감당하기가 어려워서일 것입니다. 또한 조정에 나아갔다가 하는 일이 없이 꺼꾸러지고 낭패당하여, 처음에 품었던 뜻을 어그러뜨릴까 두려워서이지, 비단 몸의 병이 걱정되어서가 아닐 것입니다.

삼가 전후로 내린 성상의 비답을 보건대, 형이 만약 조정으로 나가지 않는다면, 이것은 당대의 예전에 없던 좋은 일이 형으로부터 무너질 것이니, 역시 온당치 못하지 않겠습니까. 한번 조정에 들어가서 큰 계책을 진달한 다음, 머물러 있을 만하면 머물러 있고 머물러 있을 수 없으면 돌아오는 것도 안 될 것이 무에 있겠습니까.

좋은 기미가 발한 데에서 주저하고 양(陽)이 회복되는 처음에 머뭇거리는 것은 아마도 진선진미(盡善盡美)하지는 않을 듯합니다. 우리들이 일삼는 바는 평탄한 가운데 저절로 알맞은 도리가 있을 것입니다. 바라건대 형께서는 너무 깊이 생각하거나 앞으로 어찌 될 것이라고 미리 생각하며 한 번 행하고 한 번 그치는 사이에서 지나치게 걱정하여 쓸데없이 정력을 허비하지 마시기 바랍니다.

저는 역병을 피하여 돌아온 뒤로 단표(簞瓢)의 생활이 이제야 겨우 안정되었습니다. 깊은 방 안에서 조용히 앉아 있노라니 귓가에는 사람의 말소리가 들려오지 않고, 비 온 뒤의 푸른 나무에서는 가끔씩 우는 산새 소리만 들려올 뿐입니다. 이로부터는 성시(城市)가 점차 멀어질 것인바, 역병을 피할 뿐만이 아닙니다.

최가운(崔嘉運)[27]과 윤사초(尹士初)는 모두 어릴 적의 친구로 강건하여 병이 없었는데 잇달아 죽고 말았습니다. 그러니 머리가 다 세고 병이 든 제가 또 어찌 이 세상에 오래도록 살아 있을 수 있겠습니까. 한편으로는 죽은 사람을 위하여 애통해하고 한편으로는 산 사람을 위해 걱정합니다. 삼가 답장을 보냅니다.

27 최가운(崔嘉運) : 최경창(崔慶昌, 1539~1583)으로, 본관은 해주(海州), 자는 가운, 호는 고죽(孤竹)이다. 전라도 영암(靈巖) 출신이다.

호원에게 보내는 편지

與浩原書

〔율곡이 보내온 편지〕

저는 벼슬살이가 괴롭고 기력도 다 떨어져서 점차 지탱하기 어려우니 걱정입니다. 이에 인사를 전폐하고 안부를 묻는 것도 안 했으니 의아하게 여기지 않을 줄 압니다. 편지를 받아 보고 역병을 피해 영영 돌아갔다는 것을 알았는바, 서운함을 금치 못하겠습니다. 저도 일이 뜻대로 되지 않으니, 아마도 돌아갈 날이 머지않을 듯합니다.

호원이 저에 대해 조롱하는 것은 참으로 마땅하나, 다만 물에 빠진 사람이 반드시 남을 잡아당기는 것은 형편상 어쩔 수 없으니, 어찌하겠습니까. 그리고 김응균(金應均)의 일은 상제조(上提調)가 다시 시재(試才)하려고 하니, 어찌하겠습니까. 김응균의 위에 또 다른 사람이 있으니, 이 때문에 이루기가 어렵습니다.

"정이 극에 달하면 다시 동한다.〔靜極復動〕"[28]라고 한 데 나오는 복(復) 자를 처음에는 양(陽)이 회복되는 것으로 보아 입성(入聲)인 복(復)으로 읽으려고 하였는데, 다시 생각해 보니 동정(動靜)은 끝이 없고 음양(陰陽)은 시초가 없는바,[29] 거성(去聲)인 부(復)로 읽는

28 정(靜)이……동한다 : 주돈이(周敦頤)의 《태극도설(太極圖說)》에 나오는 말이다.

29 동정(動靜)은……없는바 : 정이(程頤)가 말하기를 "동정은 끝이 없고 음양은 시초가 없나니, 도를 아는 자가 아니라면 누가 이런 이치를 제대로 알겠는가.〔動靜無端, 陰陽無始. 非知道者, 孰能識之?〕"라고 하였다. 《近思錄 卷1 道體》

것이 옳겠습니다. 이는 한 번 동하는 것이 아니기 때문입니다. 어떻게 생각하십니까? -이 편지는 윗부분과 아랫부분의 글이 빠졌다.-

〔구봉이 보내는 편지〕

일전에 삼가 심부름꾼을 보내어 안부를 물어 주는 편지를 받으매, 깊이 감사드리면서 명심하겠습니다. 앞서 심부름꾼이 왔을 때에는 급히 돌아가야 한다고 하고 또 몸에 병이 있어서 다시금 속마음을 다 털어놓지 못하였으니, 죄송하고 죄송합니다.

범범하게 말한다면 성상께서 너그럽게 기려 준 것이 한두 번이 아니니, 한번 조정으로 나가지 않을 수 없습니다. 그러나 시사(時事)를 가지고 정밀하게 살펴본다면 비단 조정에 나가더라도 할 일이 없으니, 역시 낭패당하는 것이 또 숙헌과 같을 듯합니다. 지금은 오직 형께서 홀로 절조를 온전히 하여 흠결이 없는 사람이 되는 것이 마땅한바, 형을 위해서 깊이 염려합니다.

일찍이 매번 형을 끌어들인다고 숙헌을 조롱하니, 숙헌이 "물에 빠진 사람이 다른 사람을 잡아당기는 것은 어쩔 수 없습니다."라고 답하였습니다. 형께서는 함께 물에 빠진 사람이 되지 마시기 바랍니다. 금년에는 서로 만나서 함께 지내기를 지난해같이 할 생각이 없는바, 늘그막의 신세가 가련하기만 합니다.

호원과 숙헌에게 답하는 편지

答浩原叔獻書

문을 닫고 들어앉아 병으로 신음하면서 그리운 마음이 한창 크던 차에 갑작스럽게 두 형이 소명을 받고서 서울로 들어갔다는 소식을 받고는, 한편으로는 기쁘면서도 한편으로는 걱정하였습니다. 율곡 형이 길을 가던 도중에 건강이 좋지 못하다고 말씀하셨기에, 염려되고 염려됩니다.

제 동생이 상소를 올린 일은 몹시도 놀랍고 괴이합니다. 동생은 《주역》〈곤괘(困卦)〉에서 말한 "말을 하여도 믿어 주지 않는다.〔有言不信〕"라는 도리[30]에 대해서 전혀 알지 못한 것입니다. 동생이 종시토록 이 일에 대해서 한마디도 언급하지 않았는데, 엊그제 보내온 편지에서는 "저 혼자서 화를 당하고자 알리지 않았습니다."라고 하였습니다. 이것은 그 자신을 저와 다르게 본 것이니, 몹시 어리석습니다. 걱정하면 함께 걱정하고 기뻐하면 함께 기뻐하는 의리[31]가 어디에 있습니까.

30 주역……도리 : 무슨 말을 해도 사람들이 믿어 주지 않는 것을 말한다. 《주역》〈곤괘 단(彖)〉에 "말을 해서 믿어 주지 않는데도 굳이 입으로 해명하려고 하는 것이 궁함이다.〔有言不信, 尙口乃窮也.〕"라고 하였는데, 이에 대한 전(傳)에 이르기를 "곤궁한 때를 당하여 말을 하면 사람들이 믿지 않으니, 입으로 곤궁함을 면하고자 하면 바로 곤궁함을 불러들이는 것이다."라고 하였다.

31 걱정하면……의리 : 형제간에 기쁨과 슬픔을 함께하는 의리를 말한다. 만장(萬章)이 맹자에게 "순(舜)의 아버지 고수(瞽瞍)와 아우 상(象)이 순을 여러 차례 죽이려고 했는데도 순이 상을 잘 대해 준 것은 어째서입니까?"라고 묻자, 맹자가 "어찌 알지 못했겠는가. 상이 근심하면 또한 근심하시고, 상이 기뻐하면 또한 기뻐하신 것이다.〔奚而不知也? 象憂亦憂, 象喜亦喜.〕"라고 답하였다. 《孟子 萬章上》

동생이 깊은 골짜기의 궁벽한 곳에 살고 있어서 서울에서 일어나는 일을 듣지 못하여 이와 같이 망녕된 짓을 한 것이니, 어쩌면 좋단 말입니까. 제 동생이 어둡거나 용렬한 사람은 아닌데도 여러 차례 잘못된 행동을 하고 있으니, 이 역시 운명인가 봅니다. 이것은 모두 제가 저 자신을 잘 닦지 못한 소치인바, 몹시도 부끄럽습니다.

두 분 형이 편지에 말한 "제갈공명(諸葛孔明)은 우리 유자(儒者)들에게 부끄러운 점이 있다."라고 하신 것은 반드시 한(漢)나라를 회복하기 위해 이익을 도모하고 공을 헤아리고자 해서인데, 이것은 학문을 익히지 않았기 때문에 그런 것입니다. 비록 그렇지만 제갈공명은 바름을 지키고 의리를 편히 여겨야 한다는 것을 알면서도 행하지 않은 것이 아니라, 이를 알지 못하여서 행하지 못한 것입니다.

편지에서 말한 율곡 형의 뜻이 아주 바르니, 이를 잘 간직하면서 잃지 않아야만 합니다. 성패에 대한 것은 하늘에 맡겨 두어야지, 혹시라도 이에 대해 조금이라도 들고나면서 또다시 장단과 이해를 따진다면, 이것은 제갈공명의 죄인이 되는 것입니다. 다시금 스스로 엄정함을 지켜서 바깥의 사특한 것이 안을 엿보지 못하게 하고, 겸손함과 공손함으로 선비들을 예우하는 등의 일에 대해서 힘쓰기를 우러러 바랍니다.

무릇 은혜를 팔고 아름다움을 훔치는 것은 변변치 못한 소인배나 하는 짓입니다. 그런데 감히 이것으로 두 형에게 바라겠습니까. 혹자의 설은 알 수가 없습니다.

우계 형은 오늘날 같은 처지를 당해서는 머뭇거리면서 뒤로 물러나기만 해서는 안 될 듯합니다. 만약 다시금 소명을 받을 경우, 수레의 멍에를 메우기를 기다리지 말고 나아가 마음과 힘을 다한다면 몹시 다행이겠습니다. 대저 자신을 지키기를 바름으로써 하지 못하면서 어찌 다른 사람이 바르게 하기를 책할 수 있겠습니까. 나아가는 것이 마땅한데도 나아가지 않으면서 혹 다른 생각을 한다면 이것 역시 바른 도리가 아닙니다. 다시금 차분하게 생각해 보시기 바랍니다. 삼가 답장을 보냅니다.

호원에게 답하는 편지
答浩原書

〔우계가 보내온 편지〕

무더위가 한창인 때에 삼가 조용하게 살아가는 기거가 아주 편안할 것으로 생각되는바, 흠모하는 마음을 금치 못하겠습니다. 며칠 전에 김선중(金選仲)의 집에서 전해 온 편지 두 통을 받고서 서너 번이나 찬찬히 읽어 보고는, 마음속이 시원해짐을 금치 못하였습니다.

저는 몸이 수척해지는 것이 날이 갈수록 심해져 자리에 누워 일어나지 못하는 지경에 이르렀습니다. 이에 부득이하여 네 차례나 사면하니, 성상의 말씀에 "그대가 만약 조정에 나오지 않는다면 저 창생들은 어찌할 것인가. 비록 나 한 사람이야 돌아보지 않는다고 하더라도 조종(祖宗)은 생각지 않는단 말인가.……"라고 하였습니다.

이런 성상의 명을 받들고는 몹시 두렵고 떨려서 혼이 여러 차례나 달아났습니다. 이에 스스로 상소를 올려 굳게 사직하려고 하였습니다. 그러나 또다시 생각해 보건대 신하 된 자의 분수와 의리로 볼 때 집 안에서 누워 지낼 경우, 스스로 마음이 편안할 수 없을 것 같았습니다. 이에 병든 몸을 이끌고 길을 떠나 지금은 벽제(碧蹄)에서 묵고 있습니다.

혹시라도 길을 가던 도중에 죽지 않는다면 대궐 아래로 나아가 상소를 올려 직명을 체차해 바로잡아 주기를 청한 다음에 돌아오려고 합니다. 비록 그렇지만, 기식이 실낱같아서 조석간도 보전할 수 없습니다. 만약에 서울에 도착해서 죽게 된다면 죽어서도 오히려 염치

없는 귀신이 되고 말 것이니, 마음이 몹시 답답하고 답답합니다.

제가 만약 7월 이후까지 살아 있다면 더 오래 사는 것을 기대할 수가 있는바, 이 뒷날 계상(溪上)에서 함께 이불을 덮고 잘 날이 있을 것입니다. 삼가 고요하게 정양하기를 날로 더욱 지극하게 하시기 바랍니다. 나머지 많고 많은 사연은 다 적지 않고 이만 줄입니다.

계미년(1583, 선조16) 5월 12일 혼(渾)은 절하고 올립니다.

〔우계가 보내온 편지〕

장맛비가 내려 답답하기만 한데, 기거가 어떠하신지 모르겠는바, 그리운 마음을 금치 못하겠습니다. 고양(高陽)을 지나면서 서신 한 통을 고을 수령에게 부탁하여 전달하게 하였는데, 이미 받아 보셨는지요?

저는 서울에 도착하여 열흘 동안 쓰러져 누워 지내다가 비로소 대궐에 나아가 상소를 올렸습니다. 그러자 그날 바로 이조 참의에 제수하였으며, 또한 품대(品帶)를 하사하셨습니다. 이에 몹시도 황공하여 어찌할 바를 모른 채 낭패하여 물러났습니다.

저는 지금 스스로 결정할 수 없는 한 가지 일이 있으니, 형께서 결정해 주시기 바랍니다. 이조의 자리는 애당초 제가 출사할 자리가 아니니, 결단코 직임에 종사할 수가 없습니다. 그런즉 세 차례 상소를 올리고서도 혹시라도 윤허받지 못할 경우, 저는 물러나서 석고대죄하고서 관한(官限)[32]이 차기를 기다리고자 합니다. 그러나 신하된 자의 정(情)으로 볼 때 이와 같이 오랫동안 버티는 것은 몹시도

32 관한(官限) : 관직에 임명된 자가 출근하여 복무해야 하는 최초의 기한을 말한다.

온당치 않습니다.

어떤 사람은 "세 번 사양하고서도 윤허받지 못하였을 경우에는 사은하고서 물러났다가 다시 정사(呈辭)하여 체직되는 것이 마땅하다."라고 합니다. 그러나 제 생각에는 종사하지도 않을 관직에 대해서는 의리상 사은하기가 곤란하고, 숙배하지도 않고서 지레 체직되는 것은 이 역시 다른 길이 없기에 몹시 고민하고 있습니다. 물러나서 관한이 차기를 기다리는 것과 숙배한 다음 다시 정사하는 것, 이 두 일에서 그 득실이 어떠합니까? 삼가 가르쳐 주시기 바랍니다.

폐질(廢疾)이 든 몸으로 죽지 않고 있다가 또다시 이런 일을 당하여 위로 조정에 수치를 끼쳤습니다. 제대로 헤아리지 못하고 조정에 들어갔으니, 참으로 이처럼 속이 타는 일을 흠씬 당하는 것이 마땅한 바, 부끄러운 마음에 그저 죽고만 싶을 뿐입니다.

계미년(1583, 선조16) 5월 25일 혼(渾)은 절하고 올립니다.

〔구봉이 보내는 편지〕

지난번에 벽제(碧蹄)에 묵으면서 보내 준 편지 한 통을 받고서 이어 서울에 들어가서 보내 준 편지를 거듭해서 받으매, 몹시 위로가 되고 감사합니다. 특별히 이조 참의로 옮겨 제수하면서 품대를 하사해 주시어 은총이 겹쳐서 이르렀는바, 그 말을 듣고는 몹시 감동하였습니다.

말씀하신, 물러나서 관한이 차기를 기다리는 것과 숙배한 다음 다시 정사하는 것은 둘 다 모두 온당치 못한 듯합니다. 마음속으로는 그 직임에 종사하지 않으려고 하면서 지레 숙배하는 것은 의리로 볼 때 온당치 못합니다. 그리고 성상께서 마음을 비우고서 기다리고 있는데도 앉은 채로 관한이 차기만을 기다리는 것도 임금을 섬기기를 지성으로 하는 도리가 아닙니다. 이 두 가지 일은 양쪽 다 옳은지 모르겠습니다.

호 문정(胡文定)[33]이 말하기를 "사람의 출처(出處)와 어묵(語默)은 날씨가 춥거나 덥거나 배가 고프거나 부른 것과 같아서 스스로 짐작하여 알 수 있을 뿐 다른 사람의 말을 듣고서 결정할 수 있는 것이 아니며, 또한 다른 사람이 능히 결정해 줄 수 있는 것도 아니다."라고 하였습니다. 모르겠습니다만 오늘 존형께서 스스로 결정하는 것은 어떻습니까?

성상께서 예우하는 것이 이미 이와 같으니, 병세가 만약 감당할 만하다면 조정에 나아가 은명에 사은하고서 그 직임을 다스리고, 병세가 혹 감당할 만하지 못하다면 나갔다가 도로 들어오는 것도 괜찮을 것 같습니다. 그러나 역시 지금 전조(銓曹)에 어떠한 일이 있는지 모르겠으며, 산속에 사는 사람이 나아가고 나아가지 않는 것과 마땅하고 마땅치 않음이 어떠한지를 모르겠습니다. 적당한 중도를 얻도록 힘쓰시기 바랄 뿐입니다. 마침 편두통이 심하여 일일이 다 적지 못합니다.

33 호 문정(胡文定) : 북송(北宋)의 학자인 호안국(胡安國)으로, 자는 강후(康侯), 호는 무이선생(武夷先生)·초암거사(草菴居士), 시호는 문정이다.

호원에게 답하는 편지

答浩原書

뜬 비방이 이르러 올 경우에는 그대로 내버려 둘 뿐이며, 자신의 행실을 닦을 뿐입니다. 이를 마음속에 품고 생각하면서 비록 온갖 계책을 써서 막고자 하더라도, 또 어찌 형이 임천(林泉)에서 남몰래 덕을 기르고 숙헌이 조정에서 온 마음을 다하는 것에 무슨 보탬이 있겠습니까.

현재 다른 사람들이 허물을 들추어내는 바람에 곤욕을 치르고 있다고 들었는바, 세도(世道)가 참으로 애석합니다. 저같이 미천하고 용렬한 자는 응당 그들의 계획 속에 들어 있지 않아야만 하는데도 저에 대해서조차 운운하였다고 하니, 우습기만 합니다. 그저 마땅히 해야 할 바를 할 뿐입니다. 어찌 바깥에서 이르러 온 것으로 인해 우리가 권장되거나 저지되어서야 되겠습니까. 삼가 답장을 보냅니다.

숙헌에게 답하는 편지

答叔獻書

〔율곡이 보내온 편지〕

오랫동안 소식이 막혀 시름이 깊던 차에 갑자기 정이 듬뿍 담긴 편지를 받으니, 위로가 되는 것을 어찌 다 말할 수가 있겠습니까. 저는 극도로 파리한 가운데 훼방은 날이 갈수록 더하여, 양사(兩司)에서 번갈아 글을 올려 논박하기에까지 이르렀습니다. 그런데도 감히 물러갈 계획을 세우지 못하여 수치도 모르는 사람처럼 되었으니, 이 인생이 참으로 괴롭고 괴로울 뿐입니다.

북쪽 변경의 보고는 날로 위급한데 군사는 고립되고 식량은 적어 지탱할 수 없으니, 모르겠습니다만 금년 겨울에 어떻게 수습해 나간단 말입니까. 양전(量田)과 적군(籍軍)[34] 두 가지 일에 대해서는 이미 성상께 아뢰어서 혁파하였는데, 주현에서는 어찌하여 민간에 두루 알리지 않는단 말입니까.

호원은 벼슬을 사양할 수 없어서 이제 장차 사은할 생각이면서도 오히려 전조(銓曹)의 직임만은 한사코 사양할 것으로 마음먹고 있으니, 이 사람의 고집스러움이 참으로 답답합니다. 선비들의 풍습이 날로 나빠지고 조정의 정사는 날로 어지러워지니, 이 걱정이 북쪽의 급보보다 더 심합니다. 그런데도 묘당에서는 그저 잠자코 있으니, 어찌해야 좋단 말입니까.

34 적군(籍軍) : 군인이 될 대상자를 장부에 올리는 일을 말한다.

여식(汝式)[35]의 편지는 잘 받아 보았습니다. 분탕질을 한 것[36]은 이미 지난 일이니, 말해 봐야 소용이 없습니다. 금년 겨울에 잘 처리하도록 할 뿐입니다. 가평(加平)에서 농사짓는 일은 면포 1필만 주어 보냈는데, 그 이후로는 말이 없습니다. 강군(姜君)의 일에 대해서는 다른 사람 역시 이에 대해 말하는 자가 있습니다. 다만 사실인지 아닌지 모르겠는바, 그 사람은 과연 고상한 선비입니다. 도적 괴수의 목을 베고 난 뒤에는 저도 전원으로 돌아가겠습니다. 다만 천재가 참혹하여 100년 이래에 처음 보니, 민생이 무슨 죄란 말입니까. 몹시 걱정스럽습니다.

붓 2자루, 먹 1자루, 용향(蓉香) 2자루, 당향(唐香) 20여 자루를 부끄러운 마음으로 올립니다. 마침 병이 나서 일일이 다 적지 못합니다.

계미년(1583, 선조16) 6월 2일 이(珥)는 올립니다.

〔구봉이 보내는 편지〕

형이 보낸 편지와 호원이 보낸 편지가 한꺼번에 이르렀습니다. 양사(兩

35 여식(汝式) : 조헌(趙憲, 1544~1592)으로, 본관은 배천(白川), 자는 여식, 호는 중봉(重峯)·도원(陶原)·후율(後栗)이다. 이이(李珥)와 성혼(成渾)의 문인이다.

36 분탕질을 한 것 : 이이가 병조 판서로 있던 1583년(선조16) 이탕개(尼湯介)를 중심으로 회령(會寧) 지방의 여진족이 일으킨 반란을 말한다. 이탕개는 선조 초에 우리나라로 귀화한 여진인으로, 육진(六鎭)에 출입하며 조정으로부터 후대를 받아 왔다. 이때 이르러서 경원(慶源)에 사는 여진인들이 민심을 선동하여 반란을 일으켰는데, 경원 부사 김수(金璲)가 이들에게 패함에 따라 여진인들이 부내의 모든 진보(鎭堡)를 점령하여 기세를 떨쳤다. 그 뒤에 온성 부사(穩城府使) 신립(申砬)과 첨사 신상절(申尙節) 등이 강을 건너서 오랑캐들의 소굴을 소탕하여 난이 평정되었다.

司)에서 형에 대해 논핵하면서 제목(題目)으로 삼은 것이 아주 준엄한 바, 몹시도 놀랍고 놀랍습니다. 오래전부터 이런 일이 있을 줄을 알고는 있었으나, 어찌 오늘날에 이처럼 빨리 드러낼 줄을 알았겠습니까.

천재(天災)가 이미 혹심한 데다 북적(北賊)이 또 기승을 부리는바, 나라에서 깊은 은혜를 받았으니 형세상 몸을 거두어 시골로 돌아갈 수 없을 것입니다. 그러나 또한 다른 사람에게 저지되어 하는 일도 없이 머물러 있으면서 자신의 몸이 나라와 함께 전패(顚沛)되게 하는 데 이르게 해도 안 됩니다. 이 사이의 진퇴가 참으로 한심합니다.

그러나 나랏일에는 도움 되는 바가 없고 나의 의리를 손상하는 바가 있으면, 일찌감치 시골로 돌아가느니만 못합니다. 일찍이 소요부(邵堯夫)[37]의 시를 보니 "선비로서 임천에서 늙는 것이 참으로 바라는 바이지만, 백성들이 구학에 나뒹구는 것은 참으로 무슨 죄 때문이런가.〔士老林泉誠所願 民顚溝壑諒何辜〕"라고 하였습니다. 이 시가 정히 형의 오늘의 일을 말합니다.

부쳐 주신 청향(淸香)과 필묵(筆墨)은, 한가로운 가운데 하나의 좋은 공부를 더 얻었으니, 은혜를 입은 바가 얕지 않습니다. 머리카락이 하얘지고 눈이 침침해진 뒤에야 점차 독서하는 것이 즐겁다는 것을 알겠는데, 죽을 날이 얼마 안 남아서 즐거운 일을 오랫동안 할 수 없는 바, 탄식이 나고 탄식이 납니다.

호원은 어찌하여 시행하는 바도 없이 있어서는 안 될 자리에 있으면서 돌아가지 않는단 말입니까. 삼가 답장을 보냅니다.

37 소요부(邵堯夫) : 송나라 때의 경학가인 소옹(邵雍)으로, 자는 요부, 호는 안락와(安樂窩)·백원(百源), 시호는 강절(康節)이다.

호원에게 답하는 편지

答浩原書

삼가 정이 듬뿍 담긴 서찰을 받들었는데, 존형을 기리는 성상의 비답과 숙헌을 공격하는 놀라운 기미가 한꺼번에 이르렀습니다. 이에 기쁜 마음은 적고 걱정스러운 마음이 많은바, 놀랍고 두려워서 마음이 안정되지 않습니다. 사세가 이와 같은데도 어찌 능히 성취하는 자가 있겠습니까.

다만 존형께서는 산골에 사는 사람으로서 하루아침에 성상의 지우를 받아 이미 조정의 반열에 나아갔습니다. 그런데 어찌하여 흉중에 품고 있는 생각을 다 쏟아 내서 시사(時事)가 날로 글러지고 사정(邪正)이 거꾸로 뒤바뀌는 것에 대해 논하여, 성상의 마음을 돌려 전후로 형을 조정으로 나오게 한 성상의 특별한 명이 끝내 쓸데없는 형식적인 것으로 돌아가지 않도록 하고 조금이나마 오늘날에 보익하는 바가 있게 하지 않는단 말입니까.

이것은 이치로 볼 때 당연히 해야 할 일입니다. 그러니 상소를 올릴 때에도 모호하고 무딘 논리로 단지 자신의 몸을 받들고 자신만 온전해지도록 해서는 안 됩니다.

숙헌이 배척을 받았는데, 형이 어찌 차마 혼자서만 보전할 수 있겠습니까. 존형께서는 비록 조정에 나가지 않은 것으로 자처하지만 이미 조정에 나갔습니다. 그러니 시행하다가 시행할 수 없게 된 뒤에 돌아와야만 합니다. 어찌 지레 단정하여 스스로 포기해서 나아가서는 일하는 바가 없고 돌아오면서는 말하는 바가 없이 한갓 분분하게 오가기만 해서야 되겠습니까. 삼가 답장을 보냅니다.

숙헌에게 답하는 편지

答叔獻書

〔율곡이 보내온 편지〕

오래 사모하던 끝에 삼가 보내 준 편지를 받으니, 참으로 감사하고 위로가 됩니다. 형은 한가로운 생활 덕분에 도황(道況)이 아주 좋다고 하니 참으로 다행입니다. 저는 쌓인 피로에 몸을 상하여 늘 누워서 신음하니 걱정입니다.

온 조정이 저를 공격했지만 성상께서 밝게 살피신 덕에 화를 입는 것을 면하기는 하였습니다. 그러나 물러나 돌아갈 결심은 굳혔습니다. 다만 나라의 형세가 급박하고 임금의 은혜는 갚을 길이 없기에, 자나 깨나 마음이 편치 않을 뿐입니다.

전후에 걸쳐 조보(朝報)가 있었으나 여기저기 흩어져 있어서 수합하지 못하고 한 장만 보냅니다. 여기에서도 임금의 마음이 어디에 있는지 알 수가 있을 것입니다. 호원은 거취를 아직도 결정하지 못하고 있던 차에 이러한 한바탕의 회오리바람을 겪었으니, 어찌 머물러 있을 생각을 하겠습니까. 아침 일찍 일어나는 바람에 현기증이 나서 할 말을 다 쓰지 못합니다.

늦여름 24일 이(珥)는 절하고 올립니다.

〔구봉이 보내는 편지〕

삼가 회답해 주신 편지와 조보를 받아 보았습니다. 비단 나랏일이 다시는 할 만한 것이 없을 뿐만이 아니라, 장차 앞으로 헤아릴 수조차 없는 걱정이 있을 것입니다. 그러니 단지 수레를 버리고 발을 꾸미는 것[38]이 합당할 뿐입니다. 만사(萬事)에 대해 무슨 말을 하겠습니까.

배를 타고 고향으로 돌아간 뒤의 도황이 어떠하십니까? 서울에 있는 벗이 편지를 보내어 말하기를 "율곡이 도성을 떠나간 뒤로 여염에 사는 백성들부터 목동이나 마졸 들에 이르기까지 서로 조문하면서 탄식하는데, 시론(時論)을 좇으면서 벼슬길에 나오기를 구하는 자들은 모두 벼슬에 나갈 준비를 하면서 의기양양해한다."라고 하였습니다. 공론(公論)이 마침내 용렬하기 그지없는 소인배에게 돌아가 버렸으니, 시사를 탄식할 만합니다. 이것은 이른바 필부(匹夫)나 필부(匹婦)도 속일 수 없다는 것이 아니겠습니까.

오직 깊이 숨어 지내면서 스스로를 닦고, 글을 읽으면서 생각을 깊이 하시기만을 바랍니다. 기른 바가 이미 두터워진 뒤에 입언(立言)하여 후세에 드리워 풍화(風化)에 도움을 주는 것도 어찌 하찮은 일이겠습니까. 형이 성상의 은총에 보답하는 것이 여기에 있어도 충분할 것인데, 누가 또다시 능히 금할 수 있겠습니까. 그러니 또한 조정에 서서 하는 일이 없으며 뜻을 품고도 머뭇거리다가 걸핏하면 다른 사람의 비방을 당하는 것보다는 훨씬 더 낫지 않겠습니까. 삼가 답장을 보냅니다.

38 수레를……것 : 군자다운 덕을 가지고 있으면서 높은 자리에 나아가지 않고 초야에 묻혀 자신의 행실을 닦는 것을 말한다. 《주역》 〈비괘(賁卦) 초구(初九)〉에 "발을 꾸밈이니, 수레를 버리고 걸어간다.〔賁其趾, 舍車而徒.〕"라고 하였는데, 그 상(象)에 "수레를 버리고 걸어가는 것은 의리상 수레를 탈 수 없어서이다.〔舍車而徒, 義弗乘也.〕"라고 하였다.

호원에게 답하는 편지

答浩原書

〔우계가 보내온 편지〕

삼가 보내 주신 서찰을 받고 거듭해서 읽어 보니, 마음이 위로가 되고 시원해집니다. 학리(學履)가 아주 좋다는 것을 알았는바, 기쁜 마음을 이루 다 말할 수 없습니다. 저는 다만 사직하기 위해 왔다가 '병(病)' 자만 내보이고서 부득이 당상관의 명을 받고 이제 돌아가려던 참이었습니다. 그런데 숙헌의 일이 별안간 일어났으니, 깜짝 놀라 혀를 내두르는 것을 어찌 이루 다 말할 수 있겠습니까.

저는 이미 상소문을 기초하여 숙헌에게 딴마음이 없음을 밝히려고 하는데, 말을 조금도 회피하지 않고 너무 직설적으로 하면 저들을 크게 격노시켜 거듭 숙헌을 해롭게 하며, 세도에 유익함이 없고 단지 화만 취하게 될까 깊이 우려됩니다. 이 때문에 현재 거듭 심사숙고하고 있습니다.

또 저 같은 자는 산야에 사는 미천한 선비로서 조정에서 물러나는 것을 의리로 삼고 있으며, 폐질로 다 죽게 되어 다른 것은 알지 못합니다. 그런데 갑자기 간사한 무리에 대해 극력 논하여 세상의 화를 받으려고 하고 있으니, 어묵(語默)의 절도로 볼 때 어떨지 모르겠습니다. 주자(朱子)는 상소문을 기초했다가 불태워 화를 피하였습니다. 옛사람은 시종하는 신하로 있으면서도 오히려 이와 같이 하였습니다. 하물며 저같이 벼슬하지 않고 있는 자의 경우이겠습니까. 이곳으로 오는 인편이 있거든 다시금 가르쳐 주시기를 간절히 바랍니다.

이것은 저의 문제에 대해서만 논하였을 뿐입니다. 지금 걱정스러운 것은 화의 기미를 격발하여 숙헌으로 하여금 거듭 혹독한 화를 받게 할까 하는 것입니다. 사간원의 계사(啓辭)에 "법에 의거하여 죄를 내릴 것을 청합니다."라는 말이 있었습니다. 만약 임금을 무시한다는 죄목을 숙헌에게 가할 경우, 저는 반드시 숙헌과 함께 죽을 것입니다. 다시 무슨 말을 하겠습니까.

계미년(1583, 선조16) 6월 23일 혼(渾)은 절하고 올립니다.

〔구봉이 보내는 편지〕

숙헌이 도성을 떠나고 형만 홀로 서울에 남아 있으니, 그 심사가 어떠할지 상상할 수 있겠습니다. 숙헌이 해서(海西)로 돌아가고자 하면서도 아직 파산(坡山)에 머물러 있는데, 형이 만약 숙헌이 해서로 돌아가기 전에 서울에서 돌아온다면, 우리 세 사람이 서로 마주 대하여 한 차례 회포를 풀 수 있을 것이니, 실로 늘그막에 다시는 하기 어려운 좋은 일이 될 것입니다.

듣건대 숙헌의 일에 대해 어느 한 사람도 시의(時議)를 배격하면서 그 의론을 바로잡는 사람이 없었다고 합니다. 심지어는 사암(思庵) 박순(朴淳) 같은 분은 수상(首相)으로 있으면서도 입을 다물고 있었다고 하니, 참으로 한탄스럽습니다. 성상께서 이미 숙헌의 벗으로 형을 대하고 있으니, 형이 숙헌의 벗으로서 자처하지 않을 수 있겠습니까. 이것은 실로 나라가 흥하느냐 망하느냐 하는 기틀이 되는 것으로, 숙헌 한 몸의 사사로운 일이 아닙니다.

제 생각은 지난번 편지에서 다 말하였으니, 지금 또 어찌 다시 번거롭게 말하겠습니까. 말씀하신 상소를 불태우는 등의 일은, 아마도 이 일과는 같지 않은 듯합니다. 저는 형이 숙헌의 벗으로서 자처하는 것이 정직함으로써 자신을 처신하는 것이라고 여깁니다. 삼가 답장을 보냅니다.

상중에 있는 정시회[39]에게 보내는 편지

與鄭喪人時晦書

성인(聖人)이 예(禮)를 제정할 때는 천리(天理)를 가지고 조절하였네. 상(喪)을 이겨 내지 못하는 것은 효(孝)가 아니네. 의리에 맞지 않게 하면서 사는 것은 참으로 안 되지만, 의리에 맞지 않게 하면서 죽는 것도 안 되네.

지금 벗들이 와서 전하는 말을 들어 보고 명곡(鳴谷)[40]이 보낸 편지를 보니 "겨울철에 입었던 두꺼운 옷을 무더운 여름철에도 벗지 않은 채 뜨거운 햇볕 아래 앉아 있으면서 자신의 몸을 고통스럽게 하기도 한다. 그리고 곡읍하는 것을 지나치게 자주 하여 슬픔이 지나쳐서 몸이 수척해져 죽을 지경이 되었으며, 전제(奠祭)를 지낼 적에 그릇을 씻거나 음식을 만드는 등의 소소한 일까지도 반드시 하나하나를 다 자신이 직접 하면서 종들의 도움을 받지 않는다."라고 하였네.

이런 것들은 모두 생명을 해쳐서 스스로 죽는 방도이기에, 그 말을 듣고는 깜짝 놀라면서 탄식하였네. 그대가 평소에 글을 읽고 이치를 강구하면서는 중정(中正)하다고 스스로 기대하였을 것이네. 그런데 지금 대사(大事)에 임해서는 도리어 위태롭고 급박한 행동을 하고 있

39 정시회(鄭時晦) : 정엽(鄭曄, 1563~1625)으로, 본관은 초계(草溪), 자는 시회, 호는 수몽(守夢)이다.

40 명곡(鳴谷) : 이산보(李山甫, 1539~1594)로, 본관은 한산(韓山), 자는 중거(仲擧), 호는 명곡, 시호는 충간(忠簡)이다.

으니, 마음속으로 몹시 온당치 않게 여기네.

군자는 사람을 사랑하기를 덕으로써 하는 법이네. 더구나 내가 그대에 대해 짐짓 느슨한 말을 하여, 그대의 몸만을 아끼고 예는 아끼지 않으면서 단지 살게만 하고자 하는 것이 아닌 경우이겠는가.

모름지기 선대인께서 그대가 병이 들까 걱정하던 것을 생각해서 죽은 이를 섬기기를 산 사람을 섬기듯이 하고, 이어서 어머님을 생각해서 목숨을 해치는 것이 의리가 아님을 생각하여 불효하는 사람이 되지 않도록 하기 바라네. 천하의 일에는 두 가지 도리가 없는 법이네. 지나칠 경우에는 예가 아니라네. 예가 아닐 경우 어찌 행해서야 되겠는가.

숙헌의 별지 뒤에 적은 글[41]

書叔獻別紙後

〔율곡이 보내온 편지〕

오형(吾兄)이 구용(九容)[42]에 대해 논한 것을 보면 논의는 비록 좋지만 너무 지나치게 미루어 넓혀 나가 모든 동정(動靜), 언어(言語), 처사(處事)를 다 구용으로써 말하려 하였는데, 아마도 그렇게 보아서는 안 될 듯합니다. 구용은 다만 그 형체를 이와 같이 해야 한다는 것으로, 보내온 설과는 같지 않은 듯합니다.

발걸음의 모습은 진중하게 해야 한다는 "족용중(足容重)"은 다만 발을 가볍게 움직이지 말라는 것입니다. 그러니 이른바 주선(周旋)이니 절선(折旋)이니 하는 등의 설은 너무도 넓힌 것이 아니겠습니까. 손의 모습은 공손하게 해야 한다는 "수용공(手容恭)"에 대해서는

41 숙헌(叔獻)의……글 : 이이가 지은 《격몽요결(擊蒙要訣)》 가운데 시비가 될 만한 부분에 대해 구봉과 이이가 서로 토론하는 별지로, 《구봉집》 권6 〈예문답(禮問答)〉의 끝부분에 나오는 〈숙헌에게 답한 편지〔答叔獻書〕〉와 〈숙헌에게 거듭해서 답한 편지〔重答叔獻書〕〉와 서로 참조해서 보아야만 전체 내용을 이해할 수 있다.

42 구용(九容) : 《예기(禮記)》 〈옥조(玉藻)〉에 나오는 평소 군자가 지니는 아홉 가지 모습으로 "발걸음을 경망하게 하지 않고, 손으로 아무 데나 어지럽게 가리키지 않고, 눈은 흘겨보지 않고, 말을 경박하게 하지 않고, 목소리를 온화하게 하여 괴상한 소리를 내지 않고, 고개를 곧게 세워 마구 갸우뚱거리거나 돌아보지 않고, 기운을 엄숙하게 하고, 서 있을 때에는 바르게 서서 덕 있는 기상을 지니고, 낯빛을 장중하게 한다.〔足容重, 手容恭, 目容端, 口容止, 聲容靜, 頭容直, 氣容肅, 立容德, 色容莊.〕"라는 것이다. 《禮記 玉藻》

보내온 설이 옳으므로 그에 따라 고치겠습니다.

목소리는 조용하게 해야 한다는 "성용정(聲容靜)"과 말을 할 때에는 안정되게 해야 한다는 "안정사(安定辭)"는 또한 같지 않은 것입니다. 근자에 배우는 사람들이 말소리가 낮고 작게 하는 것이 혹시 형의 학설에 따라 그런 것은 아닙니까? 군자는 그 말소리를 가다듬어서 하는 법이니, 어찌 낮은 소리로 말해야 되겠습니까. 또 이른바 잡소리를 내지 않는다는 "불출잡성(不出雜聲)"도 내지 않아야 할 경우에 내지 않는 것을 이른 것이지, 일부러 참고서 내지 않는다는 것은 아닙니다.

기상은 엄숙하게 해야 한다는 "기용숙(氣容肅)"은 분명히 숨소리를 내지 않는다는 것인 듯합니다. 사람은 참으로 소리를 내지 않을 수가 없으나, 만약 코에서 소리를 내서 남에게 들리게 한다면 조화(調和)라고 이르지 못할 것입니다. 겉모습은 공손하게 지닐 것을 생각한다는 "모사공(貌思恭)"은 단정하고 장엄함을 위주로 하는 것 같으나, 겸손의 뜻을 첨가해 넣는 것도 괜찮을 것 같습니다.

입지장(立地章)에서 "내 또한 무엇을 구하리오.〔我又何求〕"라고 한 것은 과연 분명치 못하므로 삼가 고치겠습니다.

"때때로〔時時〕"라고 한 것은 선유(先儒)의 말에도 "때때로 익히라.〔時時習之〕"라는 말이 있으니, 아마도 무방할 것 같습니다. 그리고 매우 깊이 반성하면 너무 지나치게 마음을 써서 병이 생기지 않겠습니까.

지신장(持身章)에서는 몸가짐을 바르게 하는 지신(持身)과 마음을 바르게 하는 정심(正心)의 공부를 합해서 논하는 것이 아마도 무방할 듯합니다. 《중용》에서는 단지 "성신(誠身)"만을 말하였으나 정심도 그 속에 있는 것입니다.

독서장(讀書章)에서 운운한 것은 또한 그 의미가 있으니, 모두 삭제할 필요가 있겠습니까.

사친장(事親章)에서 운운한 부모의 은혜가 막대하다는 것은, 바로 나를 낳아 주었기 때문입니다. 만약 나를 낳아 준 것을 은혜라 여기지 않고 별도로 다른 의리를 찾는다면, 아마도 찾을 수 없을 듯합니다. 다만 형의 설이 이와 같고 또 다른 사람 가운데에도 의심하는 자가 있으므로 삼가 고치려고 합니다.

복(復)을 할 때 만약 형장(兄長)이 지붕 위에 올라가게 되면 혹 이름을 부를 수도 있기 때문에 그렇게 말한 것입니다.

효자가 나들이할 때 상복을 벗지 않는 것이 옛날의 예법입니다. 그러나 옛날의 예법대로 행하지 않은 지가 이미 수천 년이 되었습니다. 주자(朱子) 같은 대현(大賢)도 오히려 옛날 예법대로 하지 못하고 묵최(墨衰)를 입고 출입을 했습니다. 그런데 지금 사람들이 앞뒤를 돌아보지 않고서 대질(帶絰)을 착용하고 출입한다면, 이것은 바로 지금 세상에 태어나 살면서 옛날의 도를 찾으려고 하는 것입니다. 오형께서는 이것을 예의 당연함으로 삼고 있으니, 아마도 깊이 생각지 못한 듯합니다.

"상가에 이르는 즉시 곧바로 성복한다.〔至家卽成服〕"라고 한 곳에서의 즉(卽) 자는 저의 뜻이 아니라, 호원(浩原)이 《주자가례(朱子家禮)》를 상고하여 보탠 말입니다. 다만 《가례》가 옛날 고례(古禮)와는 조금 다른바, 아마도 일체를 다 옛날 예문만을 따를 수는 없을 듯합니다.

"붕우 간에는 마의(麻衣)를 입는다."라는 설은 예문(禮文)에 기재되어 있으니, 어길 수 없을 듯합니다.

"'수령들의 선물〔守令之饋〕'이라고 운운한 것은 온당치 못한 듯하다."라고 하였으므로 이미 고쳤습니다. 다만 오형께서 "수령들이 《격몽요결(擊蒙要訣)》을 빙자해 돈이나 재물을 허비하면서 좋은 음식을 갖출 것이다."라고 한 것은 지나친 걱정입니다. 백성들을 야위게 하고 자신을 살찌우면서 아첨이나 하는 못된 무리가 《격몽요결》을 읽어서 준수하겠습니까.

사당(祠堂)에서 순서대로 늘어서는 도식(圖式)은, 제 생각으로는 제형(諸兄)이 조금 앞에 서고, 제제(諸弟)는 이미 주인(主人)의 오른편에 서 있으니, 반드시 조금 뒤로 할 것이 없다고 봅니다.

포(脯)를 좌반(佐飯)이라 칭하는 것은 온당치 못한 듯합니다. 다만 설찬(設饌)에 대해서는 속례(俗禮)를 따랐으므로 속명(俗名)으로 바꾼 것입니다.

“경순(經旬)”이라고 한 것은 마땅히 옛 글대로 따를 것입니다.

초하루와 보름에 홍직령(紅直領)을 입는 것은 성복(盛服)을 취한 것입니다.

시제(時祭)를 지내면서 춘분과 추분 및 하지와 동지를 쓰는 것은 바로 정자(程子)의 법이니, 크게 써도 무방할 것입니다.

아버지 사당에 제사 지내면서는 가까운 데에만 풍성하게 할까 염려됩니다. 증직(贈職)된 것을 제(題)하는 것은 마땅히 그 의식을 첨가해 넣겠습니다.

묘제(墓祭)를 지낼 적에 이미 두 차례 재배(再拜)하였는데, 곧바로 참신(參神)하는 것은 아마도 예의 본뜻이 아닐 듯합니다.

상복을 입고 있는 중에 제사를 지내는 의식은 삼가 고치겠습니다.

〔구봉이 적은 글〕

이상은 숙헌이 보낸 편지의 별지로, 내가 숙헌이 지은 《격몽요결》 가운데 시비가 될 만한 부분을 논한 데 대해 답한 것이다. 숙헌이 관직에 있어서 일이 많았던 탓에 고례(古禮)를 제대로 살펴보지 못하고서 엉성하게 말한 것은 대부분 잘못되었다. 그 뒤에 하나하나 다 내가 말한 것에 따라서 고치고자 한다고 하였다. 그런데 미처 고쳐서 간행하지 못한 채 세상을 떠나고 말았으니, 슬프다. 전후로 논한 나의 설은 〈예문답(禮問答)〉의 별록(別錄)에 상세하게 나온다.

율곡의 편지 뒤에 적은 글

記栗谷書後

〔율곡이 보내온 편지〕

여러 차례 편지를 받아 참으로 위로가 되었습니다. 엊그제 답장을 써서 형의 둘째 형님 집에 갖다 두었는데, 받아 보셨는지요? 호원은 참으로 특별한 대우를 받는 좋은 기회를 맞게 되어, 다시 회피할 길이 없게 되었습니다. 그런데도 오히려 물러갈 계획을 갖고 있으니, 답답합니다. 그러나 끝내는 필시 돌아갈 수 없을 것입니다.

형의 쇠약하고 병든 현상이 이미 나타난다는 말을 들었기에 탄식과 염려를 금치 못하겠습니다. 저 역시 이 세상의 모든 맛에 대해서 담박하기만 합니다. 이것은 학문의 힘이 아니라 그저 늙는 데 따른 현상일 뿐입니다. 그러니 운수에 맡기고 조화에 따를 뿐, 어찌하겠습니까.

《소학집주》는 현재 교정하고 있기에 보낼 수가 없는바, 부본(副本)이 없는 것이 한스럽습니다. 별록(別錄)에 대한 답을 올립니다. 맛난 음식은 얻어지는 대로 다 없어지니, 참으로 우습습니다. 작은 문어(文魚) 두 마리를 진땀을 흘리면서 올리는바, 참으로 부끄럽습니다.

계미년(1583, 선조16) 12월 3일 이(珥)는 올립니다.

〔율곡이 보내온 편지〕

내가 후생들을 이끌어 지도한다는 말은 또한 실지보다 지나칩니다.

처음 서울에 들어왔을 때는 찾아와 보는 자가 많았지만, 지금은 점점 드뭅니다. 기운이 항상 불편하여 관청에서 물러나 집에 돌아오면 반드시 몸져누워 고통스러워하고 있습니다. 비록 찾아오는 사람들을 반갑게 맞이하고자 하나, 근력이 미치지 못하니 답답하기만 합니다.

이른바 이끌어 주어 등용했으면 하는 사람은 누구를 가리킵니까? 비록 어떤 사람을 등용하고자 한다 하더라도, 어찌 감히 먼저 길거리에서 떠들어댈 수 있겠습니까. 저의 오활하고 허술함과 계함(季涵)[43]의 술을 즐김과 호원의 위축됨이 참으로 모두 걱정입니다. 사람을 응접하는 것을 줄이라는 말은 어찌 감히 명심하지 않을 수 있겠습니까.

〔구봉이 적은 글〕

이 편지는 숙헌이 처음 병들었을 적에 보내온 것인데, 죽기에 앞서 미리 운수에 맡기고 조화에 따를 것임을 알고 있다가 그다음 달에 죽어서 길이 떠나갔다.[44] 이 편지를 펼쳐서 읽을 적마다 비통스러운 마음이 처음 상을 당하였을 때와 같다.

43 계함(季涵) : 정철(鄭澈, 1536~1593)로, 본관은 연일(延日), 자는 계함, 호는 송강(松江), 시호는 문청(文淸)이다. 구봉과는 막역한 사이로, 구봉의 억울함을 풀어주기 위하여 많은 힘을 기울였으며, 구봉이 도피 생활을 할 때에는 크게 도움을 주기도 하였다.

44 그다음……떠나갔다 : 이이는 1584년 음력 1월 16일 49세의 나이로 서울 대사동(大寺洞)에서 죽었다.

희원[45]에게 답하는 편지

答希元書

온 산에 눈이 하얗게 쌓여 나무하고 물을 길어 오는 길이 끊긴 가운데 적막함을 견디면서 담박함을 편안히 여기노라니, 자못 고요한 가운데 의미를 깨닫겠네. 그러나 뜻을 같이하는 사람들과 함께 하지 못하는 것이 한스럽네.

홍생(洪生)을 통해서 보내 준 편지는 삼가 잘 받아 보았네. 근래에 벗을 사귀는 도리가 어긋나게 된 것은 시세가 그렇게 한 것이네. 어찌 오늘날 세상에 좋은 사람이 전혀 없어서 그런 것이겠는가. 송강(松江)의 말은 우연히 중도를 얻은 것이네. 나를 위하여 사례해 준다면 다행이겠네. 그러나 자공(子貢)의 선견지명[46]을 훌륭하다고 여기지는 말게.

자기 자신이 호걸지사(豪傑之士)가 아닌 사람은 한때의 향배(向背)에 따라 권장되거나 저지되거나 하지 않는 사람이 없네. 이에 전에는 뜻이 있던 선비가 날마다 앞에서 얻은 것을 상실하여, 다시는 늘그막에 수습할 수 없게 될까 두렵네.

오직 제공은 우뚝하니 수립한 바가 있어서 기반을 안정시키고 실질

45 희원(希元) : 김장생(金長生, 1548~1631)으로, 본관은 광산(光山), 자는 희원, 호는 사계(沙溪)이며, 조선 후기 예학(禮學)의 대표적 인물이다. 이이(李珥)의 문하에서 구봉과 함께 학문을 배웠다.

46 자공(子貢)의 선견지명 : 억측하여 적중시키는 것을 말한다. 공자가 자공을 평하기를 "사는 천명을 감수하지 않고 돈벌이를 크게 했는데, 억측하면 자주 들어맞기도 하였다.〔賜不受命, 而貨殖焉, 億則屢中.〕"라고 하였다. 《論語 先進》

에 힘쓰며, 옛사람처럼 될 것이라고 스스로를 기대하여 날마다 일삼는 바가 있기를 바라네. 그리하여 어렵고 위태롭다는 이유로 마음이 흔들리지 말고, 비방하고 조롱한다고 하여 공부한 것을 되돌리지 않는다면 천만다행이겠네.

나같이 못난 사람은 몸의 병과 세상 사람들의 비방이 날로 쌓이는바, 매번 훌쩍 하룻저녁에 죽어서 끝내 세상 사람들이 알아주는 바가 없게 되어, 황천에서 수치스러운 마음을 품을까 염려되네. 이에 감히 나 자신이 스스로 힘을 써도 할 수 없는 것을 가지고 제공에게 권면하는 것이네.

이 외의 여러 가지 분분한 일은 참으로 나의 분수 안에 있는 일이 아닌 것으로, 이미 얻지도 못하였지만 취하기도 역시 어려운 것이네. 그러니 이를 염두에 두어서 덜거나 보태거나 하지 말기를 바라네.

근래에 제현이 보내온 서찰을 보니, 매번 외환(外患)을 가지고 걱정하면서 한마디도 문학(問學)상에서 의심나는 것을 질문하고 터득한 것을 논하는 것에 대해서는 언급하는 사람이 없었네. 혹 이미 폐기되어서 어지러운 물결 가운데에서 우뚝 설 수 없을 것이라고 생각하는가?

주(周)나라 문왕(文王)은 유폐(幽閉) 중에도 《역》을 추론(推論)하였네.[47] 그런데 제공은 창이 밝은 고요한 방 안에 있으면서도 도리어 정지하려고 한단 말인가. 삼가 답장을 보내네.

47 주(周)나라……추론(推論)하였네 : 주나라 문왕이 상(商)나라 주왕(紂王)에 의해 유리(羑里) 감옥에 갇혀서 옥살이를 하던 중 후세에 법을 남겨 근심 걱정을 예방하기 위한 일환으로 《역》의 팔괘(八卦)를 육십사괘(六十四卦)로 추론하였다고 한다. 《史記 周紀》

호원에게 답하는 편지

答浩原書

겨울 추위의 위세가 아주 엄한데, 양쪽에서 깊이 칩거하고 있으니, 그리운 마음이 어떻겠습니까. 참으로 능히 이번 겨울에 죽지 않게 된다면, 내년 봄에는 일찌감치 율곡의 묘소에 가서 곡을 하면서 전(奠)을 올리고, 이어 계상(溪上)으로 나아가 묵을 계획입니다.

세상이 어지러워서 손님이 끊어졌으며, 몸에 병이 있어서 일이 적은 바, 한가로운 가운데의 참맛인 담박함이 갈수록 더 깊어만 집니다. 아, 우리들이 걱정할 바는 자신이 수양한 바가 어떠하냐에 있을 뿐입니다. 참으로 즐거운 바가 있다면 외물의 영고성쇠 따위가 모두 우리를 도울 것입니다.

지금 형의 친구인 이발(李潑)이 경연 석상에서 형을 헐뜯으면서 공격하였다는 등의 일을 들었는바, 몹시도 괴이하고 놀랍습니다. 초야에 묻혀 외롭게 살아가는 저같이 하찮은 사람의 이름도 그 가운데 들고나고 하였다고 하는바, 참으로 우습고 우습습니다. 화와 복은 운명에 달려 있으니, 어찌 감히 다른 사람을 허물하겠습니까. 삼가 절하고서 사례드립니다.

호원에게 답하는 편지

答浩原書

근래에 엄한 추위는 왕희지(王羲之)가 말한 50년 중에는 없다고 하던 바여서, 저로서는 감내하기가 어렵기에, 형의 섭양이 어떠한지를 더욱 생각하게 됩니다. 병으로 고통스러워서 차라리 죽고 싶다는 형의 편지를 여러 차례 받았는바, 그저 비통하고 비통할 뿐입니다. 다만 이것은 얻고자 해서 얻을 수 있는 것이 아니고, 피하고자 해서 피할 수 있는 것이 아닙니다. 그러니 저들이 하는 대로 내맡겨 두고, 우리는 애쓰지 않는 것이 합당할 뿐입니다.

근래에 형이 보내온 서찰에는 위태로운 말과 괴로운 말이 있어, 저로 하여금 걱정스러운 생각이 들게 합니다. 형이 이 경계(境界)를 당하여서 혹시라도 능히 순리에 따라 처신하지 못하고, 지레 먼저 기대한 것은 아닙니까? 이는 비록 이 세상에 오래 살아남으려고 하는 자와 비교해 볼 때 청탁(淸濁)은 같지 않지만, 아마도 올바름을 지키면서 천명을 따르는 도리는 아닌 듯합니다.

손가락을 꼽으면서 내년 봄이 얼마나 남았는지 헤아려 보니, 날짜가 아직도 많이 남았습니다. 저 역시 신병이 전에 비하여 심해져, 몸이 수척해지면서 삐쩍 마른 탓에 기운이 몸을 지탱하지 못하고 있습니다. 그러니 신령의 도움을 받아 몸을 보호하여 날씨가 따뜻할 때 서로 만나보기를 도모하는 것은 역시 감히 기약할 수가 없습니다.

이미 궁곡(窮谷)에 도달한 뒤에 처음에 품었던 뜻을 되돌아보니, 오늘 일삼는 바는 물을 등지고서 한번 싸워 보는 것과 다름이 없기에,

척연히 두려운 마음이 들면서 마치 몸 둘 바가 없는 것만 같습니다. 이생(李生)이 와서 옥음(玉音)을 자주 전해 주는지라 병든 회포가 마치 소생하는 것만 같으니, 베풀어 주신 것이 적지 않습니다. 삼가 답장을 보냅니다.

관북의 관찰사로 있는 정계함[48]에게 답하는 편지
答關北按使鄭季涵書

듣건대 공이 풍채가 있어서 북쪽의 먼지가 잠깐 사이에 잦아들었다고 하니, 글을 읽은 사람이 목소리와 안색을 조금도 변치 않는 위엄을 역시 상상해 알 수가 있습니다. 공에게 기대하는 바가 가볍지 않습니다. 그러니 더욱더 변경을 방어하는 계책을 가다듬어서 종사(宗社)의 수치[49]를 씻는다면, 몹시 다행이겠습니다. 저는 머리가 다 희어져 죽을 때가 되어 몸이 병석에 있는바, 비록 한번 전진(戰陣)에 나아가 용맹함을 시험해 보고 싶지만 그럴 길이 없습니다.

48 관북(關北)의……정계함 : 정계함은 정철(鄭澈)이다. 305쪽 주43 참조. 정철은 1582년(선조15) 12월 함경도 관찰사에 제수되었다.

49 종사(宗社)의 수치 : 이탕개(泥湯介)가 함경도 지방에서 난리를 일으킨 것을 말하는 듯하다. 이탕개의 난에 대해서는 288쪽 주36 참조.

호원에게 답하는 편지

答浩原書

〔우계가 보내온 편지〕

천만뜻밖에도 갑작스레 이생(李生)이 가지고 와서 전해 주는 서찰을 받고서 봉함을 열고 읽어 보노라니, 저도 모르는 사이에 몹시도 기쁘고 위안이 되었습니다. 예전에 살던 집에 도착하여 기거가 만복하다는 것을 알았는바, 흠모하는 마음을 이루 다 말할 길이 없습니다.

저는 금년에 51세인데, 지난해에 비해 기력이 다시 9할이 줄어들었으며, 몸이 마르고 훼손되어 얼굴은 검은 귀신 같고 다리는 말라빠진 대나무 같습니다. 이에 정신이 흐릿한 가운데 자리에 누워서 책 한 줄 보지 못하고 있는데, 제가 앓고 있는 고통을 곁에 있는 사람들도 알지 못합니다. 그렇지만 오히려 한 가지 일 덕분에 죽지 않고 지낼 수 있으니, 하늘이 저에게 은혜를 베풂이 이에 이르러 지극한바, 몹시도 다행스럽고 다행스럽습니다.

한 가지 일이라고 하는 것은, 금년 이래로 사립문을 낮에도 닫아 두어 찾아오는 사람이 없어서 아침부터 저녁까지 한가로이 누워 있지 않는 때가 없는 것입니다. 오직 시냇물 소리와 새 지저귀는 소리만이 귀를 스칠 뿐, 이 밖에는 다른 일이 없습니다. 종이 한 묶음을 가져다가 책상머리에 놓아두고 오는 편지에 답장을 하려고 하였으나 100일이 가깝도록 종이 한 장도 사용하지 않았습니다. 손이 얼마나 한가로운가를 알 수 있으며, 마음의 한가로움은 진실로 즐거울 만합니다.

새로 학당을 지었으나 완비되지 못한 상태에서 겨우 중앙에 현판을 걸어 놓았는데, 한낮에 이 안에 누워 있으면 시원한 바람이 서서히 불어오니, 천하의 즐거움이 또한 이보다 더할 것이 없습니다.

성안의 부랑배가 서로 비웃으며 말하기를 "오늘날 어찌 서생(書生) 한 명인들 그대를 찾아가 만나는 자가 있겠는가. 그대를 서원의 문지기로 삼을 것이니, 창문이나 잘 지키고 있으라."라고 하기에, 저는 기꺼이 대답하기를 "그것은 바로 내가 원하는 바이다."라고 하였습니다. 지금 또한 이 학당 가운데에 누워서 이 편지를 쓰니, 서원의 문지기라고 이를 만합니다.

듣건대 계함(季涵)이 지금 고양(高陽)의 묘 아래에 와 있는데, 어떤 기생 하나가 그 곁에 붙어 있으므로, 머뭇거리고 돌아보면서 차마 남쪽으로 떠나가지 못하면서 핑계를 대어 말하기를 "종과 말이 없다."라고 하고, 또 "날씨가 뜨겁다."라고 한답니다. 그러니 생각건대 가을과 겨울 사이에는 반드시 한강을 건너가지 못할 것입니다. 천하에 어찌 이와 같이 우스운 일이 있단 말입니까.

율곡이 이 사람을 어질다고 여기면서 자신의 몸이 위태롭게 되고 곤욕을 당하는 것도 돌아보지 않았는바, 율곡이 온 나라 사람들과 등지게 된 것은 전적으로 이 사람 때문입니다. 그런데도 율곡이 죽은 뒤에 갑작스럽게 평소에 지키던 바를 잃어버려서, 뒷날에 천고의 웃음거리가 되었습니다. 이 생각을 할 때마다 저도 모르는 사이에 통탄하게 됩니다.

안습지(安習之)[50]에게 조장(弔狀)을 보낸 뒤로 답서를 받지 못했

50 안습지(安習之) : 안민학(安敏學, 1542~1601)으로, 본관은 광주(廣州), 자는 습

는데, 어떻게 지내고 있는지 모르겠습니다. 몹시 걱정되고 염려됩니다. 제가 율곡을 저버렸다는 그의 말에는 이유가 있습니다. 후일 만나면 한번 그에 대해 말할 것입니다. 그런데 대번에 이것을 가지고서 망자를 저버리고 스스로 화를 면하려고 한 사람으로 대우하십니다. 어찌 그리 사람을 야박하게 대우하십니까?

오늘날 제가 능히 화에서 벗어날 수 있겠습니까? 대개 이 벗은 마음을 쓰는 것이 지나쳐 문득 간사하고 무상하게 평소에 서로 친하게 지내는 벗들을 대하면서도 조금도 애석해하지 않으니, 이 역시 한탄스러울 뿐입니다. 그러나 그가 하는 대로 내버려 둘 뿐, 어찌 감히 털끝만치라도 그 앞에서 따지겠습니까.

그리고 듣건대 낭천(狼川)의 일[51]을 장차 그만두지 않을 계획이라고 하는데, 이것은 조물주가 형으로 하여금 다시금 늘그막에 고생을 겪어 편안히 지내지 못하게 하는 것입니다. 저 같은 경우에는 일생 동안 고독하게 지내며 산골짜기에 홀로 서 있어서 온 세상 사람들 가운데 친하게 지내는 사람이 없습니다. 그런데 형을 또 멀리 낭천 산속으로 떠나보낼 경우에는, 역시 몇 해 동안에 한 번도 서로 만날 수 없을 것입니다. 그러니 참으로 운명이 궁합니다. 그러나 어쩌겠습니까.

가을이 오면 혹 한번 남촌(南村)에 있는 외로운 무덤 앞에 한번

지, 호는 풍애(楓崖)이다. 구봉이 당진(唐津)에 살 적에 안민학이 신창(新昌)에 살고 있어서 가깝게 지냈다.

51 낭천(狼川)의 일 : 낭천은 강원도 화천(華川)의 옛 지명이다. 구봉이 낭천으로 이사해 살려고 하는 계획을 말하는 듯하다.

가 보고, 그를 인하여 이곳으로 와서 병든 저와 한번 이별한다면, 역시 몹시 다행이겠습니다. 이생이 돌아가기에 편지를 써서 부쳤는데, 능히 형에게 전달될 수 있을지 모르겠습니다. 나머지 많고 많은 사연은 다 써 보내지 못합니다.

을유년(1585, 선조18) 6월 22일 혼(渾)은 절하고 올립니다.

〔구봉이 보내는 편지〕

편지 가득히 담긴 정겨운 말이 사람으로 하여금 게으름을 떨치고 일어나게 합니다. 해산물 30마리도 병으로 인해 심신과 형체가 초췌해진 것을 염려하여 보낸 것으로, 안팎으로 돌보아 주신 데 대해 감사하는 마음이 얕지 않습니다.

저는 지난달에 배를 타고 고향으로 돌아와 율곡(栗谷)의 새 묘소에 가서 곡한 다음 계상(溪上)으로 가서 묵으려고 했는데, 제 아들놈의 외할아버지가 병이 중하다고 듣고는, 다른 일에 마음을 쓸 겨를이 없으니, 한탄스럽고 한탄스럽습니다.

말씀하신 계함(季涵)에 관한 일은, 척연한 생각이 들면서 부끄러운 마음이 더합니다. 제가 여러 차례 편지를 보내어 은미한 말로 규계(規戒)하였으나, 그의 마음을 돌리지 못하였습니다. 그가 한 말뜻을 보니, 다시는 천리(天理)와 인욕(人慾)의 경계를 나누어서 서로 다투는 도리가 없습니다. 그러나 어찌겠습니까. 다시금 이미 죽은 벗을 위하여 슬퍼할 뿐입니다. 형께서 엄한 말로 경계해 주되 자주 하는 것을 혐의쩍게 여기지 말고, 안 들어준다고 하여 저상되지도 말기 바랍니다.

그리고 진퇴에는 의리가 있는바, 털끝만큼도 사사로움을 용납해서는 안 됩니다. 그런데 형께서는 매번 편함을 도모하고 번거로움을 싫어

하는 뜻이 있어서 이처럼 낭패를 당하게 되었는바, 몹시 염려가 됩니다. 병세에 차도가 있으면 한번 와서 속마음을 다 말한 다음, 길이 하직하고 한가로운 곳으로 나아가는 것이 사리에 온당할 듯합니다. 이미 지나간 일에 대해 후회하면서 뒤늦게 생각한들 무슨 보탬이 있겠습니까.

말로(末路)가 극히 험난하니, 저같이 노쇠한 자는 친구들과 통신을 영원히 끊고서 잊어버리고 내던져 버린 채 좋고 나쁜 점에 대해서 입을 놀리지 않는 것이 마땅합니다. 그런데도 또 이와 같이 운운하였다고 하니, 끝내 무엇을 하자는 것인지 모르겠습니다. 삼가 답장을 보냅니다.

이중거[52]의 별지에 답하는 편지

答李仲擧別紙

이산보(李山甫)가 당시에 영남 관찰사로 있었다.

1. 풍화(風化)는 정형(政刑)의 근원으로, 나의 아주 은밀한 방촌(方寸) 속에 있는 것입니다. 그러니 고을 수령들이 두려워하면서 오직 잘하지 못할까만을 걱정하는 것이 나에게 달려 있지 않겠습니까. 다른 사람을 다스리는 도리는 자신을 다스리는 데에 근본을 두고 있습니다. 그런즉 상대방을 바르게 하는 것은 자신을 바르게 하는 것을 힘쓰는 데 달려 있는 법입니다.

1. 술과 여색 두 가지 일은 온갖 행실을 해치는 적입니다. 술은 선왕(先王)이 종일토록 마셔도 취하지 않게 한 것[53]을 절도로 삼고, 여색은 선정(先正)이 금수(禽獸)도 그와 같이 하지 않는다고 한 것[54]을 경계로

52 이중거(李仲擧) : 이산보(李山甫, 1539~1594)로, 본관은 한산(韓山), 자는 중거, 호는 명곡(鳴谷), 시호는 충간(忠簡)이다.

53 선왕(先王)이……것 : 《예기》 〈악기(樂記)〉에 "돼지를 기르고 술을 빚는 것은 본래 화를 일으키기 위한 것이 아닌데도 송사가 갈수록 더욱 많아지니, 술이 과도하여 화를 일으키는 것이다. 이 때문에 선왕이 주례를 만들어 한 번의 수작에 손님과 주인이 수없이 절하도록 하여 종일 술을 마셔도 취할 수 없도록 하였다. 이는 선왕이 술의 화를 대비한 것이다.〔豢豕爲酒, 非以爲禍也, 而獄訟益繁, 則酒之流生禍也. 是故 先王因爲酒禮, 一獻之禮, 賓主百拜, 終日飮酒而不得醉焉. 此先王之所以備酒禍也.〕"라고 한 것을 말한다.

54 선정(先正)이……것 : 선정은 정이(程頤)를 가리킨다. 정이의 제자인 주행기(周

삼으십시오.

1. 감사(監司)와 읍재(邑宰), 읍재와 이서(吏胥), 이서에서 이정(里正)에 이르기까지는 등급이 분명한바, 약조(約條)가 엄정해야만 치적을 이룰 수가 있습니다.

1. 열읍(列邑)에서 세워야 하는데 세우지 않은 규정과 혁파해야 하는데 혁파하지 않은 폐단을 고을 수령들로 하여금 일일이 생각해 내어 기록하게 하십시오. 또 각 읍과 면과 마을에서 세워야 할 규정과 혁파해야 할 폐단에 대해, 그 면과 마을에 사는 대소 귀천(大小貴賤)의 모든 사람으로 하여금 각자 하나하나 의논하게 하십시오. 향장(鄕長)과 유사(有司) 및 일반 백성 가운데 일에 대해서 잘 알아 응대할 만해, 뒷날 찾아가 만나 보아야 할 자들에 대해 각자 명단을 적어서 올리도록 하십시오. 그 가운데 아주 급한 것을 택하여 먼저 글을 보내어 서로 보고하고 답하면서 시행하게 하고, 나머지 사항에 대해서는 명을 맞이할 때에 모두 의논해 정하게 하되, 중요한 것은 역마를 보내 아뢰고, 소소한 일은 그 자리에서 변경하십시오. 온 마음을 다해 하지 않거나 사사로이 빠뜨리고 제대로 거행하지 않는 자는 적발하여 치죄하십시오.

1. 열읍의 백성 가운데 학문에 뜻을 둔 자와 은일(隱逸) 및 행실이

行己)는 재식(才識)이 고명했는데, 술자리에서 어떤 여자를 마음에 두자 정이가 "부모가 남겨 주신 몸으로 천한 창기와 짝할 수 있겠는가. 금수만 못하다."라고 하면서 그를 꾸짖었다. 《二程外書 卷12 傳聞雜記》

있거나 재주가 있는 자는 각각 그 고을 수령과 각 면에서 아무리 사소한 것이라도 반드시 기록하여 곧바로 감사에게 보고하고서 감사의 조처를 기다리게 하십시오. 학문에 뜻을 둔 사람은 도학(道學)에 뜻을 둔 사람을 말하며, 은일은 재주와 덕을 품고 있으면서도 출사하지 않은 사람을 말합니다. 행실이 있는 자는 효자(孝子)와 순손(順孫)과 열녀(烈女)와 효부(孝婦) 및 우애가 있고 충신(忠信)이 있는 사람을 말하며, 재주가 있는 사람은 기이한 계책과 원대한 계략을 품고 있거나 문장에 능하거나 활쏘기와 말타기를 잘하는 사람을 말합니다. 이들 가운데 불러들일 수 있는 자는 의당 관가로 나오게 하고, 불러들일 수 없는 자는 감사가 친히 찾아가 만나 보십시오.

1. 열읍으로 하여금 70세 이상 된 남녀 노인과 환과고독(鰥寡孤獨) 및 병이 들었거나 기한(飢寒)에 시달리거나 하여 돌아갈 곳도 없고 봉양받을 곳도 없는 사람, 나이가 20세 이상이 되도록 혼인하지 못한 처자(處子), 이미 죽은 진유(眞儒)와 은사(隱士)와 명신(名臣)과 충신(忠臣)과 의사(義士)와 효자(孝子)와 열부(烈婦)의 자손과 처첩 및 그 묘소가 있는 곳을 두루 알아내어, 연대(年代)의 멀고 가까움에 구애받지 말고 일일이 사실대로 상세하게 기록하여 바치게 하십시오. 그런 다음 잔치를 베풀어서 모시거나, 제때에 진구(賑救)해 주거나, 예물(禮物)을 도와주어서 혼인을 하도록 권하거나, 술과 음식을 보내 주거나 요역(徭役)을 면제해 주어 표창하거나, 술과 음식을 마련해 제사를 지내고 무너진 것을 수리하거나 하되, 마땅한 데 따라서 등급을 두어 시행하십시오. 이 일과 관련하여 빠뜨리거나 사실대로 하지 않았을 경우에는 처벌하십시오.

1. 정사를 베풂에는 아랫사람들의 마음을 아는 것이 중요합니다. 그러나 오직 공정한 마음으로 해야만 제대로 살펴볼 수가 있습니다.

1. 지성을 다하면 승복하지 않는 자가 없습니다. 그러므로 옛말에 이르기를 "소인을 방비하는 것은 자신을 닦는 것보다 더 치밀하게 해야 한다."라고 하였습니다.

1. 영리(營吏) 가운데 재능이 있는 자는 으레 제멋대로 하는 경우가 많으니, 그들을 대할 때에는 엄명하게 해야 합니다. 설 문청공(薛文淸公)[55]이 말하기를 "한 주졸(走卒)이 제법 민첩하므로 그를 자주 부렸더니, 하인들이 곧 그를 중시하는 뜻이 있기에 내가 드디어 그를 내쫓고 말았다. 그러니 관직에 있는 자는 마땅히 공명정대해야 하며, 털끝만큼이라도 치우치는 바가 있어서는 안 된다."라고 하였습니다. 이것을 본보기로 삼을 만합니다.

1. 부지런하면서도 청렴하고 명민해야만 일을 이룰 수가 있는데, 청렴하고 명민하게 하는 요체는 사사로운 마음이 없는 데 있습니다.

이상 열 조목은 명공(明公)께서 이미 생각해 본 것이겠지만, 정성스러운 말씀을 어기기가 어려워서 감히 써서 올립니다. 제1조에 말한 "방촌 안에 있다.〔在方寸〕"라는 말과 끝에서 말한 "사사로운 마음이 없

55 설 문청공(薛文淸公) : 명(明)나라 학자 설선(薛瑄)으로, 자는 덕온(德溫), 호는 경헌(敬軒)이며, 시호는 문청이다.

다.〔無私心〕”라는 두 가지 일은, 제가 현재 방 안에 홀로 앉아 공부를 하고서도 얻지 못한 것입니다. 그런데 이를 벗님께 써 올리면서 힘쓰기를 구하였으니, 자기 자신이 능히 하지 못하는 것을 가지고 다른 사람에게 하기를 구한다는 이유로 소홀히 여기지 않으신다면 다행이겠습니다. 제가 머물러 살고 있는 곳이 황량하여 초목이 무성한 곳인데도 고헌(高軒)께서 멀리까지 찾아와 주셨으니, 사례를 드릴 길이 없습니다.

호원에게 답하는 편지
答浩原書

머리가 하얗게 세어서 이별을 하여 뒷날 만날 기약이 없었는데, 천리 밖에서 안부를 물어 주셨으니, 위로 되는 마음을 어찌 다 말할 수 있겠습니까.

지난해에는 깊이 생각해 주는 은혜를 받아 정이 가득 담긴 서신이 거듭해서 이르렀으며, 베틀에 걸려 있는 베를 자르고 절굿공이 아래에 있는 곡식을 나누어서[56] 곤란한 상황에 빠져 있던 중에 잇달아 보내 주셨습니다. 그리고 아드님이 부지런히 방문하였으며, 맑은 시를 보내어 더욱더 깊이 권면하고 경계하였는바, 잠을 이루지 못하면서 탄식을 발하는 가르침과 망한 집에 대해서 서로 포용해 주는 허여함이 외람스럽게도 형편없는 저의 몸에 미쳤습니다. 그런데도 아직까지 한번 사례조차도 하지 못하고 있었습니다. 이것이 비록 여기저기 남북으로 떠돌아다니는 신세라 정성을 바칠 길이 없는 탓이기는 하지만, 마음속으로 항상 경경하게 생각하면서도 은혜를 저버린 것이 적지 않습니다.

저는 현재 일엽편주를 타고 바다에 떠가 인간 세상에서 형적을 완전히 끊어 버린 채, 살아서는 무릉도원(武陵桃源)의 형적을 좇고, 죽어서는 물고기의 배를 채우는 혼이 될 생각을 하고 있습니다. 살아서 성세(聖世)를 만났는데도 일이 이처럼 극도에 이르렀으니, 사리(事理)로

56 베틀에……나누어서 : 성혼이 자신의 살림살이가 곤궁한데도 구봉 자신에게 물품을 보내 주었다는 뜻이다.

볼 때 자처한 것이 어떤지 모르겠습니다.

제가 여러 가지 병을 앓고 있다는 것은 존형께서도 아는 바입니다. 방 안에 조용히 앉아 있어도 역시 죽을 날이 머지않았다는 것을 알겠습니다. 그러니 어찌 독한 안개와 장기(瘴氣)를 헤치고서 골짜기에 길 내고 바위로 잔교 놓아 얼마나 견뎌야 지레 죽을 수가 있겠습니까.

만약 이 계획을 이루지 못할 경우에는 한밤중에 그대의 집으로 찾아가겠습니다. 그리하여 오래도록 옛 모습을 대하면서, 문을 닫고 깊이 들어앉아 손님과 주인이 한 몸이 되어, 살아서 들어갔다가 죽어서 나오더라도 영원히 서로 헤어지는 한스러움이 없게 하겠습니다. 이것도 역시 저의 계획 중에 한 가지입니다. 나머지 많고 많은 사연을 어찌 다 적을 수 있겠습니까. 삼가 답장을 올립니다.

조여식[57]에게 답하는 편지

答趙汝式書

내가 형과 더불어 이별한 지 지금 5년이나 되었습니다. 곤란한 상황으로 인해 몸을 감춘 채 병에 신음하면서 적막함을 견디고 있어, 죄가 하늘에 닿을 정도로 쌓였으니, 만사에 대해 무슨 말을 하겠습니까.

일찍이 은근한 정이 담긴 서신을, 사람들이 모두 나를 버리는 가운데에서 받은 것이 한두 번이 아니었는데, 아직까지도 짤막한 편지 한 통 보내지 못하였습니다. 이는 실로 예상(翳桑)[58]에 곤핍을 당하거나 예전의 의리를 모두 잊어버려서 그런 것은 아닙니다. 편지는 회수(淮水)를 건너가지 못한다는 옛 규례를 배워서 그런 것도 아닙니다.

지난번에 형이 속에 있는 생각을 다 토로하여 나라가 망하기 전에 위태로움을 구제하였습니다. 그때 차라리 자신의 몸을 잊을지언정 자신이 배운 바를 저버리지 않으면서 시휘(時諱)를 범하여 홀로 말하였는데, 외람스럽게도 형편없는 저에 대해서도 말하였습니다.

이것은 모두가 나라를 위하는 충분(忠憤)이 대공지정(大公至正)하

57 조여식(趙汝式) : 조헌(趙憲, 1544~1592)으로, 본관은 배천(白川), 자는 여식, 호는 중봉(重峯)·도원(陶原)·후율(後栗)이다.

58 예상(翳桑) : 먹을 것이 없어서 굶주리는 처지를 뜻하는 말이다. 지명(地名)이라는 설도 있고, 우거진 뽕밭을 뜻한다는 설도 있다. 춘추 시대 진(晉)나라 영첩(靈輒)이 뽕나무 아래에서 굶주리고 있는 것을 조돈(趙盾)이 지나다 보고 먹을 것을 주어 구제해 주었다. 그 뒤에 영첩이 진나라 영공(靈公)의 갑사(甲士)가 되었을 때 조돈이 위험에 처한 것을 다시 구제해 줌으로써 조돈이 죽음을 모면하였다. 《春秋左氏傳 宣公2年》

여 하찮은 저에 대해서 사사로운 생각을 하는 바가 털끝만치도 없었던 것입니다. 그런데 제가 보내는 편지가 형에게 한번 도착하고 나면, 청명하고 직절(直截)한 기상을 더럽히게 될까 몹시 염려가 되었습니다. 또한 숙향(叔向)이 사사로이 사례하지 않았던 뜻[59]으로 자처하고자 한 것입니다. 그러니 여러 해 동안 소식이 끊겼던 데 대해 의아하게 여기지 않으신다면 다행이겠습니다.

그리고 듣건대 옛 벗들이 저를 대하여 한 몇 마디 말도 형이 올린 상소에 들어 있다고 하는데, 형은 어디에서 그 말을 들었습니까? 이를 임금에게까지 아뢰었으니, 황송하고 황송합니다. 주회암(朱晦庵)이 말하기를 "안자(顔子)가 어찌 감히 자기 자신을 옳게 여기고 다른 사람을 그르게 여기면서 스스로 나아가지 않을 자리에서 편안해하였던가." 라고 하였습니다. 감히 이 말을 가지고 오늘날 스스로를 면려하는 훈계로 삼으며, 교제의 도가 잘못되는 것에 대해서는 생각하고 싶지 않습니다. 다만 저에게 닥친 화가 피부와 골수까지 바짝 다가와서 외로운 그림자가 표락(飄落)하는 탓에 살아서는 성세를 만날 가망이 전혀 없

59 숙향(叔向)이……뜻 : 조헌이 구봉을 위하여 사사로운 마음으로 상소를 올린 것이 아니라, 나라를 위하는 마음에서 상소를 올린 것이므로 구봉이 개인적으로 사례하지 않았다는 뜻이다. 춘추 시대에 숙향의 아우가 난리를 꾸미다가 실패하자 숙향도 구속되었는데, 집안 식구들이 걱정하자 숙향은 "우리를 구원해 줄 사람은 반드시 기 대부(祁大夫)일 것이다. 그는 밖으로 천거할 적엔 원수도 버리지 않았고 안으로 천거할 적엔 친자식을 버리지 않았으니, 나만을 버리겠는가."라고 하였다. 기해(祁奚)는 치사(致仕)해 있다가 숙향의 소식을 듣고는 급히 말을 달려 집권하고 있던 범 선자(范宣子)를 만나 숙향의 어짊을 말하여 사면하게 한 다음 숙향을 만나 보지도 않고 갔으며, 숙향 역시 사례하지 않았다. 두예(杜預)의 주(注)에, 숙향이 사례하지 않은 것은 숙향 개인을 위해 한 일이 아님을 알았기 때문이라고 하였다.《春秋左氏傳 襄公21年》

습니다. 인생살이가 이 지경에 이르렀으니, 역시 부끄럽습니다.

듣건대 형이 형제가 죽는 아픔을 당하였다고 하는데, 하늘이 어진 이를 돕지 않는 것을 어찌 탄식하겠으며 어찌 탄식하겠습니까. 숙헌의 조카딸이 겨우 계례(笄禮)를 올릴 나이인데 혼인을 하자마자 곧바로 남편을 잃었습니다. 조물주가 우리 무리에게만 유독 곤욕을 주니, 이치를 믿을 수가 없습니다. 형이 보낸 심부름꾼이 돌아가기를 서두르는 바람에 속마음을 다 쓰지 못합니다.

호원에게 답하는 편지

答浩原書

천 리 밖에서 서로 바라보면서 죽을 날이 다가왔는데, 정을 듬뿍 담은 편지 세 통이 갑자기 죽기 직전에 이르렀으니, 위로되는 마음을 어찌 이루 다 말할 수 있겠습니까. 지난봄에 선영에 성묘하러 갈 때 밤에는 길을 가고 낮에는 멈추었는바, 헤아릴 수 없는 화가 앞뒤에 박두해 있었습니다. 이에 한번 찾아뵙고자 하는 뜻이 없지는 않았으나, 끝내 찾아뵙지 못하였습니다.

편지에서 마음속에 있던 말을 하셨는데, 서로 만나 보지 못하고 장차 영결하게 된 데 대한 한스러움이 제가 어찌 형보다 더 얕아서 그랬겠습니까. 경경하게 그리워하는 마음을 일찍이 하루도 가슴속에서 잊어 본 적이 없습니다.

저는 아직까지도 친구들과 서로 편지 한 장 주고받지 않고 있습니다. 그러면서도 지난번에는 형에게 저의 속마음을 다 쏟아 말하였는데, 조금도 피하거나 꺼리지 않으면서 차라리 절시(切偲)[60]에 지나칠지언정 어물어물하는 것을 본받지 않았습니다. 이것은 참으로 형이 저를 알아준 지가 오래이며, 저를 거두어 수용해 주신 것이 깊어서였습니다.

60 절시(切偲) : 절절시시(切切偲偲)의 준말이다. 절절은 간곡하고 지극한 것이고, 시시는 자상하고 부지런한 것으로, 붕우 간에 강마하고 권면하는 모양을 형용한 말이다. 자로가 공자에게 어떠해야만 선비라고 할 만한가를 묻자, 공자가 답하기를 "간곡하고 지극하며 자상하고 부지런하며 화락하면 선비라고 이를 만하다.〔切切偲偲, 怡怡如也, 可謂士矣.〕"라고 하였다.《論語 子路》

이 세상에 살아 있는 동안에는 저의 견해를 다 말하고, 아득히 깜깜한 가운데에서도 서로 저버리지 않는 것이 저의 속마음입니다. 지금 형이 보낸 은근하고 간절한 편지를 받아 보고는 실심(實心)으로 서로 부합하는 것이 형이 저를 대하는 것만 못하다고 여겨졌는바, 척연히 부끄러운 마음이 더 불어나면서 이를 바를 알지 못하겠습니다.

지난날 화가 분서갱유(焚書坑儒)를 하는 데 미치지 않아서 서로 간에 수업(修業)하여 진학(進學)하면서 옛사람들의 마음 자취를 찾을 것을 서로 기대하였는데, 한 달이 넘도록 편지가 오지 않으면 염려하였고, 한 철이 지나도록 얼굴을 보지 못하면 그리워하였으며, 한 가지 일을 만나서 서로 의논하지 않으면 의심하였고, 한 가지 예를 행하면서 서로 강구해 보지 않으면 걱정하였습니다. 그러니 어찌 잔치를 벌여 놀면서 어깨를 치는 것을 가지고 비교할 수 있겠습니까. 젊은 시절에 뜻을 같이하던 사람들이 역시 많지 않은 것은 아니지만, 혹은 문장으로 혹은 좋은 관작으로 인해서 교제하는 도가 각각 달랐습니다.

제가 비록 형편없기는 하지만, 형과 율곡과 더불어 서로 상관(相觀)[61]하는 자리의 말석에 끼어 있으면서 노둔함을 채찍질하고 마음을 오로지하여, 외물(外物)이나 기욕(嗜慾)에 막히지 않은 지가 지금까지 30여 년이 되었습니다. 불행히도 율곡은 이미 죽었고 형은 세상에서

61 상관(相觀) : 친구 간에 서로 좋은 점을 보고 본받는 것을 말한다. 《예기(禮記)》 〈학기(學記)〉에 "대학의 교육 방법은 좋지 않은 생각을 미연에 방지하는 것을 예라고 하고, 적절한 시기에 가르치는 것을 시라 하고, 감당할 수 있는 한도 내에서 가르치는 것을 손이라 하고, 서로 좋은 점을 보고 배우도록 하는 것을 마라고 한다.〔大學之法, 禁於未發之謂豫, 當其可之謂時, 不陵節而施之謂孫, 相觀而善之謂摩.〕"라고 한 데서 온 말이다.

배척받아, 홀로 지내면서 어울릴 사람이 없습니다. 제가 비록 살아 있기는 하지만, 들판 가운데에서 서성이고 있으니, 끝내 어느 산에서 해골이 되어 나뒹굴지 모르겠습니다.

지난번에 답서 한 통을 보내는 데 의지하여 저의 속마음을 토로하였다가 도리어 미진하다는 가르침을 받았습니다. 아, 이 지경에 이르러서도 참으로 혹 미진한 바가 있다면, 어느 곳에서 그 마음을 다하겠습니까. 보내온 편지에서 말씀하신, 전에 한 말이 희롱이 아니라면, 제가 미치지 못하는 점을 면려하여, 죽을 지경이 된 데에서 더욱더 저를 틔워 주고자 한 것이 아니겠습니까. 몸 둘 바를 모르겠습니다.

제가 남쪽으로 내려온 뒤로는 두 다리가 아파서 구부리고 펴기가 편치 않으며, 걱정거리가 바깥에서 침입해 오고 질병이 안에서 공격을 하고 있는바, 한번 죽어도 아까울 것이 없습니다. 단지 인간 세상에서 몇 가지 끝내지 못한 일이 있어서 개탄스러울 뿐입니다.

주자(朱子)가 말하기를 "맹자가 스스로 왕도(王道), 패도(覇道)와 부동심(不動心)을 행하는 것으로 허여하였으나, 그 근원은 단지 피음사둔(詖淫邪遁)[62] 네 가지 설의 병통이 되는 곳을 알아서 깨뜨리는 데 있었다."라고 하였습니다. 다시금 이 말을 가지고 형을 위하여 한번 읊조려 봅니다. 삼가 유념하시기 바랍니다. 저 자신이 능하지 못한

62 피음사둔(詖淫邪遁) : 부정(不正)하고 옳지 못한 학설을 가리키는 말로, 피사(詖辭)는 편파적인 말, 음사(淫辭)는 방탕한 말, 사사(邪辭)는 사벽(邪僻)한 말, 둔사(遁辭) 는 꾸며대는 말을 말한다. 《맹자》 〈공손추 상〉에 "한쪽으로 치우친 말에서 그의 마음이 가려 있음을 알며, 지나친 말에서 마음이 빠져 있음을 알며, 부정한 말에서 마음이 도(道)와 멀리 떨어져 있음을 알며, 회피하는 말에서 논리가 궁함을 알 수 있다.〔詖辭知其所蔽, 淫辭知其所陷, 邪辭知其所離, 遁辭知其所窮.〕"라고 하였다.

것을 가지고 도리어 다른 사람에게 힘쓰라고 권면하니, 더욱더 얼굴이 붉어집니다.

우계의 편지 뒤에 적은 글
記牛溪書後

〔우계가 보내온 편지〕[63]

지난해에 김집(金集)이 수찰 두 통을 전해 와 봉함을 뜯고 재삼 반복하여 읽어 보고는, 저도 모르는 사이에 슬픈 생각이 들었습니다. 그 뒤로 소식이 영영 끊겨 다른 세상 사람과 다름이 없게 되었으나, 오직 한 생각만은 잊히지가 않아 마음속에 오갔습니다. 그런데 이번에 어 효자(魚孝子)[64]가 가지고 온 수찰 한 통을 뜯어보니, 지난해 중동(仲冬) 20일에 부치신 것이었습니다. 회포를 담은 글을 펴 읽으니, 더욱더 지극히 슬프고 서글픕니다.

이 소식을 전한 뒤로 또 세 계절이 지났는데, 한가로운 정황이 편안하고 아름다우신지 모르겠습니다. 우리들은 이제 백발에 이르러 오직 한 번 죽는 일만 남아 있을 뿐이니, 세상에 친구들이 또 몇 명이나 남아 있겠습니까. 서찰을 받아 보는 것만도 다행이라 할 것입니다. 하물며 세상의 난리가 이와 같아서 살 곳을 구하지 못하고 방황하고 있는 상황인 데이겠습니까.

저는 운수가 다하여 죽게 되었으니, 곤궁하고 낭패함은 이치로 보나 형세로 보나 당연합니다. 1월에 큰바람이 불 때 옆집에 불이

63 우계가 보내온 편지 : 성혼(成渾)이 구봉에게 보낸 마지막 편지로, 《우계집》에도 일부가 수록되어 있다.

64 어 효자(魚孝子) : 어언휴(魚彦休)를 가리키는 듯한데, 이력은 미상이다.

나서 우리 부자의 양쪽 집이 삽시간에 불에 타 집에 전해 오던 서책이 모두 화염 속으로 들어갔고 풀 줄기조차 남아 있지 않으며 살림살이마저 다 없어졌습니다. 이에 서쪽 용천(龍川)으로 들어가 노비들 사이에서 먹고살려고 하였습니다. 그런데 허리와 척추의 병이 크게 발작한 지가 이제 이미 4개월이 되어 원기가 꺾이고 쇠잔해져서 자리에 누운 채 일어나지 못하고 있으며, 번열이 일어나고 식욕이 없습니다. 그런즉 형세로 보건대 오래 지탱하지 못할 것입니다.

율곡 같은 대현(大賢)도 한 번 열흘 정도 누웠다가 곧바로 서거하였습니다. 그런데 저처럼 못난 사람은 병을 얻어 오랫동안 고생하고 있으니, 속히 죽는 것이 더 나을 것입니다. 괴롭고 고통스럽기 짝이 없는바, 이것이 참으로 한스럽습니다. 그러나 이 모두가 천명입니다. 그러니 천운에 맡기고 분수를 편안히 여기며 감히 스스로 힘쓰지 않을 수 없습니다.

청신한 시 두 편을 읊조리고서 돌아오니, 묵은 병이 몸에서 떠난 듯이 상쾌합니다. 그 시의 운(韻)에 맞추어 깊은 정을 펴고자 하나, 정신이 혼몽하고 몸이 피곤하여 할 수가 없습니다. 안습지(安習之)의 일은 저도 모르는 사이에 애통하고 애석합니다.

우리들은 말년에 모두 처음의 절개를 보존하지 못하였습니다. 스스로 생각건대 저처럼 형편없는 자는 죄를 짓고도 형벌이 지체되는 바람에 너무도 잘못되어 스승과 벗 들에게까지 누가 미쳤습니다. 이것으로 보건대 안습지의 일은 더욱 걱정스럽습니다.

경인년(1590, 선조23)에 제가 서울에 갔을 적에 안습지가 저에 대해서 "세태에 따르면서 이익을 좋아하여 오래 사귄 친구를 등졌다."라고 손가락질하였으며, 또 "성혼이 나에게 큰 죄를 가할 것이다."라고 하면서, 송강(松江)에게 편지를 보내 도와 달라고 하였습니다.

제가 그것을 보고는 그 까닭을 알지 못하여 마음속으로 괴이하게 여기기만 하였습니다. 그러나 옛 친구를 끊어서는 안 되므로 부드러운 얼굴빛을 하고서 물어보니, 그 역시 속마음을 다 말하지는 않았습니다. 이와 같은 상태로 지금까지 겨우겨우 예전처럼 지냈을 뿐입니다. 그런데 무슨 생각으로 다시금 희원(希元)[65]과 노형에게 이와 같은 짓을 한단 말입니까. 마음이 몹시 아프고 상해서 차라리 아무 말도 듣고 싶지 않습니다. 그에 대한 소식 역시 이태 동안이나 알지 못하고 있습니다.

의중(宜仲)[66]은 별 탈 없이 영평(永平)에서 잘 지내고 있습니다. 삼가 살펴 주시기 바랍니다. 현재 통증이 심하여 겨우 편지를 쓰니, 나머지 많고 많은 사연은 다 쓰지 못합니다.

무술년(1598) 등석(燈夕)[67]에 혼(渾)은 절하고 올립니다. 앞 편지에서 본 것은 오직 김집(金集)이 전한 바일 뿐입니다. 나머지는 받아보지 못하였으니, 참으로 한스럽습니다.

65 희원(希元) : 김장생(金長生)이다. 306쪽 주45 참조.

66 의중(宜仲) : 이의건(李義健, 1533~1621)으로, 본관은 전주(全州). 자는 의중, 호는 동은(峒隱)이다.

67 등석(燈夕) : 일반적으로 정월 대보름날 밤을 말하지만, 성혼이 1598년 봄에 이의건과 김장생 등에게 보낸 편지를 보면 집에 불이 나서 서책이 불탄 일을 말한다. 여기서는 석가탄신일인 사월 초파일을 말한다. 성혼은 이해 6월에 죽었다.

〔구봉이 적은 글〕

이것이 호원이 나에게 보낸 마지막 편지다. 병으로 인하여 끝내 일어나지 못하였으니, 편지를 보면 나도 모르는 사이에 눈물이 흐른다.

지은이 **송익필(宋翼弼)**

1534(중종29)~1599(선조32). 자는 운장(雲長), 호는 구봉(龜峯), 시호는 문경(文敬)이다. 본관은 여산(礪山)이며, 아버지는 판관(判官) 송사련(宋祀連)이고 어머니는 연일 정씨(延日鄭氏)이다. 어렸을 때부터 신동으로 이름나 젊은 나이에 향시(鄕試)에 합격하였다. 그러나 할머니가 노비 출신이었던 관계로 금고(禁錮)를 당해 더 이상 과거를 보지 못하고 고양(高陽)의 구봉산(龜峰山) 아래로 옮겨가 살았다. 21세 때 이이(李珥), 성혼(成渾), 정철(鄭澈)을 만나 도의지교(道義之交)를 맺었으며, 학식과 인품이 뛰어나다는 소문을 듣고 찾아오는 제자들과 함께 학문을 연구하면서 지냈다. 1586년(선조19) 동인들로부터 '서인의 모주(謀主)'라는 무함을 받아 노비 신세로 전락하게 되자 성과 이름을 바꾼 채 도망쳐 숨어살았다. 1589년 정여립(鄭汝立)의 모반 사건이 일어난 뒤 정철의 도움으로 천인 신분에서 벗어났으나, 정철이 실각한 뒤에는 다시 도피 생활을 하다가 자수하여 평안도 희천(熙川)으로 유배되었다. 임진왜란이 일어난 뒤에 석방되어 이곳저곳을 떠돌았으며, 1596년 충청남도 당진(唐津)의 마양촌(馬羊村)에 우거하면서 학문을 강론하다가 1599년 66세를 일기로 졸하였다. 그 뒤 1625년(인조3) 천적(賤籍)을 씻었으며, 1751년(영조27) 지평(持平)에 추증되었다. 송익필은 노비 출신이라는 신분적 제약과 동인과 서인이 대립하는 붕당의 폐해로 인해, 자신의 경륜을 펴지 못한 채 도망자 신세로 떠돌다가 일생을 마쳤다. 그런 가운데서도 송익필은 좌절하지 않고 학문에 몰두하여 성리학(性理學)과 예학(禮學) 분야에 큰 업적을 이루었을 뿐만 아니라, 문학에도 큰 성취를 이루었다. 이로 인해 송익필은 이이・성혼과 함께 '파주삼현(坡州三賢)'으로, 최경창(崔慶昌)・백광홍(白光弘) 등과 함께 '팔문장(八文章)'으로, 김시습(金時習)・남효온(南孝溫)과 함께 '산림삼걸(山林三傑)'로 칭해졌다.

옮긴이 **정선용(鄭善溶)**

1957년 충북 괴산 연풍에서 태어났다. 충남대학교 사학과를 졸업하고 성균관대학교 대학원에서 문학 석사 학위를 받았으며, 민족문화추진회 부설 국역연수원을 졸업하였다. 2018년 한국고전번역원에서 정년퇴직하고 한국고전번역원 번역자문위원으로 있다. 조선왕조실록과 《승정원일기》 번역에 참여하였다. 번역서로 조선왕조실록과 《승정원일기》(고종) 외에 《해동역사》, 《백제사자료집》, 《잠곡유고》, 《학봉전집》, 《지산집》, 《사계전서》, 《우복집》, 《청음집》, 《삼탄집》, 《동명집》 등 19종 70여 책이 있다.

구봉집 2

송익필 지음 | 정선용 옮김

2020년 10월 30일 초판 1쇄 발행

발행인 신승운 | 발행처 한국고전번역원
등록 2008. 3. 12. 제25100-2018-000049호
주소 (03310) 서울시 은평구 진관1로 85
전화 02-350-4800 | 팩스 02-350-4994 | 홈페이지 www.itkc.or.kr

연구총괄 양기정 | 연구기획 정미경

책임편집 하현주 | 편집진행 박정열
편집교정 유정님 이현우 | 조판 김지현 | 제작 김형석
디자인 씨디자인 | 인쇄 ㈜가나씨앤피

값 20,000원
ISBN 978-89-284-0771-2 94810
978-89-284-0769-9 (세트)